JOHN F. WASIK

BÖRSENERFOLG
MIT DER
KEYNES METHODE

Volkswirtschafts-Genie und Börsenprofi:
Geld verdienen auf den Spuren einer Legende

börsenbuch verlag

Die Originalausgabe erschien unter dem Titel
„Keynes's Way to Wealth"
bei McGraw-Hill Education
ISBN 978-0-07-181547-5

Copyright der Originalausgabe 2014:
Copyright © 2014 by John F. Wasik. All rights reserved.
Original edition copyright 2014 by Copyright Owner, as set forth
in copyright notice of Propriertor's edition. All rights reserved.

Copyright der deutschen Ausgabe 2015:
© Börsenmedien AG, Kulmbach

Übersetzung: Egbert Neumüller
Gestaltung Cover: Jürgen Hetz, denksportler Grafikmanufaktur
Gestaltung und Satz: Sabrina Slopek, Börsenmedien AG
Herstellung: Daniela Freitag, Börsenmedien AG
Lektorat: Claus Rosenkranz
Druck: CPI - Ebner & Spiegel, Ulm

ISBN 978-3-864702-47-1

Alle Rechte der Verbreitung, auch die des auszugsweisen Nachdrucks,
der fotomechanischen Wiedergabe und der Verwertung durch Datenbanken
oder ähnliche Einrichtungen vorbehalten.

Bibliografische Information der Deutschen Nationalbibliothek:
Die Deutsche Nationalbibliothek verzeichnet diese Publikation in der
Deutschen Nationalbibliografie; detaillierte bibliografische Daten
sind im Internet über <http://dnb.d-nb.de> abrufbar.

Postfach 1449 • 95305 Kulmbach
Tel: +49 9221 9051-0 • Fax: +49 9221 9051-4444
E-Mail: buecher@boersenmedien.de
www.boersenbuchverlag.de
www.facebook.com/boersenbuchverlag

Für Arthur Stanley Wasik

INHALT

VORWORT 7

VORREDE 19

DANKSAGUNGEN 23

EINFÜHRUNG 25

1 GEBURT EINES SPEKULANTEN 35

2 WIRTSCHAFTLICHE KONSEQUENZEN 49

3 MAKRO VERSUS MIKRO:
„VOM GELDE" 69

4 DER AUFBAU VON PORTFOLIOS MIT
ENTGEGENGESETZTEN RISIKEN 87

5 DIE GEBURT DES VALUE-INVESTING 107

6 ANIMALISCHE INSTINKTE: DIE GEBURT DES BEHAVIORAL INVESTING ... 125

7 KEYNES' LIEBLINGE ... 143

8 KEYNES' ERBEN ... 161

9 DIE SCHLÜSSEL ZUM WOHLSTAND NACH KEYNES ... 177

EPILOG KEYNES DAMALS UND MORGEN ... 193

A EIN BESUCH IM KEYNES-LAND UND BEI ANDEREN QUELLEN SEINES WOHLSTANDS ... 199

B DAS PORTFOLIO DER INDEPENDENT INVESTMENT COMPANY ... 203

ENDNOTEN ... 211

BIBLIOGRAFISCHE HINWEISE ... 225

ÜBER DEN AUTOR ... 231

VORWORT

KEYNES ALS ANLEGER

In dem turbulenten Umfeld dieser unserer Zeit „nach der Blase" liegt die Aufmerksamkeit weltweit auf zwei wirtschaftspolitischen Konzepten gegen den globalen Abschwung. Das eine basiert auf der freien Marktwirtschaft, die der österreichische Volkswirt Friedrich Hayek (1899-1992) verfocht: Kürzung der Staatsausgaben, Senkung der Defizite und der Verschuldung sowie die Volkswirtschaft durch Wachstum mittels freier Märkte für Waren und Dienstleistungen reagieren lassen.

Auf der anderen Seite steht die „keynesianische Ökonomie", die der britische Volkswirt John Maynard Keynes (1883-1946) vertrat. Sie fordert massive staatliche Einmischung mit dem Ziel, die gesamtwirtschaftliche Nachfrage durch eine sogenannte „Ankurbelung" zu steigern: Die Staatsausgaben sowie die Defizite und die Verschuldung werden erhöht (zumindest so lange, bis wieder Wirtschaftswachstum einsetzt) und staatliche Konjunkturpakete gleichen die ausbleibenden privaten Ausgaben aus.

Ich muss zugeben, dass die Botschaft von Keynes' Hauptwerk „Allgemeine Theorie der Beschäftigung, des Zinses und des Geldes" etwas über meinen noch jungen Horizont ging, als ich es 1950 als VWL-Student zum ersten Mal las. Ein Kapitel – Kapitel 12 mit der Überschrift „Der Zustand der langfristigen Erwartung" – fand ich allerdings klar und überzeugend. Dieses Kapitel, das mit Anlegerweisheiten durchsetzt ist, wirkte sich wesentlich auf meine Abschlussarbeit aus, die ich 1951 schrieb: „The Economic Role of the Investment Company". Außerdem sind Keynes' Erkenntnisse in viele meiner späteren Aufsätze und Vorlesungen eingeflossen – und in neun der zehn Bücher, die ich seit 1993 geschrieben habe. Und somit lieferte der *Anleger* Keynes, nicht der *Volkswirt*, die Inspiration für meine zentrale Investmentphilosophie.

Deshalb freute ich mich ganz besonders, als ich erfuhr, dass sich der Journalist John F. Wasik in dem Buch, das Sie jetzt in Händen halten, mit genau diesem Thema – Keynes' Anlegerwissen – befassen wollte. Als ich Wasiks Manuskript las, merkte ich schnell, dass ich ein echtes Kleinod entdeckt hatte. Es ist faszinierend, sorgfältig recherchiert sowie (was man von einem fähigen Journalisten eigentlich auch erwarten kann) prägnant und überaus lesenswert. Ich kann es Ihnen nur empfehlen.

Wie der Untertitel der Originalausgabe schon sagt – „Timeless Investment Lessons from the Great Economist" –, bietet Keynes' Karriere als brillanter Anleger dem heutigen Anleger ein solides Fundament für die Entwicklung und Umsetzung einer intelligenten Anlagestrategie. In Kapitel 9 stellt Wasik zehn Regeln vor – „Schlüssel zum Wohlstand" –, die ich voll und ganz unterschreibe. Tatsächlich sind dies die zentralen Prinzipien meines eigenen Investmentportfolios. Und was noch wichtiger ist: Diese Schlüssel zur erfolgreichen Geldanlage stellen in weiten Teilen die grundlegenden Anlagestrategien dar, die ich der Vanguard Group of Investment Companies einimpfte, als ich sie 1974 gründete. Eigentlich gründeten sich diese Grundwerte in vielfacher Hinsicht auf die Ideen, die ich in der erwähnten Princetoner Abschlussarbeit vor mehr als sechs Jahrzehnten formuliert habe. Sie haben sich bewährt.

Die Rolle, die Lord Keynes in meiner langen Laufbahn gespielt hat, ist ein außerordentliches Beispiel dafür, dass fundierte Ideen, die im Grunde einfach zu verstehen und leicht zu erklären sind, über Jahre hinweg ihren Widerhall finden können. Ich glaube, Keynes würde staunen, wie dauerhaft sie sich im Denken der Anleger – und in ihren Investmentprogrammen – auch noch 80 Jahre nach der Veröffentlichung von „Allgemeine Theorie" und dessen aufschlussreichem Kapitel 12 halten.

Ich möchte die Geschichte damit beginnen, wie Keynes die wesentliche Unterscheidung zwischen Anlage und Spekulation traf. Im Jahr 1925 kritisierte er die törichte Vorliebe von Anlegern, stillschweigend davon auszugehen, die Zukunft werde der Vergangenheit ähneln. Er warnte: „Es ist gefährlich, auf vergangenen Erfahrungen basierende induktive Argumente auf die Zukunft anzuwenden, außer wenn man die allgemeinen Gründe für die Beschaffenheit der Vergangenheit kennt."[1)]

Unternehmertum und Spekulation

Zehn Jahre später befasste er sich in „Allgemeine Theorie" mit den beiden generellen Gründen, durch die sich die Rendite von Aktien erklärt. Der erste war das, was er als „Unternehmertum" bezeichnete – „die voraussichtliche Rendite eines Vermögenswerts über seine gesamte Lebensdauer vorhersagen". Der zweite war die „Spekulation" – „die Psychologie des Marktes vorhersagen". Zusammengenommen erklären diese beiden Faktoren den „Stand der langfristigen Erwartung" der Anleger.

Keynes stellte von seinem Londoner Standpunkt aus fest: „An einem der größten Anlagemärkte der Welt, nämlich in New York, hat die Spekulation einen enormen Einfluss. [...] Es ist selten, dass ein Amerikaner um der laufenden Rendite willen investiert, und er kauft eine Anlage fast nur in der Hoffnung auf Kapitalerträge. Anders ausgedrückt knüpft er seine Hoffnungen daran, dass sich die übliche Bewertungsbasis positiv ändert, und daher ist er ein Spekulant." Heute, 80 Jahre später, ist die Situation die gleiche, nur noch viel ausgeprägter.

Lord Keynes' Vertrauen, dass die kurzfristige Spekulation das langfristige Unternehmertum ausstechen würde, beruhte darauf, dass sich Aktien damals vorwiegend im Besitz von Privatpersonen befanden, die kaum etwas über die Geschäftstätigkeit und über Bewertungen wussten. Dies führte zu übertriebenen, sogar absurden Marktschwankungen, die von kurzlebigen, unbedeutenden Ereignissen hervorgerufen wurden. Er argumentierte (zutreffend), die kurzfristigen Gewinnschwankungen der bestehenden Investments würden zu unvernünftigen Wellen optimistischer beziehungsweise pessimistischer Stimmung führen.

Weiter argumentierte Keynes, die Konkurrenz unter fachkundigen Profis mit größerem Urteilsvermögen und Wissen als der durchschnittliche Privatanleger müsste eigentlich die Launen korrigieren, die von unwissenden Privatanlegern ausgehen. Die Energie und das Geschick eines professionellen Anlegers würden sich irgendwann nicht mehr darauf richten, bessere langfristige Prognosen bezüglich der wahrscheinlichen Rendite einer Anlage über ihre gesamte Lebensdauer zu treffen, sondern darauf, Änderungen der üblichen Bewertungsgrundlage bereits etwas früher als die Allgemeinheit vorherzusehen. Deshalb beschrieb er den Markt als „Kampf des Verstands, die übliche Bewertungsbasis auf einige Monate hinaus vorwegzunehmen, nicht den voraussichtlichen Ertrag einer Anlage über lange Jahre hinweg".

Ein junger Student widerspricht einem alten Meister

Ich habe Keynes' Schlussfolgerungen 1951 in meiner Abschlussarbeit zwar zitiert, besaß aber als junger Student die Kühnheit, dem alten Meister zu widersprechen. Ich behauptete, die professionellen Investoren würden nicht der Psychologie unwissender Marktteilnehmer erliegen, sondern sie würden sich auf das Unternehmertum konzentrieren. In der, wie ich – zutreffend – voraussagte, viel größer werdenden Investmentfonds-Industrie würden die Portfoliomanager „den Markt mit einer Nachfrage versorgen, die *stetig, differenziert, aufgeklärt und analytisch* sein wird

[Hervorhebung nachträglich], eine Nachfrage, die im Wesentlichen auf der [inhärenten] Unternehmensleistung und nicht auf der öffentlichen Einschätzung beruht, die sich im Preis der Aktien niederschlägt". Doch leider hat es die differenzierte und analytische Konzentration auf das Unternehmertum seitens der professionellen Investoren der Branche, die ich vorhergesagt hatte, völlig versäumt, sich zu materialisieren. Stattdessen hat sich die Betonung der Spekulation unter den Investmentfonds um ein Vielfaches zugenommen. Zwischen Keynes und Bogle steht es somit eins zu null für Keynes.

Interessanterweise war sich Keynes der Fehlbarkeit von Ertragsprognosen deutlich bewusst. Er stellte fest: „Es wäre töricht, wenn wir bei der Bildung unserer Erwartung Angelegenheiten großes Gewicht beimessen würden, die sehr ungewiss sind." Weiter schrieb er: „Mit ‚sehr ungewiss' meine ich nicht das Gleiche wie ‚unwahrscheinlich'." Deshalb versuchte Keynes nicht, das Verhältnis zwischen Unternehmertum und Spekulation in der Preisbildung einzelner Aktien zu quantifizieren. Ebenso wenig kam es ihm in den Sinn, die Risiken einzelner Aktien durch ein Portfolio wegzudiversifizieren, das aus Hunderten von Aktien besteht. Mir allerdings kam es Jahrzehnte später in den Sinn, mich auf Aktien*portfolios* zu konzentrieren und dieses Verhältnis zu quantifizieren.

Die Bezifferung der keynesschen Unterscheidung

Ende der 1980er-Jahre kam ich aufgrund meiner Forschungen über die Finanzmärkte und aufgrund meiner aus erster Hand gesammelten Erfahrungen zu dem Schluss, worin die beiden hauptsächlichen Quellen von Aktienerträgen bestehen: (1) *Ökonomie* und (2) *Emotionen*. Was Keynes als Unternehmertum bezeichnete, nannte ich „Ökonomie". Was Keynes als Spekulation bezeichnete, fand ich durch „Emotionen" gut beschrieben. Das Unternehmertum definierte ich als *Investitionsrendite* – die anfängliche Dividendenrendite eines Aktienportfolios zuzüglich des späteren jährlichen Gewinnwachstums. Die Emotionen definierte ich als *spekulative Rendite* –

die Preisänderung, die die Anleger pro Dollar Gewinn zu zahlen bereit sind. Diese Rendite entsteht im Wesentlichen aus Änderungen der Bewertung (des Abzinsungssatzes), die die Anleger den künftigen Gewinnen der im Portfolio enthaltenen Unternehmen beilegen.

Wenn man die Investitionsrendite und die spekulative Rendite zusammenzählt, ergibt sich die *Gesamtrendite*, die ein Aktienportfolio liefert. Wenn beispielsweise eine Aktie am Anfang eines Jahrzehnts eine Dividendenrendite von vier Prozent hat und danach ein Gewinnwachstum von fünf Prozent erfährt, beträgt die *Investitionsrendite* neun Prozent. Wenn das Kurs-Gewinn-Verhältnis (KGV) von 15 auf 20 steigt, schlägt sich diese über ein Jahrzehnt verteilte Steigerung um 33 Prozent in einer zusätzlichen *spekulativen Rendite* von rund drei Prozentpunkten jährlich nieder. Wenn man die beiden Renditen einfach zusammenzählt, ergibt sich für die betreffenden Aktien eine Gesamtrendite von zwölf Prozent. Das ist nicht besonders kompliziert.

Diese bemerkenswert einfache numerische Methode, das Unternehmertum und die Spekulation (also Investitionsrendite und Spekulationsrendite) voneinander zu trennen, wurde durch die Praxis bestätigt. Tatsächlich besitze ich (schon wieder!) die Kühnheit, zu behaupten, Lord Keynes würde diese mathematische Erweiterung seines Konzepts respektieren. Man kann anhand eines Portfolios aus den 500 im Standard & Poor's Stock Index enthaltenen Aktien Jahrzehnt für Jahrzehnt die tatsächlich von US-amerikanischen Aktien erzielte Rendite der letzten hundert Jahre bemerkenswert genau beziffern (Tabelle V.1).

Dabei zeigt sich, dass sich die Investitionsrendite der Aktien (Spalte 3) sehr gut für begründete Erwartungen eignet. Die anfängliche Dividendenrendite (Spalte 1) – ein entscheidender, wenn auch unterschätzter Faktor im Zustandekommen von Aktienrenditen – ist zum Zeitpunkt der Investition bekannt. Der stetige Beitrag der Dividendenrendite zur Investitionsrendite war in allen Jahrzehnten positiv und fiel nur einmal aus dem Bereich zwischen drei und fünf Prozent pro Jahr heraus.

Mit Ausnahme der depressionsgeplagten 1930er-Jahre war auch der Beitrag des Gewinnwachstums (Spalte 2) in allen Jahrzehnten positiv und bewegte sich normalerweise zwischen vier und sieben Prozent im Jahr. Nur zweimal (in den 1930er- und in den 2000er-Jahren) lag die gesamte Investitionsrendite unter sechs Prozent jährlich und nur zweimal über zwölf Prozent. Wenn man bedenkt, dass die Unternehmensgewinne mit bemerkenswerter Konsequenz ungefähr so schnell gewachsen sind wie das Bruttoinlandsprodukt (BIP) der Vereinigten Staaten, ist diese relativ hohe Beständigkeit kaum überraschend.

Tabelle V.1: Woher ein diversifiziertes Aktienportfolio seine Rendite bezieht*

	1	2	3	4	5
	Investitionsrendite in %				
	Dividenden-rendite	Gewinn-wachstum	Summe 1+2	Spekulative Rendite**	Gesamt-marktren-dite (3+4)
1900er-Jahre	3,5 +	4,7 =	8,2 +	0,8 =	9,0
1910er-Jahre	4,3 +	2,0 =	6,3 +	-3,4 =	2,9
1920er-Jahre	5,9 +	5,6 =	11,5 +	3,3 =	14,8
1930er-Jahre	4,5 +	-5,6 =	-1,1 +	0,3 =	-0,8
1940er-Jahre	5,0 +	9,9 =	14,9 +	-6,3 =	8,6
1950er-Jahre	6,9 +	3,9 =	10,8 +	9,3 =	20,1
1960er-Jahre	3,1 +	5,5 =	8,6 +	-1,0 =	7,6
1970er-Jahre	3,5 +	9,9 =	13,4 +	-7,5 =	5,9
1980er-Jahre	5,2 +	4,4 =	9,6 +	7,7 =	17,3
1990er-Jahre	3,2 +	7,4 =	10,6 +	7,2 =	17,8
2000er-Jahre	1,2 +	0,8 =	2,0 +	-3,2 =	-1,2
Durchschnitt 1900-2009	4,5 +	4,3 =	8,8 +	0,3 =	9,1

* Standard & Poor's 500 Aktienindex
** Veränderung der Bewertung, gemessen an der jährlichen Zunahme/Abnahme des Kurs-Gewinn-Verhältnisses

Die Spekulationsrendite ist natürlich spekulativ und hat von Jahrzehnt zu Jahrzehnt zwischen positiv und negativ alterniert. Wenn die KGVs historisch niedrig standen (zum Beispiel bei 10), war es wahrscheinlich, dass sie im nächsten Jahrzehnt wieder stiegen. Wenn sie historisch hoch standen (zum Beispiel bei 20), war es wahrscheinlich, dass sie wieder zurückgingen (allerdings weiß man in beiden Fällen nicht, *wann* die Änderung stattfinden wird). Nichtsdestotrotz besteht, wie Keynes uns so treffend ermahnt hat, bezüglich der Zukunft niemals Gewissheit und Wahrscheinlichkeiten werden nicht immer erhärtet. Trotzdem gelingt es mit dieser einfachen Methode – die Investitionsrendite und die Spekulationsrendite berechnen und daraus eine Prognose der Gesamtrendite ableiten – durchaus, vernünftige Erwartungen bezüglich der Aktienmarktrenditen im Laufe der Jahrzehnte zu bilden.

Jetzt kommt der springende Punkt: Auf sehr lange Sicht wird die Gesamtrendite von der *Ökonomie* der Anlage – dem Unternehmertum – bestimmt. Die dahinschwindenden Emotionen der Geldanlage – die Spekulation –, die kurzfristig so bedeutsam sind, haben sich letzten Endes als so gut wie bedeutungslos erwiesen. Wie Tabelle V.1 zeigt, setzten sich die 9,1 Prozent durchschnittliche Jahresrendite US-amerikanischer Aktien über die vergangenen 110 Jahre aus 8,8 Prozentpunkten Investitionsrendite (eine durchschnittliche Dividendenrendite von 4,5 Prozent plus ein durchschnittliches jährliches Gewinnwachstum von 4,3 Prozent) und nur 0,3 Prozent Spekulationsrendite zusammen. Sie basiert auf der unweigerlich vom jeweiligen Zeitraum abhängigen Zunahme des KGVs von 10 auf 18 im gesamten Zeitraum. Insgesamt war die langfristige Investition in amerikanische Unternehmen ein gewinnbringendes Spiel.

„Animal Spirits" – „animalische Instinkte"

Keynes schloss sein Kapitel 12 mit Gedanken über die Instabilität der Spekulation. Dabei schenkte er uns einen Ausdruck, der in die Geschichte eingegangen ist: „Animal Spirits".

„Selbst wenn man von der Instabilität absieht, die aus der Spekulation resultiert, besteht noch eine Instabilität, die auf der Eigenschaft der menschlichen Natur beruht, dass ein großer Teil unserer positiven Aktivitäten eher von spontanem Optimismus als von moralischen, hedonistischen oder ökonomischen mathematischen Erwartungen abhängt. Wahrscheinlich kann man die meisten Entscheidungen, etwas Positives zu tun, deren vollständige Konsequenzen über viele kommende Tage reichen, nur als Ergebnis des animalischen Instinkts betrachten – eines spontanen Dranges, aktiv statt inaktiv zu sein – und nicht als Ergebnis eines gewichteten Durchschnitts quantitativer Vorteile multipliziert mit quantitativen Wahrscheinlichkeiten.

Das Unternehmen macht sich lediglich selbst vor, es werde hauptsächlich von den Angaben in seinem eigenen Prospekt angetrieben, so aufrichtig und seriös es auch sein mag. Es basiert aber kaum mehr als eine Expedition zum Südpol auf einer exakten Berechnung der künftigen Vorteile. Das heißt, wenn wir die Animal Spirits dämpfen und der spontane Optimismus wankt, sodass wir uns nur noch auf eine mathematische Erwartung verlassen, wird das Unternehmen dahinwelken und sterben."

Anscheinend stützt Keynes mit seinen Schlussbemerkungen meine bescheidenen Bemühungen, seine Schlussfolgerungen über die Funktionsweise des Aktienmarkts zu quantifizieren. Wenn er die Anleger drängt, nicht den Schluss zu ziehen, „dass alles von Wellen irrationaler Psychologie abhängt", bekräftigt er das Kommen und Gehen der Spekulationsrendite. Und wenn er den Zustand der langfristigen Erwartungen als „häufig stetig" bezeichnet, stellt er damit eigentlich fest, dass die Investitionsrendite – also eher die Ökonomie als die Emotionen – für die Geldanlage über eine Lebensspanne maßgeblich ist.

Keynes hatte natürlich recht, als er betonte, Anlageentscheidungen, die sich auf die Zukunft auswirken, könnten nicht von einer streng mathematischen Erwartung abhängen. Die Zukunft ist immer ungewiss. Aber wenn Keynes heute unter uns wäre, würde er wahrscheinlich staunen, wie sehr die Diversifizierung das Risiko einzelner Aktien reduzieren kann, die Prognosen verengen und – soweit wir das sagen können – unsere Fähigkeit verbessern kann, vorherzusagen, dass die Unternehmensgewinne in einem Portfolio aus allen Aktien (zumindest in den Vereinigten Staaten und vielleicht auch in einem globalen Gesamtportfolio) mit einer Rate wachsen dürften, die parallel zum langfristigen Wirtschaftswachstum des Landes und der Welt läuft.

Ein bedeutender Beitrag zum Vermächtnis von Keynes

Angesichts der enormen Veränderungen der Finanzlandschaft seit der Veröffentlichung von Keynes' Hauptwerk vor fast 80 Jahren ist es bemerkenswert, mit welcher Resonanz seine Ideen bis heute widerhallen. Am prominentesten ist vielleicht die große Gruppe praxiserfahrener und renommierter Investoren, deren Strategien ein Echo derer von Keynes sind. „Börsenerfolg mit der Keynes-Methode" führt unter anderem Warren Buffett an, den Chef von Berkshire Hathaway, den man auch als Orakel von Omaha bezeichnet. Dazu kommen Benjamin Graham, Autor des Klassikers „Intelligent investieren", David Swensen, der Investmentpionier des florierenden Stiftungsfonds der Yale University, und Jeremy Grantham, der eloquente (und selten irrende) Manager von GMO.

Natürlich ehrt es mich, dass mich Wasik in sein Pantheon aufgenommen hat, vor allem weil ich 1975 bereits Monate nach der Gründung von Vanguard den ersten Index-Investmentfonds der Welt aufgelegt habe. Dank seiner einmaligen Investmentfonds-Struktur (die Anteile befinden sich im Besitz der Anleger) ist Vanguard inzwischen das größte Fondsunternehmen der Welt. Von allen genannten langfristigen Anlegern verdanke ich

Keynes wohl am meisten. Denn seine Klugheit bezüglich der Herkunft der Aktienmarktrenditen – Unternehmen und Spekulation – spielte für die Art, auf die ich versuche, Anlegern beim Schaffen von Wohlstand zu helfen, eine bestimmende Rolle.

„Börsenerfolg mit der Keynes-Methode" ist ein bedeutender Neuzugang zu den zahlreichen Büchern, Aufsätzen und Studien über das Leben und Wirken von John Maynard Keynes. Wie relevant er für die heutige Welt der Geldanlage ist, zeigt sich auch in John Wasiks Aufzählung der „Zehn Schlüssel zum Wohlstand". An dieser Stelle schließt der Verfasser mit Keynes' Erläuterung seiner Lebensphilosophie: „Wer die Kunst des Lebens an sich lebendig erhalten und zu größerer Vollkommenheit kultivieren kann, wer sich nicht für die ‚Lebens-Mittel' verkauft – dem wird es gelingen, den Überfluss zu genießen, wenn er kommt." Trotz des heute so weit verbreiteten Materialismus – besonders im amerikanischen Finanzsektor – fordert Wasik für den Anleger, der heutzutage vor den Herausforderungen der fragilen Weltwirtschaft steht, eine ähnliche Philosophie. „Schalten Sie Ihre Geldanlage mit einem soliden Plan, der Ihre Ziele verwirklicht, auf Autopilot und kontrollieren Sie sie einmal im Jahr. Und dann: Ziehen Sie los und leben Sie."

John C. Bogle
Valley Forge, Pennsylvania
15. Juli 2013

VORREDE

Das globale Wirtschaftssystem wurde in den letzten 80 Jahren unauslöschlich von dem bahnbrechenden Werk von John Maynard Keynes beeinflusst. Und doch wissen nur wenige Menschen, wie erfolgreich Keynes als Anleger war. Tatsächlich war er einer der größten Anleger des 20. Jahrhunderts, wenn man bedenkt, dass die Zeit, in der er sein Geld anlegte, zwei Weltkriege und die Große Depression umfasste. Nicht nur dass seine ökonomische Strategie danach strebte, den Kapitalismus vor sich selbst zu retten – sein eigenes Können als Anleger bewies auch, wie sehr er an die Macht der Märkte glaubte. Es gab keinen inbrünstigeren gläubigen Anhänger – und Bewahrer – des Kapitalismus als Keynes. Anders als die der meisten anderen großen Volkswirte war Keynes' Weltsicht von seinen Investments geleitet und profitierte davon. Da er mehr als zwei Jahrzehnte lang Händler und Vermögensverwalter war, kannte und durchschaute er die Märkte besser als die meisten wissenschaftlich orientierten Volkswirte. Seine Anlagestrategien machten nicht nur ihn selbst reich, sondern auch drei andere Institutionen.

Leider wurde Keynes zum Heiligen Sebastian von Verfechtern der freien Marktwirtschaft und von Zeloten, die fälschlicherweise meinen, er sei darauf aus gewesen, die Demokratie und den Kapitalismus zu vernichten und den Staat als letzte Instanz des ökonomischen Verhaltens zu bewahren. Doch nichts könnte weiter von der Wahrheit entfernt sein. Keynes glaubte wahrhaft an den Kapitalismus und sein enormer Erfolg als Anleger zeigt, in welchem Ausmaß er sich fast sein ganzes Leben lang mit den Märkten beschäftigt hat.

Unter anderem genoss es Keynes aufrichtig, Spekulant und Anleger zu sein. Er nannte seine Lieblingsaktien seine „Pets", also seine „Lieblinge" oder „Haustiere". Er durchdachte nicht nur die Ideen, die nach zwei katastrophalen Verheerungen die westlichen Volkswirtschaften (und Japan sowie später China) retten sollten, sondern er verwaltete auch Geld für sich selbst, für mehrere Freunde und für mehrere Institutionen. Keynes war einer der ersten Hedgefonds-Manager und er stellte die altehrwürdigen Prinzipien auf, an die sich die besten Anleger heute halten. Ohne Keynes wären die Schulen der Value-Anleger und der verhaltensorientierten Anleger, die uns Warren Buffett, Jeremy Grantham und George Soros geschenkt haben, nicht das geworden, was sie heute sind.

Als ich die über 100 Jahre alten Vorlesungsnotizen von Keynes durchging, entdeckte ich etwas, das noch mehr über ihn verrät. Er besaß nicht nur ein brillantes Verständnis der Märkte, sondern seine Einsichten wuchsen auch mit zunehmendem Alter. Seine Anlegertätigkeit wirkte sich auf seine ökonomische Theorie aus. Wie viele von uns machte auch er zahlreiche Spekulationsfehler, aber es gelang ihm, aus seinen Erfahrungen zu lernen und daraus zu schließen, dass er das Augenmerk auf die falschen Dinge richtete. Er änderte seine Meinung vollständig, überarbeitete seinen Anlagestil und mehrte seinen Wohlstand, nachdem er zweimal ein Vermögen verloren hatte. Anders als bei den meisten anderen Menschen wurde sein geistiges Wachstum durch seine Fehltritte *gesteigert*. Und es ist bemerkenswert, dass es ihm gelungen ist, in einigen der schlechtesten Marktphasen der Geschichte Geld zu verdienen.

Ich kann mit Keynes' Anlegerleben etwas anfangen, weil ich als Anleger, als Journalist und als Autor von Büchern über Geld eine ähnliche Reise durchgemacht habe. Am Anfang spekulierte ich mit Rohstoffen, kam aber irgendwann zu dem Schluss, dass ich anhand meiner begrenzten Informationen unmöglich Marktbewegungen vorhersagen konnte. Es war bestenfalls ein Ratespiel. Dann kaufte ich Aktien, die mir gefielen, aber sie stürzten im Laufe mehrerer Crashs ab. Schließlich stellte ich fest, dass ich das nicht aushielt, was Keynes als „Animal Spirits" oder animalische Instinkte des Marktes bezeichnete. Dann versuchte ich nicht mehr, am Markt Zeitpunkte abzupassen, und hielt mich an die Ratschläge von Warren Buffett und von John Bogle, dem Gründer der Vanguard Group. Meistens halte ich Indexfonds, die aus Aktien- und Anleihekörben bestehen.

Ich hoffe, Sie entdecken durch dieses Buch, dass Keynes' Ideen, Erkenntnisse und Portfolio-Entscheidungen nicht nur heute relevant sind, sondern pragmatische, über lange Zeit erprobte Wege sind, ein Vermögen aufzubauen. Sie demonstrieren, dass er lernte, *nicht* zu versuchen, Marktbewegungen vorherzusehen. Wenn er heute noch leben würde, würde er uns sagen, wir sollen aufhören, gegen die Brandung der Marktanalysten, Stockpicker, Wirtschafts-Schlagzeilen und der Angeber in den Börsenkanälen anzukämpfen.

In diesem Buch werde ich Ihnen zeigen, wie sich sein Anlegerdenken entwickelt hat und wie er die Welt um ihn herum sowie das stets komplexe ökonomische Umfeld gestaltet hat. Vor allen Dingen werde ich zeigen, wie man das, was er gelernt hat, anwenden kann. Und ich werde demonstrieren, wie heutige Anleger immer noch seine Erkenntnisse nutzen. Am Ende können Sie dann nicht nur einen umsichtigen, auf die Risiken abgestimmten Anlageplan aufstellen, sondern einen lebenslangen Wohlstandsplan, der die Energie der animalischen Instinkte des Marktes ausbeutet, anstatt sich davon ins Bockshorn jagen zu lassen.

John F. Wasik
2013

DANKSAGUNGEN

Ich möchte einigen Menschen danken, die mir direkt oder indirekt geholfen haben: Theresa Amato, Zvi Bodie, Debbie Bosanek (eine Sprecherin von Warren Buffett), David Chambers, Elroy Dimson, Thomas Geoghegan, Dick Longworth, Carol Loomis, Jan Toporowsky, Victoria Chick und Geoffrey Harcourt. Romesh Vaitilingam von der Royal Economic Society half mir, Kontakt mit mehreren Keynesianern aufzunehmen.

Patricia McGuire, Peter Jones und Peter Monteith von den Cambridge University Archives halfen mir besonders eifrig, mich in dem umfangreichen Material über Keynes in den King's College Archives zurechtzufinden. Susan Antilla, Bill Bernstein, Diana Henriques, Paul Krugman, Joe Mansueto, Lee Munson, Sylvia Nasar, Jane Bryant Quinn, Alice Schroeder, Robert Shiller, Meir Statman und Wally Winter lieferten ebenfalls unschätzbare Erkenntnisse und Unterstützung. Mein Agent Robert Shepard und mein Lektor Zachary Gajewski standen mir bei, als es darauf ankam. Der Vanguard-Gründer Jack Bogle schrieb ein vorzügliches Vorwort, das als Quelle von Erkenntnissen über die Geldanlage für sich selbst steht. Es erfüllt mich mit Demut, dass sich alle diese Menschen dafür entschieden haben, mir dabei zu helfen, das vorliegende Buch zur Welt zu bringen.

Die Mitarbeiter der Präsenzbibliothek meiner Heimatstadt Grayslake in Illinois leisteten unschätzbare Dienste im Aufspüren obskurer volkswirtschaftlicher Texte und Artikel. Und die Archivare der University of Cambridge halfen tatkräftig, die Dokumente, die ich aus Keynes' Papieren im King's College brauchte, zu finden, zu beschaffen und zu kopieren.

Vor allen Dingen möchte ich meiner lieben Familie danken und ihre Geduld hervorheben: meiner Frau Kathleen Rose, meinen Töchtern Sarah Virginia und Julia Theresa.

EINFÜHRUNG

„Keynes' Intellekt war der schärfste und klarste, den ich je kennengelernt habe. Wenn ich mit ihm diskutierte, hatte ich das Gefühl, ich würde mein Leben in die Hand nehmen, und es war selten, dass ich mir hinterher nicht ein bisschen wie ein Narr vorkam. Manchmal neigte ich zu dem Gefühl, so viel Klugheit sei mit Tiefgang unvereinbar, aber ich glaube nicht, dass dieses Gefühl berechtigt war."

Bertrand Russell[1]

Die Luft im Ballsaal des Fairmont Hotel in Chicago vibrierte, als der Nobelpreisträger Paul Krugman vor 2.000 Personen zum Podium schritt. In seiner Rede vor dem Chicago Council on Global Affairs an dem kühlen letzten Januartag 2013 prangerte Krugman den Zustand der amerikanischen Wirtschaft an. Sie erholte sich zwar langsam, aber nach seiner Formulierung steckte sie immer noch in einer Depression. Der *New York Times*-Kolumnist und Princeton-Professor ging darauf ein, was nötig wäre, um wieder Vollbeschäftigung zu erreichen – ein Thema, das John Maynard Keynes während des größten Teil seiner Laufbahn beschäftigt hatte. An jenem Abend war Krugman allerdings ein Rockstar. Das Publikum hatte windigen Minusgraden getrotzt, um sein Wissen zu empfangen. Wie viele andere Angehörige seiner Zunft ließ er sich darüber aus, wie man die amerikanische Wirtschaft wieder in Schwung bringen könne, die nach wie vor unter der Rezession litt, die nach der Kernschmelze 2008 begonnen hatte. Als das Jahr 2013 heraufdämmerte, bewegte sich die Arbeitslosigkeit in den Vereinigten Staaten immer noch um die acht

Prozent, der Kongress rang um Haushaltseinsparungen von einer Billion Dollar und darum, die Schuldenobergrenze anzuheben, damit er mehr Schulden machen könnte. Als einer der führenden Keynesianer der Welt verordnete Krugman Rezepte gegen die volkswirtschaftlichen Nöte.

Er verwendete den Rahmen, den Keynes in „Allgemeine Theorie der Beschäftigung, des Zinses und des Geldes" entwickelt hatte, um die kriselnde Konjunktur zu beschreiben, und bezeichnete die Zeit nach 2008 als „kleine Depression". Die Verbrauchernachfrage und die Unternehmensausgaben seien viel zu niedrig.

In dem großen Ballsaal war die Präsenz von Keynes, die durch Krugman heraufbeschworen wurde (auch wenn er Keynes nicht namentlich erwähnte), deutlich zu spüren. Was der englische Ökonom erstmals während der Großen Depression empfohlen hatte, wurde durch die häufig verzerrte Linse der Makroökonomie des 20. Jahrhunderts – deren Vater Keynes in einem der dunkelsten Jahrzehnte des Jahrhunderts geworden war – neu aufgegriffen. Wieso ist Keynes auch drei Generationen nach seinem Tod noch so einflussreich? Er war zwar zum Sinnbild für häufig wirkungslose und über das Ziel hinausschießende staatliche Eingriffe geworden, aber nach der Kernschmelze 2008 kam sein Werk wieder in Mode. Nach einer verheerenden Rezession, die den Immobilien- und den Kreditmarkt hat einbrechen lassen, die Millionen arbeitslos gemacht hat und beinahe die Weltwirtschaft gelähmt hätte, griffen sowohl der Kongress als auch die Federal Reserve in ihrem Bemühen, die Wirtschaft anzukurbeln, zu keynesianischen Methoden. Die Ergebnisse sind zwar immer noch durchwachsen, aber dadurch rückten das, was Keynes ausmachte, und die Frage, wieso er nach wie vor relevant ist, zwangsläufig erneut in den Blick.

Das eigentliche Wesen von Keynes geht allerdings weit über seine Theorien und Rezepte hinaus, die immer noch heftige Debatten auslösen. Er liebte die Geldanlage und die Märkte. Er setzte sein eigenes Geld aufs Spiel, managte Millionen im Auftrag von Institutionen und verlor einen Haufen Geld, aber schaffte es auch irgendwie, in einer der für Anleger schlechtesten Zeiten ein Vermögen zu machen. Das ist die weithin unbekannte Geschichte, die bislang erst wenige Volkswirte und Biografen erzählt haben.

Die Anfänge

Keynes wurde am 5. Juni 1883 in Cambridge geboren. Seine Kindheit in der privilegierten Mittelschicht fiel in die Zeit, als das viktorianische England sich ins Zeitalter der Moderne vortastete. Englands Stellung als größte Wirtschaftsmacht der Welt schien damals gesichert zu sein und sein Herrschaftsgebiet reichte von Australien bis nach Kanada. Keynes' Vater John Neville war Dozent und Verwaltungsangestellter an der Universität Cambridge. Er veröffentlichte Schriften zur Methodik der Volkswirtschaftslehre und zur Philosophie. Seine Mutter, Florence Ada Brown, war die Tochter eines geschätzten kongregationalistischen Pfarrers und „setzte sich häufig für gute Zwecke ein, aber nie auf Kosten ihrer Familie", wie der Keynes-Biograf Robert Skidelsky schreibt.[2]

Ausgerüstet mit einer fabelhaften Intelligenz, einem arroganten Selbstbewusstsein und einem feinen Gespür für seinen Platz in der Welt war Keynes ein hervorragender Schüler von Eton, der besten staatlichen Schule Großbritanniens, für die er 1897 ein Stipendium bekommen hatte. Zwar war die Mathematik sein stärkstes Fach, aber er interessierte sich für alle Fächer. Im Jahr 1902 wurde er, wiederum mit einem Stipendium, in Cambridge angenommen. Er gestand zwar, die Mathematik habe ihm nie besonders gefallen, aber im ersten Teil des „Mathematical Tripos" (der letzten Prüfung in Mathematik als Spezialfach) bekam er die Bestnote. Nebenher schloss er mehrere dauerhafte Freundschaften, pflegte ein ausgeprägtes Sozialleben und verkehrte mit großen Denkern wie dem Philosophen und Mathematiker Bertrand Russell, dem Ethiker G.E. Moore und dem weisen Ökonomen Alfred Marshall. Letzterer wurde sein Mentor und lenkte Keynes' Fokus auf die Volkswirtschaftslehre.

Er wurde in Cambridge in einen Geheimbund namens „The Apostles" aufgenommen, das Pendant zu „Skull and Bones" in Yale.

Bei den „Apostles" lernte Keynes Freunde fürs Leben kennen, zum Beispiel Lytton Strachey, der später nach London zog und in der Bloomsbury Group Beziehungen zu Koryphäen wie Virginia Woolf pflegte. Keynes verliebte sich in mehrere junge Männer und entliebte sich wieder. Der Künstler Duncan Grant war von 1908 bis 1911 sein Geliebter. Er führte ein leidenschaftliches Leben und machte sich gleichzeitig die damals noch behäbige Wissenschaft der Ökonomie zu eigen. Später zählten zu seinem engeren und weiteren Freundes- und Bekanntenkreis einige der größten Denker und Politiker des frühen 20. Jahrhunderts, von George Bernard Shaw bis Winston Churchill. Er war geistreich, aber manchmal auch unausstehlich, und es kam vor, dass er Menschen durch seine Konversation bezauberte, sie aber von einem Augenblick zum anderen sarkastisch abwies. Doch selbst seine Verächter hielten ihn für nichts weniger als brillant, wenn er sein ausgiebiges Wissen über Geschichte, Kunst, Philosophie, Politik und Mathematik zur Schau stellte. Er war ein echter edwardianischer Leonardo da Vinci.

Eine moralische Wissenschaft

Keynes und seine „Apostle"-Freunde waren hingerissen von der Ethik des Philosophen George Edward Moore und seine 1903 veröffentlichten „Principia Ethica" wurden zu ihrer säkularen Bibel. Darin stellte Moore die gleichen schwierigen Fragen wie alle Ethiker vor ihm: Was ist gut? Wie können wir wissen, was gut ist? Was ist ein gutes Leben? Später verwob Keynes Moores Philosophie mit seiner Vision von der Ökonomie zu dem allgemeineren Bemühen, eine bessere Welt ohne Kriege, Streitigkeiten, Arbeitslosigkeit und Armut zu schaffen. Unter dem Einfluss von Moore lehnte Keynes das „Hedonistische Kalkül" ab, das der Utilitarist Jeremy Bentham im 19. Jahrhundert entwickelt hatte – den Versuch, verschiedene Arten von Befriedigung („pleasures") mathematisch zu beziffern. Wie seine

Freunde von der Bloomsbury Group gab Keynes die strengen religiösen Vorstellungen von Richtig und Falsch auf und strebte stattdessen nach Schönheit, Vergnügen und künstlerischen Zwecken:

> „Die geeigneten Gegenstände leidenschaftlicher Betrachtung und Einkehr waren ein geliebter Mensch, Schönheit und Wahrheit. Die wichtigsten Dinge im Leben waren die Liebe, die Erschaffung und der Genuss von ästhetischen Erlebnissen und das Streben nach Erkenntnis."[3]

Keynes bezeichnete sein rebellisches Ethos als „Immoralität". Er sah sich nicht als amoralisch, denn er hielt sich für einen Utopisten. Aber er war jemand, „der an einen stetigen moralischen Fortschritt glaubt". Er vertrat eine antifundamentalistische Weltsicht, welche „die Erbsünde in allen ihren Formen ablehnte".[4] Im Prinzip fand die in ein Korsett gezwängte Welt der viktorianischen Moralität mit der Gruppe um Keynes und seinem weiteren Bekanntenkreis ihr Ende. Dazu gehörte auch D.H. Lawrence, dessen Roman „Lady Chatterley's Lover" Keynes schätzte. Unter dem Einfluss von Moore, Russell und anderer radikaler Denker ließ sich Keynes vom „rationalen Eigennutz" leiten, der zufälligerweise zum Fundament der meisten modernen Sichtweisen des ökonomischen Verhaltens gehört. Marshall war sein ökonomischer Tutor.

Da Keynes sich dem freien Denken, der Liebe und leidenschaftlich der Kunst hingab, war er in der Lage, die Gussform der klassischen Ökonomie und die gängige Sichtweise der Märkte und des Massenverhaltens zu sprengen. Er war zwar in der Denkart geschult, die Ökonomie sei eine Geisteswissenschaft, aber er führte in die Volkswirtschaftslehre auch ein Empfinden für Fairness und Gerechtigkeit ein. Er sorgte sich aufrichtig um diejenigen, die während der Großen Depression ihre Arbeit verloren hatten, und das Zwillingsübel der Inflation und Deflation war ihm ein Gräuel. Sein britisches Empfinden für Fairness brachte ihn dazu, die Märkte und die Volkswirtschaften stabiler machen zu wollen.

Keynes hielt sich an das, was von einem jungen Mann seines Standes nach dem Abschluss seines Studiums erwartet wurde: Er machte 1906 die staatliche Beamtenprüfung und belegte landesweit den zweiten Platz. Daher konnte er als Beamter im India Office (dem Ministerium für die Verwaltung Britisch-Indiens) arbeiten, was sein Interesse für die Makroökonomie nährte – den Überbau, der die Geldströme der zivilisierten Welt unterhielt. Nach zwei Jahren wurde er allerdings ruhelos und sehnte sich nach größeren Herausforderungen. Bis zum Ausbruch des Ersten Weltkriegs hielt er in Cambridge Vorlesungen. Da war er 31 Jahre alt. Von 1915 bis 1919 arbeitete er im Finanzministerium. Nach dem Krieg beförderte ihn seine literarische und ökonomische Karriere auf die Weltbühne und seine Gedanken über die Makroökonomie wurden seine Visitenkarte.

Der Volkswirt der Jazz-Ära

Keynes war schon ein Genie der Jazz-Ära, bevor irgendjemand etwas von Louis Armstrong gehört hatte. Als er die Finanzen Indiens und die atonale, harsche Sprache des Versailler Vertrags prüfte, entdeckte er in der Volkswirtschaftslehre eine Berufung, die ihn ansprach. Nach dem Ersten Weltkrieg war er auf einmal ein Akteur, der gewandt über die Weltbühne schritt, ein Improvisator, der eine neue Melodie sang. Und fast alle, die wichtig waren – außer den Oberen, die mit Deutschland die Reparationen aushandelten –, hörten auf ihn. Sein Buch „Krieg und Frieden: Die wirtschaftlichen Folgen des Vertrages von Versailles", in dem er die Sieger des Ersten Weltkriegs verurteilte und darlegte, wieso und warum Deutschland am Ende zum Faschismus umschwenken würde, machte ihn zum Superstar. Es wurde zum Bestseller und war auf beiden Seiten des Atlantiks Pflichtlektüre. Dies zementierte Keynes' Platz im Rampenlicht. Er war ein Insider, der den Eliten, die die Regierungsgeschäfte führten und den Keim für einen erneuten Krieg legten, die Zunge herausstreckte. Aber wenn er sprach, dann um etwas zu bewirken. Der „letzte aller Krieg" war dazu bestimmt, sich zu wiederholen. Keynes erklärte uns, was infolge des Versailler Vertrags schiefgehen würde – und dieser Vertrag brachte letzten Endes Hitler und den fürchterlichsten Konflikt in der Geschichte der Menschheit hervor. Obgleich Keynes die herrschende Klasse in Europa und Amerika ärgerte, tadelte und beschimpfte, konnte sie ihn nicht ignorieren und bat ihn von 1919 bis zu seinem Tod im Jahr 1946 wiederholt um Rat.

Auch wenn es oft heftig bestritten wird, hat Keynes in der Geschichte einen Platz neben Churchill, Einstein und Franklin Delano Roosevelt verdient. Churchill und Roosevelt hörten sich seine Ratschläge an, hielten sich aber nicht immer daran. Keynes half nicht nur Großbritannien bei der Finanzierung des Zweiten Weltkriegs, sondern er stellte auch die solide Architektur der keynesianischen Ökonomie auf die Beine. Diese behauptet, der Staat könne enorm viel bewirken, indem er in konjunkturellen Abschwüngen Nachfrage erzeugt. Der historische Keynes lässt selten gleichgültig – entweder wird er als Teufel oder als Heiliger gesehen – und der Einfluss, den er auf die Schaffung von Wohlstand und die Abwendung wirtschaftlich bedingter Kriege hatte, ist unleugbar. Die Vereinbarungen von Bretton Woods, die die Weltbank und den Internationalen Währungsfonds schufen, waren Keynes' Kinder. Es gibt keine westliche Regierung, die in den vergangenen 60 Jahren keine keynesianischen Lösungen verwendet hätte. Manche tun das immer noch, andere lehnen es ab. Krugman hält in seiner glänzenden Einführung zu „Allgemeine Theorie der Beschäftigung, des Zinses und des Geldes" fest:

> „Ein Geschäftsmann, der davor warnt, dass Zuversicht ein wirtschaftliches Risiko darstellt, ist ein Keynesianer, ob er es weiß oder nicht. Ein Politiker, der verspricht, seine Steuersenkungen würden Arbeitsplätze schaffen, weil er dadurch die Taschen der Menschen mit Geld füllt, das sie ausgeben können, ist auch dann ein Keynesianer, wenn er die Lehren von Keynes verabscheut. Sogar Volkswirte, die nach eigenem Bekunden Vertreter der Angebotsseite sind, verfallen auf unverkennbar keynesianische Formulierungen, wenn

sie erklären, weshalb die Konjunktur in einem bestimmten Jahr einen Abschwung erlebt hat."[5]

Was hat uns die keynesianische Ökonomie heute zu bieten? Sie könnte ein Mittel gegen langwierige Rezessionen sein, auch wenn Keynes' Ansatz dermaßen politisiert und zensiert wurde, dass man sich das in der Praxis kaum vorstellen kann. Diese Frage wird im vorliegenden Buch zwar nicht näher behandelt, aber es bemüht sich zu zeigen, dass sie eine Linse sein kann, durch die heutige Anleger blicken können. Der verstorbene Investor Barton Biggs stellt in seinem vorzüglichen Buch „Hedgehogging" fest: „Jeder ernsthafte Anleger muss das keynesianische Modell verstehen, denn es gehört untrennbar dazu, wie die Welt funktioniert."[6]

Keynes als Anleger

Egal wie man zur keynesianischen Ökonomie steht – es ist ein wenig bekannter Aspekt seines Lebens, dass er ein unglaublich aktiver und erfolgreicher Anleger war. Ungefähr zu Beginn des Ersten Weltkriegs fing er an, mit Aktien, Devisen und Rohstoffen zu spekulieren. Er hatte zwar schon seit seiner Jugend das Geld angelegt, das er in Form von Preisen oder Geburtstagsgeschenken bekommen hatte, aber im ersten Jahrzehnt des 20. Jahrhunderts betraute ihn das King's College damit, seine Finanzangelegenheiten zu managen, und diese Aufgabe erfüllte er bis zu seinem Tod 1946. Später verwaltete er auch Geld für Freunde, Verwandte und Versicherungen – zu einer Zeit, als es noch keine formale Ausbildung für institutionelle Vermögensverwalter gab. Er blieb seiner extravaganten Persönlichkeit und seinem Intellekt treu und erfand die ganze Zeit neue Methoden der Geldverwaltung. Er war zweifellos der Pate der Verhaltensökonomik und er hatte großen Einfluss auf die Schule der Value-Anleger. Auch wenn Keynes von vielen Menschen vorgeworfen wird, er sei ein kindischer Schutzherr des Staates und sozialistischer Werte gewesen, so zeigt ein genauerer Blick auf seinen Anlagestil ganz klar, dass er ein knallharter Kapitalist war. In seiner Zeit als Berater der britischen Regierung kaufte und verkaufte er Aktien, Anleihen, Devisen und Rohstoffe. Sein spektakulärer Erfolg belegte nicht nur seine Leidenschaft für das Geldverdienen, sondern auch seine zunehmende Abneigung dagegen, Geld zu verlieren. Da Keynes zweimal durch sein Können ein Vermögen verdient und es zweimal durch seine Hybris verloren hat, ist er ein Paradebeispiel dafür, dass man als Anleger lernen kann – dass man mehr als einmal zu Boden gehen, aber trotzdem am Ende aufrecht stehen kann.

Ich möchte Ihnen vermitteln, wie Keynes sein bemerkenswertes Vermögen in einer Zeit gemacht hat, als Angst, Panik, Inflation, Deflation, Massenarbeitslosigkeit und Krieg die größten Volkswirtschaften der Welt verheerend schädigten. Dabei kam nicht nur Keynes selbst zu Wohlstand, sondern er entwickelte auch essenzielle Ideen, die Ihnen helfen werden, finanzielles Wohlergehen zu erreichen. Missverstehen Sie das aber nicht als detaillierte Analyse seiner Theorien. Ich bin kein Volkswirt und ich behaupte nicht, ich würde alle Feinheiten seiner Ideen verstehen. Ich zeige Ihnen nur, was er gelernt hat, was funktioniert hat, was nicht geklappt hat und wie moderne Anleger seine Ideen aufgegriffen haben.

Vielleicht weil ihn sein Erfolg als gelehrter böser Bube und sein Zugang zur Macht ermutigt hatten, nahmen Keynes' Leidenschaften nach dem Ersten Weltkrieg eine interessante Wendung. Dank der Honorare für seine Bücher und dank seines Dozentengehalts konnte er das Leben eines Aristokraten führen. Er investierte in Kunstwerke, bereiste den Kontinent und kaufte nach 1919 impressionistische Meisterwerke zu Schnäppchenpreisen. Mit seinem beträchtlichen verfügbaren Einkommen begann er ein neues Hobby: die Spekulation. In der Nachkriegszeit setzte er auf Devisen und Rohstoffe. Während sich Europa vom Versailler Vertrag zum Wiederaufbau überging, wankte zwar die Wirtschaft des Kontinents, aber Keynes saß in der ersten Reihe, was die Frage betrifft, wann er long und wann short gehen sollte. Und das tat er mit Leib und Seele.

Doch zunächst gehen wir in die Zeit vor dem Ersten Weltkrieg zurück, als Keynes die ersten Schritte in Cambridge machte, Studenten in Vorlesungen über die Grundlagen der Ökonomie und des Finanzwesens aufklärte und begriff, wie die Welt funktioniert.

GEBURT EINES SPEKULANTEN

„Keynes wusste besser als fast jede andere lebende oder tote Person, wie man an den Märkten spielt. Er blieb jeden Tag bis mittags im Bett liegen und machte nicht nur ein Vermögen, sondern zwei, indem er seine Broker präzise instruierte, was sie kaufen und verkaufen sollten."

NICHOLAS WAPSHOTT

Bevor sich der einflussreichste Volkswirt der Welt auf den Lebensweg eines Gelehrten machte, der später die führenden Politiker der Welt beraten würde, begann er eine Beamtenkarriere. Nachdem er in der landesweiten Beamtenprüfung 1906 den zweiten Platz belegt hatte (dass er nur Zweiter war, machte ihn rasend), nahm er eine Stelle als Bürogehilfe im staatlichen India Office in London an – eine langweilige Aufgabe. Er interessierte sich zwar nicht besonders für Indien, das damals komplett unter britischer Kolonialherrschaft stand, aber diese Position lieferte ihm entscheidende Aufschlüsse darüber, wie Geld im gesellschaftlichen Zusammenhang wirkt und welche Bedeutung es für das Funktionieren der Zivilisation hat. Seine Arbeit war allerdings alles andere als glanzvoll: Seine erste Aufgabe war es, zehn Ayrshire-Bullen nach Bombay zu liefern.[1]

Da Keynes mitten in London arbeitete, hatte er Zugang zu seinen Bloomsbury-Freunden, ihren aufregenden Partys und er reiste unter anderem nach Spanien und in die französischen Pyrenäen. Es gelang ihm hervorragend, die Launen der britisch dominierten indischen Wirtschaft vorherzusehen – was später in einem Buch mündete –, und seine

Sachkenntnis bescherte ihm bedeutende Unterstützer in der Regierung. Schließlich wurde er Mitglied der Royal Commission in Indian Currency and Finance.

Wäre er ein kleiner Staatsbeamter geblieben, wäre er vielleicht in Vergessenheit geraten. Aber er langweilte sich und begann, ein Buch über Wahrscheinlichkeit zu schreiben. Außerdem wollte er nach Cambridge zurückkehren, wo er als Wissenschaftler und Dozent geistige Anregung finden würde. Mitte 1908 kehrte er ans King's College zurück. Ein Jahr später begann er mit Vorlesungen über Geld, Kredit, Preise und die Börse (1910).

Am Ende des ersten Jahrzehnts des 20. Jahrhunderts wird Keynes' zunehmendes Interesse an den Märkten, an der Geldanlage und der Spekulation erkennbar. In seinen Vorlesungsunterlagen sehen wir einen neugierigen Geist, der sich bis zu diesem Zeitpunkt noch nicht direkt an der Geldanlage beteiligt hat, sich aber danach sehnt, sie auszuprobieren. Seine Vorlesung über den Aktienmarkt aus dem Wintersemester 1910 bezeichnet sie als „im wesentlichen praktisches Thema, das man aus einem Buch oder in einer Vorlesung nicht richtig lernen kann". Vielleicht war das der Zeitpunkt, an dem Keynes kurzzeitig die Welt der Theorie und der Bücher verließ und sich bereit machte, sich mit einem Gegenstand zu befassen, der den Händler in ihm weckte. Er lud seine Studenten in seine Räumlichkeiten im King's College ein, seinen schlaksigen Körper gemütlich in einem bequemen Lehnstuhl ausgestreckt. Er übernahm die Tradition, dass sich Dozenten in einer privaten Umgebung mit ihren Studenten trafen, und er hörte sich die Referate seiner Studenten in seinem Political Economy Club intensiv an. Er blieb der Freigeist der Bloomsbury Group und an seinen Wänden hingen Halbakte seines Liebhabers Duncan Grant. Die Studenten konnten nicht nur wichtige Wirtschaftsthemen ansprechen, sondern auch Weinleser und Tänzer bewundern. Wie sie auf diesen brillanten Dozenten reagierten, der zur Boheme gehören wollte, ist schwer zu sagen, allerdings wurden viele von ihnen später seine Freunde und Mitarbeiter. Keynes war ihnen gegenüber unglaublich loyal.

Obwohl er seinen Studenten unverblümt gestand: „Ich selbst habe bezüglich der betreffenden Fragen kein[e] praktische[s] Wissen [durchgestrichen] Erfahrung", begann er diesen Kurs damit, sie dazu zu ermuntern, den *Economist* und andere Finanzmagazine zu lesen. Wie kam der Anlage-Floh in Keynes' Ohr? Vielleicht war es 1905 passiert, als er bei seinem Mentor Alfred Marshall studierte, dem Leuchtfeuer der spätviktorianischen Ökonomie. Als er 1908 nach Cambridge zurückkehrte, wurde er Assistent des Schatzmeisters und musste sich deshalb auch mit Finanzkonten und Geldanlagen beschäftigen. Ich fragte Robert Skidelsky, den Verfasser der umfangreichsten Keynes-Biografie, wo er die ersten Anzeichen dafür sieht, dass sich Keynes ernsthaft für die Geldanlage interessierte. Seiner Vermutung nach war das vor 1910, als er „meines Erachtens ebenso wie [George] Soros versuchte, die Finanzmärkte zu benutzten, um seine Wahrscheinlichkeitstheorie zu überprüfen".[2]

Mehr als nur ein Bauchgefühl

Die Geldanlage muss Keynes vor faszinierende intellektuelle Herausforderungen gestellt haben. Wie hoch ist die Wahrscheinlichkeit, dass ein Wertpapier steigt oder fällt? Welche Faktoren sind daran beteiligt? Inwiefern gehorchen Preisbewegungen den Gesetzen des Durchschnitts und der Wahrscheinlichkeit? Was soll man tun, wenn Unsicherheit herrscht, wenn sich die Ereignisse nicht an berechenbare Regeln oder Statistiken halten? Da er gelernter Mathematiker war und zu Beginn seiner Dozentenkarriere ein Buch über Wahrscheinlichkeit geschrieben hatte („Über Wahrscheinlichkeit", erst 1921 veröffentlicht), wollte er wie jeder wissbegierige Anleger wissen, wie die Chancen bei der Geldanlage stehen. Die erwähnte Abhandlung ist vielleicht das letzte zugängliche Werk von Keynes und stellt die uralte Frage, was sich ohne subjektive Verzerrungen quantifizieren lässt. Gibt es eine objektive Methode, mittels derer man beispielsweise vorhersagen kann, welche Aktien steigen werden? Und wie kann man durch eine objektive Wissenschaft das Gefühl von der Wirklichkeit trennen? Dies wurde in „Über Wahrscheinlichkeit" zwar nicht konkret angesprochen, aber wahrscheinlich kam es ihm etwa um diese Zeit in den Sinn:

> „Die Wahrscheinlichkeitsurteile, auf die sich fast alle unsere Überzeugungen in Erfahrungsdingen gründen, beruhen zweifellos auf dem starken psychischen Drang in uns, die Gegenstände in einem speziellen Licht zu betrachten. Das ist aber kein Grund, anzunehmen, sie seien nicht mehr als ‚lebhafte Vorstellungen'."[3]

In diesem Teil der Abhandlung lässt uns Keynes einen Blick auf die „animalischen Instinkte" erhaschen, die in seinem großen Werk „Allgemeine Theorie der Beschäftigung, des Zinses und des Geldes" auftreten.

Um Keynes' spätere Gedanken zur Marktwirtschaft zu verstehen, müssen wir seinen intellektuellen Zwiespalt durch die Brille der Wahrscheinlichkeit betrachten. Anders als viele andere Ökonomen seiner Zeit war er bereit, die „radikale Unsicherheit" beziehungsweise die Furcht einflößende Wahrheit zu akzeptieren, dass die wissenschaftliche Ökonomie die Zukunft nur sehr schlecht vorhersagen kann. Märkte sind nicht rational. Sie nehmen ihren eigenen Lauf, der auf Verhaltensweisen basiert und nicht immer auf der idealisierten Welt der „Normal"-Verteilungen.

John Kay bemerkt in der *Financial Times*: „Für Keynes bezog sich die Wahrscheinlichkeit auf die *Glaubhaftigkeit* [Hervorhebung von mir], nicht auf die Häufigkeit. Er leugnete, dass man unser Denken als Wahrscheinlichkeitsverteilung aller künftigen Ereignisse beschreiben könne, als eine statistische Verteilung, die man durch geschicktes Fragen herauskitzeln oder durch Vorlage einer ‚Speisekarte' der Trading-Gelegenheiten aufdecken könne."[4]

Anders gesagt sah Keynes zwar, dass die Statistik die Gegenwart und die Vergangenheit *beschreiben* kann, dass sie aber nicht unbedingt die Zukunft vorhersagt. In Anlehnung an die Aussage von Mark Twain, es gebe „Lügen, faustdicke Lügen und Statistiken", sah Keynes keine ökonomische Welt, die allein durch Zahlen zutreffend dargestellt werden kann. Für ihn war die Vergangenheit *nicht* das Vorspiel zur Gegenwart. Außerdem gab es eine subjektive Realität, jenen kleinen Kobold, der in beliebigen Zahlenansammlungen Muster finden kann, die zu einer Lieblingstheorie passen. Aber wie können wir unsere Gefühle von den strengen Regeln der Währungstheorie, von Angebot und Nachfrage oder anderen Verengungen der klassischen Ökonomie trennen? In welcher Weise ist das Verhalten daran beteiligt? Um diese Frage zu beantworten, musste Keynes die Natur der Bestie „Verhalten" erkunden, und dies wurde zu einem faszinierenden Teil seiner Vorlesungen im Jahr 1910.

Die Bestie der Spekulation: Vorlesungen vor dem Ersten Weltkrieg

Vor dem Ersten Weltkrieg war Keynes nur begrenzt an der Börse aktiv. Da er kein ererbtes Vermögen hatte (und die Vorlesungstätigkeit in Cambridge damals nicht gut bezahlt war), war er auf Zuwendungen (jeweils rund 160 Dollar) von seinem Vater und von seinem Mentor Alfred Marshall sowie auf Unterrichtshonorare angewiesen. Es gelang ihm zwar, das Geld, das er zu Geburtstagen und in Form wissenschaftlicher Auszeichnungen bekam, in einem 1905 angelegten „Sondervermögen" anzusammeln, aber laut Donald Moggridge, dem Herausgeber seiner Schriften, begann er erst 1914 ernsthaft mit der Geldanlage. Vor diesem Zeitpunkt versuchte er sich an der Börse nur mit einer Handvoll Aktien.

Moggridge fand heraus: „Um das Jahr 1911 kaufte er nicht nur Aktien zu, sondern schichtete auch um und half mehreren Familienstiftungen bei der Vermögensverwaltung."

Portfolio-Momentaufnahme

Frühe Aktienpositionen – Kaufen bei sinkenden Kursen und Durchschnittskostenmethode

Anhand dieser kleinen Stichprobe von Keynes' Privatportfolio vor dem Ersten Weltkrieg sieht man, dass er eine seiner damaligen Lieblingsaktien kaufte und verkaufte: U.S. Steel. (Er hielt auch den Maschinenbauer Mather & Platt und Marine Insurance.) Er kaufte die Aktien konsequent zu niedrigeren Kursen und senkte dadurch seinen durchschnittlichen Kaufpreis. Die 20 Aktien, die er in diesem Beispiel verkaufte, lagen bis zu zehn Prozent über dem höchsten Kaufpreis.

Diese altbewährte Methode bezeichnet man als Durchschnittskostenmethode und sie funktioniert bei Privatanlegern seit Jahrzehnten, weil man es dadurch vermeiden kann, zum absoluten Höchstpreis zu kaufen und zum absoluten Tiefstpreis zu verkaufen. Diese Methode ist gut für langfristig orientierte Buy-and-Hold-Anleger geeignet, die es auf Unternehmen mit Reinvestmentplänen für Dividenden abgesehen haben, weil sie dann gebührenfrei Aktien nachkaufen können. Wenn Keynes eine Aktie gefiel, kaufte er sie weiterhin und ließ sich durch Kursrückgänge zu weiteren Käufen anspornen, mit denen er ein besseres Geschäft machte.

Jahr	Anzahl Aktien	Preis
1911	10	71,75
1912	10	60,75
	10	66,75
	20	66,75
VERKAUFT	10	68,375
	10	65,00
1913	10	66,33
	20	65,75
	30	65,75
	30	61,50
	30	62,00
VERKAUFT	10	67,00

Jahr	Anzahl Aktien	Preis
	20	59,50
	20	60,188

Hoch = 71,75; Tief = 59,50
Anzahl der gekauften Aktien = 220; Durchschnittspreis = 64,75
Anzahl der verkauften Aktien = 20; Durchschnittspreis = 67,67
Durchschnitt aller Transaktionen = 64,09 (abgerundet, dezimalisiert)

Quelle: Keynes' persönliche Bücher und Broker-Abrechnungen von Buckmaster & Moore, King's College Archives.

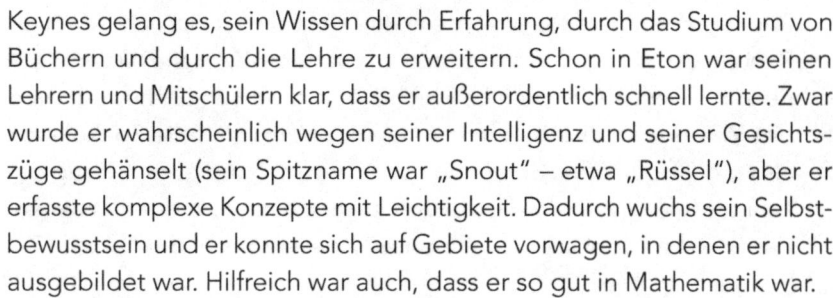

Keynes gelang es, sein Wissen durch Erfahrung, durch das Studium von Büchern und durch die Lehre zu erweitern. Schon in Eton war seinen Lehrern und Mitschülern klar, dass er außerordentlich schnell lernte. Zwar wurde er wahrscheinlich wegen seiner Intelligenz und seiner Gesichtszüge gehänselt (sein Spitzname war „Snout" – etwa „Rüssel"), aber er erfasste komplexe Konzepte mit Leichtigkeit. Dadurch wuchs sein Selbstbewusstsein und er konnte sich auf Gebiete vorwagen, in denen er nicht ausgebildet war. Hilfreich war auch, dass er so gut in Mathematik war.

Die Geldanlage wurde eine seiner Leidenschaften, obwohl kein Teil seines Hochschulstudiums ihn auf diese Aktivität vorbereitet hatte. So etwas wie Kurse in Vermögensverwaltung oder zertifizierte Finanzanalysten gab es damals noch nicht. Und wenn damals jemand institutionelle Mittel verwaltete, war die Methode ziemlich simpel: *Man kaufte und hielt Anleihen.* Daher muss es für ihn berauschend gewesen sein, als er die Welt der Aktien-, Rohstoff- und Devisenmärkte entdeckte – wahrscheinlich über seine Verbindung zu dem Aktienhändler Oswald Falk. Hier war nun ein Ort für seine prometheischen analytischen Fähigkeiten, was durch seine Liebe zum Glücksspiel unterstützt und begünstigt wurde. Als selbstbewusster junger Mann, der er war, muss er auch gedacht haben, er könne ein paar vorteilhafte Wetten errechnen, denn sein wissenschaftliches Hauptinteresse galt ja der Wahrscheinlichkeit. Es ist zwar nicht bekannt, welche Einstellungen er seinen Studenten in seinen Vorlesungen und den Versammlungen des Economic Club vermittelte, klar ist aber, dass er vor dem Ersten Weltkrieg eine glühende Leidenschaft für die Geldanlage entwickelte.

In seiner typisch englischen Art wollte Keynes allerdings seinen Studenten eintrichtern, dass es bedeutende Unterschiede zwischen Geldanlage (weitgehend Kaufen und Halten), Spekulation und Glücksspiel gibt. In seinen Vorlesungen des Jahres 1910 machte er diese Unterschiede recht deutlich. Hier seine Definitionen:

- **Spekulation:** „Die wesentliche Eigenschaft der Spekulation [...] ist überlegenes Wissen. Damit meine ich nicht die tatsächliche künftige Rendite der Anlage [...], sondern die erwartete *Wahrscheinlichkeit* der Rendite. Diese Wahrscheinlichkeit hängt in gewissem Sinne vom Grad des Wissens ab und ist somit subjektiv. Wenn man die Spekulation als vernunftgemäßes Bemühen betrachtet, anhand gegenwärtig bekannter Informationen die Zukunft einzuschätzen, kann man sagen, dass sie die Zügel allen intelligenten Investierens bildet."[5]

- **Glücksspiel:** Hier zieht Keynes die Grenze durch die Feststellung, dass Glücksspiel nicht auf konkretem Wissen oder konkreten Überlegungen beruht. Trotzdem bekundet er „beträchtliche Sympathie für die Buchmacher [...]. Sie arbeiten für ihr Geld so hart, wie es ein Mensch nur kann, und sie sind von einer bemerkenswerten Ernsthaftigkeit. Sie sind gewissenhafte, wortkarge Leute, so ernsthaft wie Richter, so nachdenklich wie Metaphysiker und so fromm wie Bischöfe. Welche Fehler sie auch immer haben mögen, Leichtsinn oder dass sie für ihr Geld nicht arbeiten würden, kann man ihnen nicht vorwerfen."[6]

- **Die üblen Seiten der Spekulation:** Zunächst fällt Keynes zwar kein moralisches Urteil über die Spekulation, aber er vermerkt, welchen Schaden sie anrichten kann, und zwar „durch die Manipulation des Marktes mit unlauteren Mitteln". Er verweist auf offenbar unrechtmäßige Gewinne durch den Kauf, Verkauf oder Leerverkauf von Wertpapieren ohne Rücksicht auf andere Marktakteure oder auf die

Fundamentaldaten, die hinter der Preisbildung eines Wertpapiers stehen.

- **Spekulationsmethoden:** Wenn bei Keynes vom Handel mit „Versprechen" die Rede ist, eine Aktie, eine Anleihe oder einen Rohstoff zu kaufen oder zu verkaufen, bezieht er sich damit auf Futures und Optionen. Er schreibt beispielsweise: „Ein Mann, der ein Versprechen verkauft, ist ein Bär, und einer, der ein Versprechen kauft, ist ein Bulle. Im Falle von Aktien und Beteiligungen wird kein Versprechen, sondern die tatsächliche Lieferung verlangt." (Mehr dazu im nächsten Kapitel.)

In den fünf Jahren nach diesen Vorlesungen praktizierte Keynes, was er predigte, ignorierte es aber auch oft. Im Vorfeld des Krieges gab es einen gewaltigen Spekulationsboom und daher begann Keynes, seine Erkenntnisse auf den Kauf und Verkauf von Devisen anzuwenden.

Keynes wurde bei den Studenten immer beliebter und übernahm in der Leitung des King's College eine prominentere Rolle. Im Jahr 1911 wurde er in den Vermögensausschuss berufen und lernte dort, wie das College sein Geld und seine Immobilien verwaltete. Schon bald kritisierte er die Tatsache, dass das King's College ein großes Barguthaben hielt. Er wollte dieses Geld lieber arbeiten lassen. Nach und nach gewann er seine Kollegen dafür und schließlich revolutionierte er die Verwaltung des Institutsvermögens – und damit auch die von institutionellen Vermögen in aller Welt.

Außerdem war er damals mit der Abfassung von „Indian Currency and Finance" beschäftigt, das 1913 fertig wurde und ihm die Berufung in einen Regierungsausschuss bescherte.[7]

In den Jahren vor dem Krieg konnte sich Keynes eine neue Fülle an Luxus leisten und sein gesellschaftliches Leben in Cambridge und Bloomsbury kam so richtig in Fahrt. Er unternahm mehrere Urlaubsreisen nach Griechenland, Sizilien, Italien und Frankreich. Er spielte Golf, er spielte in Monte Carlo, er sammelte Bücher und Kunstwerke. Während sein Einkommen wuchs, wuchs auch sein Hang, sich dem Leben eines Bonvivants hinzugeben. In einer Zeit, in der sich Frauenrechtlerinnen an Brüstungen ketteten, versuchte sich Keynes in liberaler Politik (die Labour Party war erst vor Kurzem gegründet worden) und gab das *Economic Journal* heraus. Er bewegte sich zwischen den kultivierten Welten der sozialistischen Fabian Society (deren literarischer Vorkämpfer George Bernard Shaw war) und dem unkonventionellen Künstlerkreis der Bloomsbury Group, zu der unter anderem Virginia und Leonard Woolf, Lytton Strachey und Vanessa Bell gehörten. Was immer Bloomsbury auch war, jedenfalls entsprach sie nicht der Norm. Wäre dieser Kreis in den 1960er-Jahren aufgeblüht, wäre seine Absage an die üblichen Sitten mit der der Hippies vergleichbar gewesen. Die Homosexualität war dort fast genauso stark vertreten wie die Heterosexualität. Sämtliche viktorianischen Auffassungen von Benehmen, Weltanschauung und Bildung wurden über den Haufen geworfen. Keynes gehörte zu den Anführern dieser Revolution, die mit Ausbruch des Ersten Weltkriegs beinahe zerbrach und in Flammen aufging.

Der Große Krieg: In den Müll mit dem Vertrag!

Keynes wurde wegen seiner Berufung ins Schatzamt 1915 davon befreit, auf die französischen Schlachtfelder geschickt zu werden. Whitehall brauchte engagierte Männer, die sich mit Geld, Devisen und dem Finanzwesen auskannten, um die Rüstung zu finanzieren. Keynes bot sich von Natur aus als Kandidat dafür an, bei der Verwaltung der britischen Finanzen zu helfen. Seine Sporen hatte er sich im India Office verdient und seine Schriften hatten sein Ansehen in Regierungskreisen gestärkt. Großbritannien musste die Geldflüsse aufrechterhalten und seinen Verbündeten helfen. Sobald die Dardanellen offen waren, fuhr Russland seine Weizenausfuhren hoch und Großbritannien lieh Frankreich Geld.[8]

Kurz nach seiner Berufung bekam Keynes eine akute Blinddarmentzündung, unterzog sich einer Blinddarmoperation und bekam dann eine Lungenentzündung. Tatsächlich litt er sein Leben lang unter diversen Krankheiten und er arbeitete ständig, auch im Urlaub. Nach Kriegsende wurde er als Berater des Schatzamts bei der Aushandlung des Versailler Vertrags herangezogen, aber er war strikt gegen die Reparationen, die Deutschland abgepresst wurden. Aufgrund seines Wissens über Exporte, Währungen und Industrieproduktion war er überzeugt, dass das, was Frankreich, Großbritannien und die Vereinigten Staaten verlangten, Deutschland zugrunde richten würde. Deshalb gab er seinen Posten auf und begann ein Buch zu schreiben, das die Art ändern sollte, wie sich zivilisierte Staaten nach einem Krieg verhalten. Der Einfluss dieses Buches ist bis heute spürbar.

„Krieg und Frieden": Aufstand für eine gute Sache

Keynes' Erkenntnis, welch verheerende Auswirkungen der Versailler Vertrag womöglich haben könnte, wurde von den Verfassern des Vertrags nicht goutiert. Als er 1919 „Krieg und Frieden: Die wirtschaftlichen Folgen des Vertrags von Versailles" veröffentlichte, wurde er vom britischen Establishment hart angegriffen. Gehörte es etwa nicht zur Rolle des Siegers, vom Verlierer demütigende Zahlungen zu fordern? Durfte man etwa nicht *ökonomisch* für die Millionen Toten Vergeltung üben? Keynes hielt dies für ein verfehltes Konzept, das vernichten würde, was von der einst robusten deutschen Wirtschaft noch übrig war. Aber Keynes geißelte in seinem Buch nicht nur die Siegermächte, sondern belegte auch durch vernünftige Argumente, dass es gar nicht funktionieren würde, der am Boden liegenden deutschen Bevölkerung überzogene Zahlungen abzupressen. Keynes rechnete aus, dass Deutschland auf keinen Fall genügend Güter würde exportieren können, um die Reparationen zu bezahlen. Am Ende kam er zu dem Schluss, dies würde zu einer „Lose-lose-Situation" für alle Beteiligten führen und ganz gewiss nicht den Frieden festigen. Die führenden Politiker waren wütend auf Keynes, denn er hatte eine der ehernen Regeln gebrochen, die für britische Elite-Beamte galten: keine internen Details ausplaudern. Was die Moral angeht, so hatte Keynes zwar flexible Ansichten, aber „Krieg und Frieden" war eindeutig ein Meisterwerk der Wirtschaftsethik. Warum soll man einem Land eine monumentale Zahlungsbelastung aufbürden, wenn es niemals in der Lage sein wird, sie zu bezahlen?

Robert Skidelsky betrachtete „Krieg und Frieden" als Wendepunkt in der geistigen Entwicklung von Keynes. Der Volkswirt hatte sich kopfüber in die Welt der Diplomatie, der Geschichte und der moralischen Überlegungen gestürzt. Der *war to end all wars* – der „letzte aller Kriege" – würde mitnichten der letzte Krieg sein.

> „Er hatte mit Engelszungen und mit dem Wissen eines Fachmanns gesprochen. Seine meisterhafte Beherrschung der Wissenschaft und des Wortes sollte zur Grundlage von allem werden, was er erreichte. Aber da gab es noch etwas anderes. Keynes forderte nicht nur nachdrücklich Aufmerksamkeit ein, sondern erhob auch den Anspruch, dass die Wissenschaft der Ökonomie die Zukunft gestalten solle. Die Fürsten der alten Welt hatten ein grässliches Durcheinander hinterlassen und es war die Aufgabe der Wissenschaftler, aufzuräumen. Diese Botschaft übte auf die aufkommende Generation einen mächtigen Reiz aus."[9]

Während Mentoren wie Moore und Marshall nur in ihrer eigenen kleinen Welt verehrt wurden, schwang sich Keynes nun auf die Weltbühne hinauf. Sein Buch wurde auf beiden Seiten des Atlantiks zum Bestseller und er wurde in einer Welt zum Superstar, die von Moskau bis Wien gewütet und Dynastien zerschlagen hatte. Die alte Welt war zerfallen, als Keynes „ganz" wurde. In „Krieg und Frieden" demontierte er nicht nur den Vertrag, sondern er zeichnete auch ein wirtschaftliches Zukunftsszenario für Deutschland für den Fall, dass ihm der Vertrag auferlegt würde: „drohender Inflationismus".[10] Wie uns die Geschichte verrät, war die

Inflation jene Finanzmisere, die zum Fall der Weimarer Republik und zum Aufstieg Hitlers führte.

Trotz aller Warnungen und trotz aller Wirtschaftsdaten, aus denen die letztlichen Auswirkungen des Vertrags hervorgingen, beschloss Keynes sein Buch – und die Ära – mit einer prosaischen Nebenbemerkung, die sein sich entwickelndes Programm eines mitfühlenden Kapitalismus unterstreicht:

> „Während ich dies im Herbst 1919 schreibe, herrscht für unser aller Schicksal Winter. Die Reaktion auf die Strapazen, die Ängste und die Leiden der letzten fünf Jahre erreicht ihren Höhepunkt. [...] Unsere Kraft, über die unmittelbaren Fragen hinaus etwas zu empfinden oder uns um etwas zu kümmern, ist vorübergehend erschöpft. Selbst die größten [...] Ereignisse, die über unser eigenes unmittelbares Erleben hinausgehen, und die schrecklichsten Vorahnungen können uns nicht bewegen." [11]

Fast anderthalb Jahrzehnte bevor er die unsterbliche Formulierung vom „animalischen Instinkt" prägte, formulierte er hier ein Dilemma. Er hatte rational dargelegt, was mit Deutschland unter dem Vertrag von Versailles passieren würde, und zahlreiche Gründe angeführt, weshalb er dagegen war. Und doch sind die rationale Ökonomie und die irrationale Brutalität der Rache entgegengesetzte Pole der menschlichen Seele. Wenngleich ihn die Machtelite ignoriert hatte, so hatte Keynes doch die Grundlagen für ein Gedankengebäude geschaffen, das versuchen würde, der Irrationalität die Stirn zu bieten. Sein Leben ging weiter, er kehrte nach Cambridge zurück, fand dort aber eine neue Leidenschaft: die Spekulation mit einem neu erworbenen Vermögen.

Keynes' Grundpfeiler

Die Devisenmärkte

Sind Devisenspekulationen eine gute Möglichkeit, Geld zu verdienen? Für die meisten Menschen sind sie immer noch so riskant wie damals, als Keynes damit anfing. Die Devisenmärkte sind für ihre Volatilität bekannt. Selbst wenn man der Meinung ist, die eigene makroökonomische Ansicht werde sich durchsetzen – und dieser Meinung war Keynes –, tritt man hier gegen die größten Institutionen der Welt an. Und diese haben viel bessere Informationen als man selbst. Wie ich bereits festgestellt habe: Selbst wenn man der brillanteste Volkswirt der Welt ist, kann man schlechte Trades tätigen und sich die Finger verbrennen. Wenn man Devisen als Hedge einsetzen will, sollte man am besten in einen börsennotierten Fonds (ETF = Exchange-Traded Fund) wie den iShares MSCI Emerging Markets Fund (EEM) investieren. Man kann das Währungsrisiko fast aller größeren Währungen mithilfe von ETFs hedgen, aber erwarten Sie von diesen Instrumenten nicht, dass sie sich verhalten wie Aktien oder Anleihen. Sie schütten keine Dividenden aus und verdienen nur mit Kursdifferenzen zwischen verschiedenen Währungen Geld. Aktienkäufe anhand der Durchschnittskostenmethode sind aber nach wie vor absolut sinnvoll. Wenn man regelmäßig einzelne Aktien kauft, die Gewinn- und Dividendenpotenzial besitzen, ruiniert man sich nicht dadurch, dass man zu teuer kauft. Man kann sogar mehr Aktien kaufen, wenn der Preis fällt. Das ist ein Grundpfeiler des Value-Investing, den wir in den nächsten Kapiteln ausführlicher erkunden werden.

WIRTSCHAFTLICHE KONSEQUENZEN

„Was kann man dem Glück eines Mannes noch hinzufügen, der gesund ist, keine Schulden und ein reines Gewissen hat? Man kann mit Fug und Recht sagen, dass für einen Mann in dieser Situation jeglicher Vermögenszuwachs überflüssig ist. Und wenn er über solche Dinge weit erhaben ist, muss dies die Wirkung des leichtfertigsten Leichtsinns sein."

ADAM SMITH, „THEORIE DER ETHISCHEN GEFÜHLE"[1)]

Seinen 36. Geburtstag verbrachte Keynes auf dem Krankenbett in Paris und verpasste somit eine atemberaubende Londoner Aufführung des Diaghilew-Balletts von *Der Zauberladen* mit der Ballerina Lydia Lopokova in der Hauptrolle, einem zierlichen Energiepaket, das ihn später vollständig fesseln sollte. Seine Welt schien neue Lebenskraft zu schöpfen und erstand wie Phönix aus der Asche aus dem endlosen Schlachten des Krieges wieder. Im Jahr 1919 gehörte Bloomsbury zu den Zentren der kulturellen Revolution, die in den Pariser und Londoner Salons aufkeimte. Keynes empfing in seinen stark frequentierten Räumlichkeiten am Gordon Square 46 Nijinsky und Picasso, während er selbst und seine Freunde schrieben, malten und sich darüber unterhielten, wie man die Welt neu gestalten könnte. Vor dem Erfolg von „Krieg und Frieden" hatte Keynes bescheiden gelebt – auf jeden Fall nicht so gut, wie er gewollt hätte. Er merkte, dass er als Dozent dürftig bezahlt war, und beschloss daher, seine universitären

Verpflichtungen zu reduzieren. Einer seiner Studenten und späterer Biograf, Roy Harrod, schrieb: „Vom Temperament her war er mutig und stets bereit, Risiken einzugehen [...] jemand, der während des Krieges die Außenfinanzierung der Nation bewerkstelligt hatte, würde doch bestimmt in der Finanzwelt einen gewissen Marktwert besitzen."[2] Doch außer seinen kleinen Zuwendungen und seinem mageren Dozentengehalt besaß Keynes kein Familienvermögen, das er für seinen Eintritt in die Finanzwelt hätte einsetzen können. Das King's College bot ihm zwar die Stellung des zweiten Schatzmeisters an, sodass er Zugang zu den Besitztümern des Colleges bekam, aber das reichte ihm noch nicht. Er wollte sich kopfüber in die Märkte stürzen.

Als er bekannter wurde und seine Einkünfte durch das Buch und durch journalistische Arbeiten zu sprießen begannen, wurden ihm auch gewichtige Positionen angetragen. Einmal wurde ihm die Leitung einer ausländischen Bank angeboten. Dies lehnte er ab. Sein Freund Oswald „Foxy" Falk, ein ungestümer Aktienmakler, der in der City of London arbeitete, sorgte dafür, dass Keynes in den Verwaltungsrat der National Mutual Life Assurance Society berufen wurde, was er dann auch annahm. Von 1921 bis 1938 war Keynes Verwaltungsratsvorsitzender dieser Versicherung und verwaltete ihr Vermögen. Zwar führte er seine Anlage-Innovationen bei Mutual und bei einer anderen Versicherung (Provincial Insurance) ein, aber in den nächsten zwei Jahrzehnten war eine andere Rolle für Keynes reizvoller: die Rolle des Spekulanten.

Als die Tantiemen für „Krieg und Frieden" zu fließen begannen, wurde Keynes mit Vortragsanfragen überhäuft, obwohl er in offiziellen Kreisen immer noch wegen seiner irritierenden Attacke gegen den Versailler Vertrag verunglimpft wurde. Nun hatte er Geld im Überfluss und war ein gefragter Journalist. Er schrieb für *Nation*, den *Manchester Guardian* und *New Republic*. Der Rest von Europa hatte indes zu kämpfen. In Deutschland hungerten die Menschen und das Ende des Krieges brachte nicht nur eine Rezession, sondern auch eine große Grippe-Epidemie, die 1918 begann und weltweit 40 Millionen Menschenleben forderte.[3]

Beide Seiten des Atlantiks wurden von einer konjunkturellen Flaute heimgesucht, während die Welt die neue Weltordnung entwarf.

Devisenspekulationen

Keynes nutzte sein Wissen über das internationale Finanzwesen und stürzte sich rückhaltlos in die Devisenmärkte. Bis 1914 waren die Währungskurse festgeschrieben, aber nun waren sie flexibel und notorisch volatil, aber Keynes dachte, er habe durch sein „überlegenes Wissen" einen Vorteil. Da er annahm, die Nachkriegsinflation werde den Wert des Französischen Franc (1924 und später), der Deutschen Reichsmark (von 1924 bis 1946 in Umlauf) und der Italienischen Lira (die bis zur Integration der Eurozone existierte) beeinträchtigen, shortete er diese Währungen. (Diese Transaktionen hätten ihm Geld eingebracht, wenn die Währungen im Verhältnis zu anderen, stärkeren Währungen gefallen wären, zum Beispiel zum Britischen Pfund und zum US-Dollar.) Er ging Long-Positionen auf die Indische Rupie, die Norwegische und die Dänische Krone sowie auf den US-Dollar ein.

„Er wollte in den 1920er-Jahren schnellstens Geld verdienen", erzählte mir sein Biograf Robert Skidelsky, „und dachte, das Glücksspiel mit Devisen (als die Wechselkurse Anfang der 1920er-Jahre flexibel wurden) sei der richtige Weg."[4]

Zusammen mit Falk, seinem Bruder Geoffrey und einigen Bloomsbury-Freunden richtete Keynes 1920 eine Anlagegemeinschaft ein (siehe Kasten „Momentaufnahme des Portfolios: Die Anlagegemeinschaft 1920-1922"), von der viele Finanzhistoriker behaupten, sie sei einer der ersten Hedgefonds gewesen. Keynes verwaltete das Geld nicht im Sinne der Kapitalbewahrung oder einer gewissen Rendite, sondern er spekulierte schlichtweg. Zunächst zahlte sich seine Strategie aus und er brachte seinen Anlegern in den ersten Monaten 30.000 Dollar Gewinn ein. Wie Liaquat Ahamed in „Die Herren des Geldes" notiert, hatte Keynes bis April 1920 weitere 80.000 Dollar erwirtschaftet – was erstaunlich ist, denn der größte Teil Europas war durch den Krieg im Grunde bankrott. Doch dann geschah etwas Unerwartetes: „Plötzlich trieb ein Anfall von Optimismus im Hinblick auf Deutschland die fallenden europäischen Währungen wieder nach oben und radierte das gesamte Kapital aus."[5]

Was ist ein Hedgefonds?

Das Konzept eines Hedgefonds ist zwar ziemlich vage, aber im Prinzip geht es darum, eine fokussierte Strategie anzuwenden, ohne Rücksicht auf Diversifizierung. Anders als traditionelle Pensionsfonds oder Rentenkassen, die in ihren Portfolios eine bestimmte Mischung von Aktien, Anleihen und alternativen Investments halten, können sich Hedgefonds massiv in bestimmten Investments engagieren und Trading-Strategien anwenden, die oft unkonventionell sind. Beispielsweise haben es manche Hedgefonds auf Unternehmen abgesehen, die in einer Notlage oder reif für eine Übernahme sind, während sich andere auf Zinssätze oder Währungsschwankungen konzentrieren. Andere, konservativere Fonds streben eine „marktneutrale" absolute Rendite an, die unabhängig von den gerade herrschenden konjunkturellen Bedingungen einen positiven Ertrag liefern kann. Keynes nahm an, er könnte dadurch Geld verdienen, dass er die Währungsschwankungen nach dem Ersten Weltkrieg ausnutzt. Durch seine Beziehungen zur Regierung besaß er eine Fülle an Informationen und deshalb dachte er, er habe einen Insider-Vorteil. Im Prinzip sind Hedgefonds-Manager überzeugt, sie könnten Geld verdienen, weil sie sich auf eine kleine Nische innerhalb einer breiten Palette von Märkten konzentrieren. Normalerweise sind das hochriskante und kostspielige Vehikel, die gewöhnlich für wohlhabende Privatleute und Institutionen gedacht sind. Über die Zeit gesehen muss man allerdings den Erfolg ihrer Performance gegen die Risiken abwägen, die sie eingehen, und gegen die Gebühren, die sie verlangen. Nur sehr wenige Fondsmanager arbeiten konsequent rentabel.

Keynes' altersschwacher Vater kam ihm zu Hilfe und rettete seinen Sohn, der inzwischen mittleren Alters war, durch ein „Geburtstagsgeschenk".

Keynes selbst beschaffte sich bei dem Finanzier Sir Ernest Cassel ein Darlehen. Damit war er wieder im Spiel. Ende 1922 hatte er 120.000 Dollar auf dem Konto.[6] In inflationsbereinigten Dollar (2013) wären das fast 1,7 Millionen. An diesem Punkt hätte sich Keynes zur Ruhe setzen können, aber er wurde übermütig. Über längere Zeit gesehen behielt er recht, was die Aussichten der Währungen angeht, auf die er es mit seinen Leerverkäufen abgesehen hatte, auch wenn er sich daran kurzfristig die Finger verbrannt hatte. Als er Cassel die Sache schmackhaft machte, gestand er zwar zerknirscht ein: „Ich selbst bin nicht mehr in der Lage, Kapital einzusetzen, weil meine Mittel ziemlich erschöpft sind." Doch auch seine Zuversicht blitzte auf: „Ich sehe beträchtliche Profite mit sehr schönen Wahrscheinlichkeiten voraus, wenn Sie bereit sind, das Spektakel ein paar Monate auszuhalten."[7]

Nicht nur, dass Keynes erneut auf das Pferd der Spekulation setzte – er konnte zudem bis Ende 1922 alle seine Investoren ausbezahlen und behielt einen kleinen Gewinn übrig. Dann richtete er seinen Blick auf die noch volatileren Rohstoffmärkte.

Momentaufnahme des Portfolios

Die Anlagegemeinschaft 1920-1922

Sie war Keynes' erste bedeutende Investment-Unternehmung. Er verwaltete das Geld von Bekannten und Verwandten in einem Quasi-Hedgefonds, unter anderem das Geld seines Vaters, seiner Schwester Margaret, seines Bruders Geoffrey, von Duncan Grant, Basil Blackett, Vanessa Bell, A.V. Hill, W. Langdon Brown und Sir Ernest Brown, der Keynes Mitte 1920 mit einem Darlehen rettete, nachdem dieser Devisenverluste realisiert hatte, die sein Portfolio so gut wie auslöschten. Laut seinem Biografen Donald Moggridge hatte Keynes mit allen Devisenpositionen Verlust gemacht, als die Gemeinschaft geschlossen wurde. Er bezahlte seine Investoren aus, nachdem er von Ende 1920 bis 1922 wieder an den Märkten aktiv gewesen war. Keynes gewann einen Teil seines Geldes zurück. 1920 meldete er ein negatives Vermögen, 1922 ein Vermögen von 21.558 Pfund. [8]

Aktienpositionen
London & Southwest Railway, Penarth Harbor Dock & Railway, Castner Kellner, Southampton Gas/Light, Railway Share Trust, Foreign/Colonial Investment Trust, Bolckow Vaughan.

Gehandelte Rohstoffe
Metalle, Baumwolle.

Gehandelte Währungen
US-Dollar, Französischer Franc, Italienische Lira, Deutsche Reichsmark (und ihr Vorgänger, die „Papiermark"), Indische Rupie.

Quelle: King's College Archives, Collected Writings of John Maynard Keynes, London, Macmillan 1971-1989, Bd. 12, S. 4-8.

Die Währungsreform und der Fluch der Inflation

Während das erschöpfte England mit aller Macht versuchte, die weltwirtschaftliche Größe wiederzuerlangen, die es vor dem Krieg gehabt hatte, konzentrierte sich Keynes auf die Währungsreform. Nach dem Krieg wurde ausgiebig darüber diskutiert, wieder den Goldstandard einzuführen, also den Wert des Pfund an eine bestimmte Menge des gelben Metalls zu binden. Keynes stellte sich gegen diese Maßnahme und bezeichnete Gold als „barbarisches Relikt". Allerdings vertrat er ebenfalls das Ziel, den Devisenmarkt zu stabilisieren. Wie er als Spekulant gemerkt hatte, vollführten die Devisenkurse wilde Schwankungen und hatten enorme Auswirkungen auf ganze Länder. Er erkannte, dass diese Fluktuationen den einen zugute kamen, während sie anderen schadeten, und das häufig in ungleichem Maße. Wie er in „Krieg und Frieden" vorhergesagt hatte, traf es Deutschland in den 1920er-Jahren am schwersten. In Deutschland waren die Großhandelspreise, die er 1924 in seinem Buch „Ein Traktat über Währungsreform" betrachtete, von 1913 bis 1923 um 765.000 Prozent gestiegen – eine destabilisierende Hyperinflation.[9] Tatsächlich wütete in allen bedeutenden Ländern die Inflation. In England verdreifachten sich die Preise annähernd, bevor sie 1920 wieder zurückgingen. In Frankreich stiegen die Preise um den Faktor fünf. Sogar in den Vereinigten Staaten stiegen die Preise in diesem Zeitraum auf mehr als das Doppelte.[10]

Als Keynes einen genauen Blick darauf warf, was die Inflation in dem vom Krieg verheerten Europa anrichten würde, war er überzeugt, dass die Währungen Deutschlands, Frankreichs und Italiens zusammenbrechen würden. Auf kurze Sicht hatte er damit recht, aber die Zuversicht, dass es wieder aufwärts gehen würde, löste eine Aufwärtsbewegung der Währungen aus. Dies führte dazu, dass Keynes' allzu zuversichtliche Anlagegemeinschaft Schiffbruch erlitt. Im allgemeinen volkswirtschaftlichen Sinne ist die Inflation *immer noch* der Feind, auch wenn sich nicht immer vorhersagen lässt, wie die Märkte darauf reagieren. Das, was Keynes später als „animalische Instinkte" bezeichnete, machte sein spekulatives Unterfangen zunichte.

Keynes sparte bezüglich der schmerzlichen Auswirkungen der Inflation (auf die häufig eine Deflation folgte) und der Instabilität von Währungen nicht mit Worten. Anfang der 1920er-Jahre bezeichnete er das Wirtschaftschaos und die Wertschwankungen des Geldes als „eines der bedeutendsten Ereignisse in der modernen Wirtschaftsgeschichte". Die „nie da gewesene Heftigkeit" der Volatilität machte ihm Sorgen.[11]

> „Die Inflation verteilt den Wohlstand in einer Weise, die für den Anleger sehr ungerecht ist, für den Geschäftsmann sehr vorteilhaft und unter den heutigen industriellen Bedingungen wahrscheinlich auch insgesamt für den Erwerbstätigen vorteilhaft. Ihre auffallendste Folge ist die *Ungerechtigkeit* gegenüber denen, die ihr Erspartes vertrauensvoll in Ansprüche auf Geld anstatt in Sachwerte gesteckt haben."[12]

Keynes bemerkte, dass man als Unternehmer die Preise der Waren und Dienstleistungen erhöhen kann, die man verkauft. Erwerbstätige würden wahrscheinlich höhere Löhne bekommen. Seines Erachtens profitieren auch diejenigen, die Rohstoffe produzieren oder verkaufen, etwa landwirtschaftliche Produkte, von den steigenden Preisen. Aber was ist mit denjenigen, die ihr Geld auf der Bank liegen haben oder Anleihen halten? Sie haben am meisten zu leiden, denn real betrachtet (also nachdem die Inflation den Wert des Geldes aufgezehrt hat) fällt der Wert ihres Besitzes. Sie haben von den steigenden Preisen überhaupt nichts. Letztlich kommen diejenigen, die sparen (und nicht mit Währungen oder Rohstoffen spekulieren), dadurch zu Schaden, dass sie tun, was sie für richtig halten.

Keynes war wegen dieser Diskrepanz besorgt, aber er glaubte nicht, dass die Rückkehr zum Goldstandard dagegen helfen würde. Auch fand er, die herrschenden Wirtschaftstheorien über die Geldmenge seien unangemessen und würden sich nicht mit dem Schaden befassen, den Inflations-Deflations-Zyklen anrichten. Der bedeutendste Verfechter der Mengen-Theorie war Irving Fisher, ein berühmter Volkswirt an der Yale University. Sie besagte, es bestehe eine positive Beziehung zwischen Änderungen der Geldmenge und den Warenpreisen. Und das bedeutet, dass Inflation entstehen kann, wenn man die Menge des umlaufenden Geldes aufbläht.[13]

In Keynes' „Traktat" führte die Behandlung der Inflation zu einem seiner berühmtesten Zitate. Bei der Untersuchung der Beziehung zwischen der Menge des umlaufenden Geldes und seiner Kaufkraft griff Keynes auf die Zeit nach dem amerikanischen Bürgerkrieg zurück, als der Dollar stabilisiert wurde, dann aber um zehn Prozent abwertete (während des Krieges hatten beide Seiten viel Papiergeld für die Finanzierung des Konflikts gedruckt). Keynes war unzufrieden damit, dass die damaligen Ökonomen gewissermaßen nur in den Rückspiegel blickten, und er äußerte seine Enttäuschung über die ökonomische Theorie seiner Zeit und vielleicht auch darüber, dass die Makroökonomie nicht vorhersagen konnte, wann die schädlichen Zyklen beginnen und enden.

> *„Langfristig betrachtet* sind wir alle tot. Die Ökonomen machen es sich zu leicht und es bringt uns nichts, wenn

sie uns in stürmischen Zeiten bloß sagen können, dass der Ozean lange nach dem Sturm wieder glatt ist."[14]

Obwohl inzwischen täglich Wirtschaftsprognosen veröffentlicht werden, wird eine der wichtigsten wirtschaftlichen Beobachtungen – nämlich ob sich eine Volkswirtschaft in einer Rezession befindet oder nicht – nur selten in Echtzeit getroffen. Beispielsweise muss das National Bureau of Economic Research, das solche Aussagen für die Vereinigten Staaten trifft, mehrere Kennzahlen für die Wirtschaftsaktivität rückblickend betrachten, bevor sie eine Rezessionsphase ausrufen kann.[15]

Bevor Keynes die Behauptung abtut, dass die Rückkehr zum Goldstandard die Preise stabilisiert, unternimmt er einen Ausflug zu Forward- und Future-Kontrakten sowie deren Beziehung zu den Spotpreisen oder Kassakursen von Währungen und Rohstoffen. An dieser Stelle erkennt man die praktischen Interessen von Keynes, der damals schon seit Jahren spekulierte. Aus dem Wirtschaftstheoretiker Keynes wird im „Traktat" ein Pragmatiker:

> „Deshalb ist die Stabilität der Preise, des Kredits und der Beschäftigung meines Erachtens von übergeordneter Bedeutung. Und da ich mir nicht vorstellen kann, dass uns ein altmodischer Goldstandard auch nur ein Stückchen der Stabilität beschert, die er uns früher beschertete, lehne ich es ab, den Goldstandard nach den Maßgaben der Vorkriegszeit wieder einzuführen."[16]

Obgleich die Idee, Währungen an Goldreserven zu binden, in gewissen ultrakonservativen Wirtschaftskreisen nie aus der Mode gekommen ist, sah Keynes, dass sie nicht die Antwort auf die Inflation war. In einer dynamischen Volkswirtschaft müssen Geldmenge und Kreditaufkommen flexibel sein. Da kann es passieren, dass man sich in Rezessionszeiten Geld leihen muss, um die Wirtschaftstätigkeit anzukurbeln, und den Kredit wieder zurückfahren muss, wenn die Steuereinnahmen den Staatssäckel prall füllen. Keynes' Denken der 20er-Jahre lässt vorausahnen, womit er sich ein Jahrzehnt später in „Allgemeine Theorie der Beschäftigung, des Zinses und des Geldes" intensiv beschäftigen sollte.

In dem selten gelesenen „Traktat" legt Keynes eine Weltsicht vor, in der Inflation und wirtschaftliche Instabilität – zwei Themen, die ihn sein Leben lang beschäftigten – Feinde der Zivilisation sind. Er ist ein derart wegweisendes Werk, dass sogar der Monetarist Milton Friedman ihn als „sein bestes Buch über Volkswirtschaft" bezeichnet. Und weiter: „Auch nach 65 Jahren [Milton schrieb dies 1989] lohnt es sich nicht nur, ihn zu lesen, sondern er hat immer noch großen Einfluss auf die Politik."[17]

Die Andienung: Keynes, der Rohstoff-Spekulant

Als Volkswirt, der dachte, er könne die Auswirkungen von Angebots- und Nachfragekurven beziffern, war Keynes in den 1920er-Jahren von der Idee des Rohstoffhandels begeistert. Natürlich brauchte Europa damals allerlei Rohstoffe für den Wiederaufbau. Die Preise folgten meistens der wachsenden Nachfrage. Für schlaue Spekulanten boten sich dadurch Gelegenheiten und Keynes begann Anfang der 1920er-Jahre, sich mit Rohstoffen zu beschäftigen und für den London and Cambridge Economic Service sowie für den *Manchester Guardian* darüber zu schreiben.[18]

Nach seinen Schriften aus dieser Zeit zu urteilen entgingen nur wenige Details seiner Aufmerksamkeit. Wie viele Ballen Baumwolle produzierte Amerika? Wie viel Kupfer, Zinn, Nickel, Aluminium, Kautschuk und Steinkohle kam auf den Markt? Zu welchem Preis? Keynes saugte gewaltige Informationsmengen auf. Was später in Form umfangreicher Online-Systeme zugänglich wurde, lag damals alles in Papierform vor und Keynes verschlang eine Unmenge an Zahlen aus fast allen Erdteilen.

Ein paar Trading-Begriffe [19]

Backwardation: Liegt vor, wenn die Preise von Futures für spätere Liefermonate niedriger sind.

Call-Option: Das Recht, zu einem künftigen Zeitpunkt eine bestimmte Menge eines Wertpapiers, beispielsweise einer Aktie oder eines Rohstoff-Terminkontrakts, zu einem festgelegten Ausübungspreis oder „Strike" zu kaufen.

Contango: Liegt vor, wenn die Preise von Futures für spätere Liefermonate höher sind als für den nächsten Liefermonat. Das Gegenteil von Backwardation.

Put-Option: Das Recht (nicht die Pflicht), zu einem künftigen Zeitpunkt ein Wertpapier oder einen Rohstoff-Terminkontrakt zu einem festgelegten Strike-Preis zu verkaufen. Für dieses Recht bezahlt der Optionskäufer eine Prämie. Normalerweise werden Puts dann gekauft, wenn mit einem Preisrückgang gerechnet wird.

Spotpreis/Kassakurs: Der aktuelle Barpreis für einen Rohstoff bei sofortiger Lieferung zu einem bestimmten Zeitpunkt und an einem bestimmten Ort.

Weitere Begriffserklärungen unter
http://cmegroup.com/education/glossary.html.

Keynes sah sich bei der Rohstoffspekulation in der Rolle des „Risikoträgers" oder des „Propheten", der die Differenz zwischen dem Preis ausnutzt, den der Markt aufgrund der aktuellen Angebots- und Nachfragesituation angibt, und dem Preis, den *er* als richtig erachtet. Keynes hielt den Markt für ineffizient und dachte, er würde bei der Preisbildung beträchtliche Fehler machen. Ein Spekulant könne das Risiko auf sich nehmen, das die Produzenten – die ja eher an der Sicherung von Preisen interessiert sind – nicht eingehen wollen. Damit hatte er recht und er schrieb, er könne *„allein dadurch* einen beträchtlichen Lohn verdienen, dass [er] Risiken eingeht und wartet, dass sich die Ergebnisse der einen Saison gegen die einer anderen ausgleichen; genauso wie eine Versicherung Gewinn erzielt, ohne vorzugeben, sie wisse mehr über die Lebensaussichten eines Menschen oder die Wahrscheinlichkeit, dass sein Haus abbrennt, als er selbst."[20]

Bei seiner Beschäftigung mit Rohstoffen erkannt Keynes einige verhaltensbedingte Faktoren, die sich auf die Rohstoffpreise auswirken und die ihm als Spekulant wichtig waren – und im nächsten Jahrzehnt zog er beim Aktienkauf ähnliche Schlüsse:

- Hohe Preise können dadurch entstehen, dass allgemeine Zuversicht herrscht, oder durch allzu große Zuversicht bezüglich der geschäftlichen Aussichten.

- Wenn Rohstoffe im Verhältnis zur Kaufkraft knapp werden, kann es zu Höchstpreisen wie in einer Hungersnot kommen.

- Hohe Preise können ein Zeichen von Zuversicht oder auch von Armut sein.

- Die Drosselung der Weltproduktion kann ebenfalls zu hohen Preisen führen.[21]

In Bezug auf Rohstoffe war Keynes ein absoluter Zahlenfreak. Seine Dokumentation der Rohstoffpreise und ihrer Schwankungen füllt in Band 12 seiner Gesammelten Werke fast 400 Seiten. Woher dieses ausgeprägte Interesse? Er dachte, wenn er Preismuster im Verhältnis zu Angebot und Nachfrage erkennen könnte, dann könnte er dadurch ein Vermögen verdienen. Und anscheinend war er von allen möglichen gesammelten Zahlen überaus fasziniert.

Wie einem jeder Händler sagen kann, wird der Rohstoffhandel von Zahlen und Zeitpunkten bestimmt. Man kann dort zwar Dutzende von Strategien einsetzen, aber im Grunde stehen in diesem Spiel persönliche Ahnungen den realen Marktbedingungen gegenüber. Spiegeln die aktuellen Getreidepreise die Nachfrage wider? Wird eine zunehmende Dürre die

Schweine- und Rinderpreise drücken? Wird das Kautschuk-Angebot für die Nachfrage aus der Autoindustrie ausreichen? Die Trader gehen ständig Wetten auf Diskrepanzen zwischen den Spot- und den Future-Preisen ein. Keynes nutzte seine ausgeprägte Fähigkeit zu Wahrscheinlichkeitsanalysen, um in einem breiten Spektrum von Rohstoffen Tausende von Trades zu tätigen. Das fällt den meisten Menschen schwer, weil sie nicht in der Lage sind, große Zahlenmengen und Termingeschäfte unter stets sich verändernden Marktbedingungen zu analysieren. Hat Keynes seinen Zugang zu Regierungsinformationen und sonstigen Wirtschaftsinformationen genutzt, um sich beim Rohstoffhandel einen Vorteil zu verschaffen? Es ist ziemlich eindeutig, dass er das getan hat – allerdings galt das damals nicht als Insiderhandel und es gab dagegen keine Gesetze. Die meisten Informationen, die er prüfte, waren in ausführlichen Marktberichten vergraben. Seine geradezu unheimliche Fähigkeit, Tausende von Seiten mit Zahlen durchzugehen, kam ihm auf jeden Fall zugute, sodass er Ort und Zeit seiner Geschäfte wählen konnte – die meisten Menschen können das nicht so effektiv, wie er es konnte.

Portfolio-Momentaufnahme

A.D. Investment Trust Ltd.

A.D. war im Prinzip ein weiterer Hedgefonds, den Keynes mit Kollegen aus dem britischen Schatzamt im Juli 1921 gründete. Bis November 1927 war er Direktor des Fonds, dann verkaufte er seine sämtlichen Anteile. Der Fonds brachte von 1923 bis 1927 eine jährliche Dividende von zehn Prozent ein. Nach Keynes' Weggang hat der Fonds die Kursstürze der Jahre 1929 bis 1932 nicht überlebt.[22] Der Schwerpunkt dieses Fonds lag auf Rohstoffen, insbesondere auf dem Anstieg der Rohstoffpreise im Gefolge des Ersten Weltkriegs. Sogar die Aktien, die er hielt, spiegelten die wachsende Nachfrage nach Massenware wie Seilen, Metallen, Öl und Nahrungsmitteln wider. Auch Devisenspekulationen gehörten dazu. Im späteren Verlauf des Jahrzehnts war das Portfolio allerdings mehr auf Aktien und weniger auf Rohstoffe und Devisen ausgerichtet. Wie man sieht, war dies ein klassisches Beispiel für das, was Keynes als „entgegengesetzte

Risiken" bezeichnete: Gewinne mit der einen Anlage können Verluste mit einer anderen ausgleichen. Wenn er mit den Rohstoffen Verlust machte, verdiente er an den Aktien Geld. Wenn das Portfolio nicht so hochgradig spekulativ und riskant gewesen wäre, wäre es ein gutes Beispiel für Diversifizierung, aus dem hervorgeht, dass der Besitz relativ wenig miteinander korrelierter Anlagen insgesamt zu Gewinnen führen kann. Am Ende der hier betrachteten Anlageperiode trugen allerdings die Aktien den Sieg davon.

Gehandelte Rohstoffe
- Amerikanische Baumwolle (an den Rohstoffbörsen von New Orleans und New York)
- Kupfer, Zinn, Zink (Rohzink) und Blei
- Jute (Indien)
- Schweineschmalz
- Leinöl
- Erdöl
- Kautschuk
- Zucker, Kaffee, Tee
- Nitrat (Bestandteil von Düngemitteln)
- Weizen (Vereinigte Staaten und Kanada), Mais
- Wolle (Australien, Neuseeland und Südafrika)

Gehaltene Aktien
British Ropes, Courtalds, El Oro Mining, Francols, J. Finley, Jute Industries, Shell Oil, Wallpaper Manufacturing, Watney Combe

Gewinn-Zusammensetzung des Portfolios nach Anlageklassen (in Britische Pfund)

Jahre	Devisen	Rohstoffe	Aktien
1921-1922	5.000	5.400	2.700
1922-1923	14.400	-6.400	3.600
1923-1924	-300	28.300	0
1924-1925	2.000	-15.000	14.500
1925-1926	1.500	-700	2.600
Summe	**22.600**	**11.600**	**23.400**

Quelle: CWK, Bd. 12, S. 32; King's College Archives.

Keynes' Performance im Rohstoffhandel

Heutzutage würde eine Person des öffentlichen Lebens dafür wohl Hohn und Spott ernten, aber Keynes spekulierte massiv an den Märkten und forderte gleichzeitig ihre Regulierung. Der Reformer Keynes sah, welchen Schaden instabile Preise den Produzenten und Konsumenten zufügen können. Der Anleger Keynes versuchte hingegen, aus ebendiesen Preisen Vorteil zu schlagen. Dieses janusköpfige Vorgehen irritiert viele Menschen, die sich genauer mit Keynes' Karriere beschäftigen. Und seit seinem Tode erregt es in der Wissenschaftsgemeinde großes Interesse.

Im Jahr 2010 beauftragte der italienische Bildungsminister eine Gruppe von Volkswirten damit, die Rohstoffaktivitäten von Keynes zu erforschen. Ihnen war zwar vor allem daran gelegen, einen Rahmen für eine bessere Regulierung zu liefern, aber dafür mussten sie seine Trades untersuchen. Es interessierte sie, wie Keynes seine Markttheorien auf seine Handelstätigkeit anwendete. Ein solcher Gedanke war die sogenannte „normale Backwardation", die nach Keynes' Ansicht dem Anleger Schutz gegen Preisschwankungen bietet und ihm eine Risikoprämie beschert. Anders ausgedrückt nutzte er die Tatsache aus, dass einem plötzlichen Anstieg der Nachfrage nicht sofort durch ein erhöhtes Angebot begegnet werden kann – das braucht seine Zeit. Auch die Lagerung von Rohstoffen ist kostspielig.[23)] Wenn das Angebot der Nachfrage hinterherhinkte oder umgekehrt, platzierte er seine Einsätze entsprechend und ging entweder short (wenn er einen Preisrückgang erwartete) oder long (wenn er einen Preisanstieg erwartete).

Die italienischen Forscher kamen oft zu den gleichen Schlussfolgerungen wie Keynes in seiner Rolle als Währungsreformer: dass die Schwankungen von Rohstoffpreisen etwas mit globaler Instabilität, Finanzkrisen, strukturellen Handelsungleichgewichten zwischen Staaten und mit Problemen im internationalen Währungssystem zu tun haben. Noch heute hält Maria Cristina Marcuzzo, Professorin für Volkswirtschaftslehre, fest: „Wenn es für Rohstoffe keine Ausgleichsvorräte gibt und da die Absicherung gegen

Preisschwankungen nur auf Marktmechanismen beruht, ist das System zur Instabilität verurteilt."[24]

Keynes spekulierte mithilfe von Future-Kontrakten (dem Recht, einen Rohstoff heute zu einem bestimmten Preis zu kaufen und ihn sich zu einem späteren Zeitpunkt liefern zu lassen) und Optionen (einem ähnlichen Instrument). Die Keynes-Biografen und die italienischen Wissenschaftler kamen zu dem Schluss, dass die Performance von Keynes in den 27 Jahren, in denen er mit Rohstoffen handelte, durchwachsen war. Dreh- und Angelpunkt seiner Handelsmethoden waren seine Ansichten über Wahrscheinlichkeit und Ungewissheit. Er legte der Performance jedes Rohstoffs – ob er steigen oder fallen würde – einen gewissen Grad der Unsicherheit bei und handelte dann dementsprechend. Bezogen auf seine Vorlesungen im Jahr 1910 spekulierte er auf der Grundlage dessen, was er für „überlegenes Wissen" oder „die Mittel, die Zukunft überdurchschnittlich gut vorherzusagen" hielt.[25] Doch selbstverständlich war nicht einmal eine intellektuelle Lichtgestalt wie Keynes in der Lage, Marktbewegungen präzise vorherzusagen. Seine Strategien verschoben sich je nach den Marktbedingungen von short nach long und es ist schwer zu sagen, wie sich seine Trades in ihrer Gesamtheit entwickelt haben. Professorin Marcuzzo erklärte mir, es seien weitere Forschungen nötig, um herauszufinden, welche Performance Keynes insgesamt erzielt hat. Dank der schieren Menge seiner Trades würde das Hunderte Stunden weiterer Forschungen bedeuten.

Hier ein Überblick über seine Positionen (für Privatanleger nützliche Erkenntnisse daraus finden Sie in der nachfolgenden kurzen Besprechung der Positionen):

- **Zinn.** Keynes spekulierte von 1921 bis 1930 am Optionsmarkt. Nachdem er 1924 schwere Verluste erlitten hatte, blieb er bis Ende des Jahres long und erhöhte schließlich seine Position. „Hauptsächlich dank Gewinnen, die Keynes im Zuge des Aufschwungs 1926 erzielt hatte, stieg sein Gesamtgewinn auf mehr als 17.000 Pfund, aber sobald die Preise nach dem Höhepunkt wieder sanken, begann er, Verlust zu machen."[26]

- **Baumwolle.** Während des größten Teils der 1920er-Jahre stand Keynes long auf Baumwolle, weil die Nachfrage in diesem Jahrzehnt weltweit anzog. Je nachdem, welches Konto und welchen Zeitraum man betrachtet – Keynes handelte über mehrere Gesellschaften –, bewegte sich sein Gewinn von 1921 bis 1929 zwischen 4.970 und 6.300 Pfund. [27]

- **Weizen.** Da Keynes ständig Kontrakte kaufte und verkaufte, ist nicht klar, ob er mit Weizen Geld verdient hat. Normalerweise „rollte" er seine Positionen in neue Kontrakte mit späterem Lieferdatum. Ende März 1936 ließ er sich wirklich Weizen liefern – was Spekulanten fast nie tun. Laut Moggridge wollte er den Rauminhalt der King's College Chapel ausmessen, um zu sehen, ob er ihn in dieser berühmten Kirche lagern könnte. Es gelang ihm allerdings, einen Teil davon am Spotmarkt zu verkaufen.[28]

Was lernen wir aus den Rohstoffgeschäften von Keynes? Dass dieses Spiel nichts für Amateure ist, auch wenn er gewiss keine diesbezügliche Ausbildung hatte. Dass man ausführliche Informationen über die Marktbedingungen braucht und in der Lage sein muss, seine Trades zum richtigen Zeitpunkt auszuführen, damit man Ineffizienzen in der Preisbildung ausnutzen kann. Dass dieses Spiel gewiss nichts für Anfänger oder konservative Buy-and-Hold-Anleger ist. Man muss in der Lage sein, einen stetigen Informationsfluss zu verarbeiten und zu analysieren und man muss rechtzeitig erkennen, welcher Trade am besten ist – also ob man long oder short gehen beziehungsweise komplexere Transaktionen tätigen soll.

Ein vernichtender Schlag: Die Nachfrage bricht ein

Wie schlug sich Keynes im Rohstoffbereich insgesamt? Das ist zwar schwer zu sagen, weil er in den 1920er-Jahren so viele Kontrakte handelte, aber

Skidelsky hat herausgefunden, dass sich sein Vermögen 1927 auf mehr als 3,4 Millionen Dollar (in US-Dollar 2013) belief. Allerdings änderte sich 1928 an den Weltmärkten alles und Keynes stand noch long auf Kautschuk, Weizen, Baumwolle und Zinn, als die Preise abzusacken begannen. Und nach dem Börsencrash 1929 verlor er dann circa 80 Prozent seines Vermögens und sah sich gezwungen, einige seiner Gemälde zum Verkauf anzubieten – er verkaufte sie am Ende aber doch nicht.[29]

Am Ende des Jahrzehnts endete Keynes' Vorstoß in den Rohstoffbereich ähnlich wie seine Devisengeschäfte Anfang der 1920er-Jahre, nur noch schlimmer. Als die Nachfrage einbrach, stand er mit den meisten seiner Trades auf der falschen Seite. Bis 1930 – nach dem Crash an der Wall Street und dem Beginn der Weltwirtschaftskrise – waren die Großhandelspreise um 20 Prozent eingebrochen. Viele Rohstoffe – Weizen, Baumwolle, Wolle, Seide, Zucker, Kautschuk und Metalle – stürzten gar um 50 Prozent ab.

Als Keynes diesen „katastrophalen Verfall der Preise von wichtigen Rohstoffen" in einem kurzen Artikel für den *Christian Science Monitor* erwähnte, schrieb er nichts davon, dass dieser Preisverfall auch auf *sein* Portfolio verheerende Auswirkungen hatte. Aber er wusste, was es für die Weltwirtschaft bedeutete:

> „Das ist ein Desaster ersten Ranges, denn es führt dazu, dass die gesamte Struktur der etablierten Geldeinkünfte und viele andere Formen der Bezahlung mit Geld nicht mehr zum Preisniveau passen. Das ruiniert unzählige Produzenten auf der ganzen Welt und hat circa zehn bis 20 Prozent der normalen weltweiten Geschäftsaktivitäten zum Stillstand gebracht."[30]

Nicht einmal Keynes hatte den Moloch kommen sehen, der in den 1930er-Jahren die Weltwirtschaft verschlang – was schließlich in den Zweiten Weltkrieg mündete. Kurz vor dem Crash 1929 verkündete

Keynes' populäres amerikanisches Pendant Irving Fisher, die Aktien hätten „ein dauerhaft hohes Plateau erreicht". Dann platzte eine der größten Blasen der Geschichte wie eine Atombombe und fegte alles, was ihr in den wirtschaftlichen Weg kam, weg, von den Aktien bis hin zu den Rohstoffpreisen. Keynes' überlegenes Wissen, das aus bergeweise Preisinformationen bestand, konnte sein Portfolio nicht retten. Aber Keynes klopfte sich den Staub ab und fing in einem der schlimmsten Jahrzehnte der Wirtschaftsgeschichte neu an. Und wieder lernte er aus seinen Vorhersageschwächen und entwickelte sich zu einer anderen Art von Anleger weiter.

Keynes' Grundpfeiler

Wieso Rohstoffe immer noch gefährlich sind

Bevor der große Crash der Neuzeit im Jahre 2008 rund um den Erdball Anleger und Volkswirtschaften heimsuchte, hielt man Rohstoffe für eine sehr gute Art, ein Portfolio zu diversifizieren. Schließlich sorgten doch die wachsende Weltbevölkerung sowie die wachsende Nachfrage aus China und anderen Schwellenländern für eine beispiellose Nachfrage nach Rohstoffen. Unter anderem brauchte das wachsende Asien Kohle für Strom, Eisenerz für Stahl und Erdöl für seine stetig wachsende Fahrzeugflotte. Infolgedessen kamen zu Beginn des 21. Jahrhunderts Hunderte gemanagter Rohstofffonds auf den Markt.

Einer der populärsten Fonds für Privatanleger – der PowerShares DB Index Commodity Tracking Fund (DBC) – bildete einen Rohstoffindex nach. Anstatt einzelne Future-Kontrakte zu kaufen und zu verkaufen, konnte man einen Rohstoffkorb halten, der von Erdölprodukten bis zu landwirtschaftlichen Produkten reichte. Man brauchte keine einzige Einzelwette einzugehen, wie es Keynes getan hatte. Aber Keynes hatte nach 1929 ja schon erkannt, dass sämtliche Schiffe in den Strudel gezogen werden, wenn die globale Nachfrage Schiffbruch erleidet. Als 2008 die Aktien (gemessen am S&P 500) um 37 Prozent abstürzten, verlor ein von Morningstar verfolgter Rohstofffonds 42 Prozent. Da der PowerShares-Fonds eine breite Palette von Rohstoffen hielt, gab er in jenem Jahr fast 32 Prozent ab.[31] Die harte Realität ist, dass Rohstoffe nach wie vor unglaublich volatil sind, dass sie sich häufig im Gleichschritt mit den Aktien bewegen und dass ihre Kurse purzeln, wenn die Nachfrage ein bearishes Bild abgibt. Es ist zwar immer noch sinnvoll, sich in einem gewissen Maße in Rohstoffen zu engagieren, weil diese auch der Inflation nachlaufen, aber auf lange Sicht ist es am besten, Aktien von Rohstoffproduzenten oder -händlern zu besitzen, die Dividenden ausschütten. Wenn sich die Märkte noch mehr globalisieren, werden die Rohstoffpreise noch enger an das Wirtschaftswachstum gebunden, das wahrscheinlich größtenteils in Asien, Afrika und Südamerika stattfinden wird. Wenn das Wachstum der größten Verbraucherländer – der Vereinigten Staaten, Europas, Chinas und Indiens – zurückgeht, werden die Rohstoffpreise diesem Trend folgen. Denken Sie daran, dass Rohstoffe keine Dividenden ausschütten, keine Gewinne erwirtschaften und weiterhin zu den riskantesten Anlagen gehören werden, die man halten kann.

MAKRO VERSUS MIKRO: „VOM GELDE"

„Den ersten Schritt hatte Hoover direkt aus den späteren Werken von John Maynard Keynes. Genau wie es ihm Keynes und die Keynesianer geraten hätten, verkündete er eine Steuersenkung. [...] Die Senkungen waren zwar drastisch, aber leider wurde ihre Wirkung dadurch gedämpft, dass für die meisten Menschen die Steuern, die gesenkt wurden, ohnehin schon unerheblich waren."

JOHN KENNETH GALBRAITH:
„DER GROSSE CRASH 1929"[1)]

Voller Unruhe beobachtete Keynes von 1927 bis zum Herbst 1929 den Rausch der Wall Street. Er selbst war zwar nicht massiv in amerikanische Unternehmen investiert, sein Partner Oswald Falk aber schon. Im Jahr 1928 war er ausgestiegen, aber im nächsten Jahr katastrophalerweise wieder eingestiegen. Bis zum Crash war das Leben von Keynes in den Bahnen verlaufen, die für einen geachteten Gentleman üblich waren: ein Landhaus in Tilton und häufige gesellschaftliche Anlässe in Bloomsbury, an denen die großen Künstler, Schriftsteller und Tänzer der Zeit beteiligt waren. Fast zehn Jahre zuvor hatte er sich in die russische Ballerina Lydia Lopokova verliebt. Im Juli 1925 hatten sie geheiratet, nachdem es Lopokova gelungen war, sich aus ihrer lieblosen Ehe zu befreien. Keynes' früherer Liebhaber Duncan Grant war Trauzeuge. Keynes' Freunde in der Bloomsbury Group hielten zwar nichts von

Lopokovas boshafter Art und dass sie häufig die englische Sprache verhunzte, aber Keynes kümmerte das wenig. Virginia Woolf bemerkte, dass die Ballerina den großen Volkswirt von einem promisken Liebhaber von Männern in einen gesetzten, heterosexuellen und verheirateten Denker verwandelt hatte, und sie sah, dass er „leidenschaftlich und herzergreifend verliebt war". In den bezaubernden Briefen, die sich schrieben, als ihre Affäre Anfang der 1920er-Jahre begann, sprachen sie sich mit den Kosenamen „Pupsik" (Keynes) und „Lydochka" an.[2] Sie schenkte dem ständig besorgten Workaholic Keynes gute Laune, Stabilität und unermüdliche Hingabe, als er kurz davor stand, ein weiteres Vermögen zu verlieren, während die 1920er-Jahre auf die Katastrophe zusteuerten.

Keynes wusste, dass etwas im Gange war, als er 1928 beobachtete, dass Geld an die Wall Street strömte, die Rohstoffpreise aber fielen. Er stand long auf Baumwolle, Mais und Zinn, doch er befürchtete, dass die U.S. Federal Reserve nicht richtig daran tat, die kurzfristigen Zinsen zu erhöhen, um die Spekulation zu dämpfen. Während sich Lydia darauf vorbereitete, mit George Balanchine und Anton Dolin zu tanzen, beobachtete Keynes die wirtschaftliche Misere, die sich anbahnte, als an der Wall Street im Oktober 1929 eine Serie von Rekord-Kursverlusten einsetzte. Als die *New York Evening Post* bei Keynes anrief und einen Kommentar nach der ersten Runde des größten Debakels der Wall Street erbat, verkündete dieser: „Bei den niedrigen Zinsen können die Unternehmen auf der ganzen Welt wieder in Gang kommen [...], die Rohstoffpreise werden sich erholen und den Bauern wird es wieder besser gehen."[3]

Wie Herbert Hoover war auch Keynes anfänglich der Ansicht, der Crash sei lediglich das Ende eines Konjunkturzyklus, also ein kurzfristiger Abschwung, der bald vorüber wäre. Ein paar Änderungen an den Steuern und den kurzfristigen Zinsen, dann würde alles wieder normal laufen. Fast niemand sah voraus, was dann passierte. Die Großhandelspreise stürzten 1930 durch die Bank ab und radierten die Rohstoffpositionen von Keynes im Endeffekt aus. Die fieberhafte Spekulation, die von 1927 bis 1929 fast alle davon überzeugt hatte, dass man Aktien haben müsse, wurde jetzt zu einem Tsunami, der die Anleger in Nachschussforderungen und wertlosen Aktienurkunden ertränkte. Russell Cooke, ein ehemaliger Student von Keynes und Kodirektor der Versicherung National Mutual, war Mitte 1930 ruiniert und erschoss sich im Juli jenes Jahres.[4]

In jenem Jahr schaffte es Keynes, sein umfangreiches Buch „Vom Gelde" zu veröffentlichen, das vor allem auf dem wirtschaftlichen Geschehen der 1920er-Jahre basiert. Anders als sein Klassiker „Allgemeine Theorie, der Beschäftigung, des Zinses und des Geldes" bot es fast keine Erkenntnisse darüber, was 1929 passiert war und wie man eine Weltwirtschaft, die auf Grund gelaufen war, wieder flottmachen sollte. Das Buch erregte zwar eine gewisse Aufmerksamkeit, bescherte Keynes aber nur einen Bruchteil des Ruhmes, den ihm „Krieg und Frieden" verschafft hatte. Er wurde in einen wirtschaftlichen Beratungsausschuss der Regierung berufen und wieder um seine makroökonomischen Erkenntnisse gebeten. Er stand nun wieder mitten auf der Bühne und diskutierte über seine Ansichten zur Währungspolitik und zur konjunkturellen Erholung. Tragen niedrige Zinsen etwas zur Wiederbelebung einer am Boden liegenden Volkswirtschaft bei? Was muss getan werden, um die Nachfrage wieder anzuheizen, die Beschäftigung anzukurbeln und die Deflation einzudämmen? Gibt es etwas, das der Staat tun kann, um gegen etwas anzugehen, aus dem viel mehr geworden war als eine bloße Korrektur am Ende eines Kreditzyklus?

„Vom Gelde" und die Kreditzyklen

Als der Crash und die folgende Große Depression die Welt aus den Angeln hoben, war Keynes klar, dass die klassische Ökonomie für immer auf den Kopf gestellt war. Die Abwärtsspirale, mit der *alles* auf einmal absackte, von Rohstoffen bis Aktien, hatte etwas Irrationales an sich. Das Fundament, das er Mitte der 1920er-Jahre in „Ein Traktat über Währungsreform" gelegt hatte, wurde nun zum Gerüst für die Untersuchung der Geschichte des Geldes in „Vom Gelde". Darin erforschte Keynes die Geschichte des

Geldes, der Geldpolitik, der Inflation und der Deflation, des Sparens und der Investitionen. Was bringt die Menschen dazu, in dem einen Zeitraum Geld auszugeben und in einem anderen zu sparen? Was verändert den Wert des Geldes? Wie wichtig ist die Geldmenge? Als Pate der Makroökonomie interessierte sich Keynes stets für die globale Perspektive.

Seit den 1920er-Jahren war Keynes der Meinung gewesen, der Zyklus von Ausweitung und Schrumpfung des Kreditaufkommens halte sich eng an die Auf- und Abschwünge der Konjunktur oder des Handels. Sein persönlicher Anlagestil wurde durch seine scharfe Beobachtung einer Vielzahl von Wirtschaftsfaktoren beeinflusst. Er beobachtete die Zinsen auf Anleihen mit langer und kurzer Laufzeit auf Anzeichen für die Bewegung des Zyklus. Normalerweise waren die Zinsen am Ende des Zyklus hoch und am Anfang niedrig. Laut Donald Moggridge wollte Keynes seine spätere Independent Investment Company ursprünglich „Credit Cycle Investment Company" nennen.[5] Er verwendete sein Wissen über Zyklen, um die Zeitpunkte für seine Trades mit Devisen und Rohstoffen zu bestimmen, aber 1929 ließen ihn seine Theorien im Stich. Da er hohe Hebelwirkungen eingesetzt hatte, als der Crash kam, war er gezwungen, den größten Teil seiner Positionen zu liquidieren, sodass nur eine große Position in Austin Motors übrig blieb, die von 1928 bis 1929 drei Viertel ihres Wertes eingebüßt hatte. Der A.D. Investment Trust, den er zusammen mit Falk gegründet hatte, dessen Direktor er jedoch seit 1927 nicht mehr war, ging ein und das Verhältnis zu dem befreundeten Broker zerbrach.[6]

Welche Lehren halten die späten 1920er-Jahre für heutige Anleger bereit? Obschon Keynes dachte, er könne den Kreditzyklus und den Rohstoffzyklus verfolgen – und ihm standen mehr Informationen zur Verfügung als den meisten anderen Anlegern –, sah er den Crash 1929 nicht voraus. Ebenso wie nur eine Handvoll Marktbeobachter die Kernschmelze 2008 oder das Platzen der Dotcom-Blase im Jahr 2000 vorausgesehen hatte, so hat die Mehrzahl der Anleger keine Ahnung, wann eine Blase vor dem Platzen steht, und hält dann oft Long-Positionen einer bestimmten Anlage. Aus diesem Grund ist Keynes' prägende Strategie der „entgegengesetzten

Risiken", die man heute als Diversifizierung bezeichnet, nach wie vor sinnvoll. Anleihepositionen fungieren als Absicherung gegen Aktien. Gold, Rohstoffe und Immobilien wappnen das Portfolio gegen Inflation. Das Entscheidende bei der Diversifizierung sind die Korrelationen. Was bewegt sich entgegengesetzt zu Aktien und anderen Anlageklassen? Diese Sicherheitsstrategie sollte sich in den Allokationen niederschlagen.

Portfolio-Momentaufnahme und Obduktion

Die P.R. Finance Company

Mit der P.R. Finance Company, die zum großen Teil über die gleichen Strategien und Positionen wie A.D. verfügte, hatte Keynes zwar weniger zu tun (er managte nur ein Drittel des Portfolios, den Rest leitete Falk), aber sein Einfluss ist an der Allokation zu erkennen. Wenn Keynes und Falk dachten, der Kredit- oder der Konjunkturzyklus befinde sich im Aufschwung, gingen sie auf die meisten Rohstoffe long, vor allem auf Zinn, Kautschuk und Baumwolle. Außerdem gefielen ihnen Herstellungsbetriebe wie Austin und Leyland Motors, Eisenbahn- und Minengesellschaften. Dem 1923 gegründeten Unternehmen gehörten der Bruder und der Vater von Keynes an sowie Falk und mehrere andere Investoren, die Freunde oder Kollegen von Keynes oder Falk waren. Es war ähnlich aufgebaut wie der A.D. Investment Trust und so strukturiert, dass das Kapital der Stammaktionäre wachsen sollte. Zunächst war das Unternehmen mit dem Rohstoffhandel erfolgreich, der seine hauptsächliche Investmentaktivität darstellte. Im Jahr 1928 lief es allerdings wegen seiner Rohstoffspekulationen auf Grund. Nach einer Verlustserie in den 1930er-Jahren wurde der Fonds 1935 liquidiert und vermeldete einen Netto-Kapitalverlust von 87.635 Pfund (ohne Dividenden).[7] Die Aufzeichnungen des Fonds sind zwar unvollständig, aber es zeigt sich, dass seine Rohstoffpositionen in einer Zeit schwerer Deflation das Portfolio zugrunde richteten. Wie es für viele Portfolios von Keynes typisch ist, fand eine ausgeprägte Verlagerung statt: von Rohstoffen und Devisen Ende der 1920er-Jahre und Anfang der 1930er-Jahre auf Aktien gegen Ende des Jahrzehnts. Man beachte außerdem die Kapitalverflechtung mit dem A.D. Investment Trust.

Eine Serie von Verlusten

Jahre	Verluste
1929	-30.537
1930	-50.658
1931	-15.938
1932	-1.874

Positionen

Rohstoffe: Baumwolle, Kautschuk, Zucker, Weizen

Aktien: Leyland Motors, Hector Whaling, Recenia Shaerf, Islas de Guadalquivir, Francois Cementation, AD Investment, San Paolo Coffee, Teja Malaysia Tin, Southern Railway (Vorzugsaktien), Underground Electric Railway/London, Unilever, Austin Motor, Overseas Securities, Shell Union Oil, Select Industries, Hudson Motor, Commonwealth Southern, Montgomery Ward, Kennecott Copper, American Smelting, Swedish Match, International Nickel, American Radiator

Quelle: King's College Archives.

Wie Keynes die Zyklen verfolgte

Wenn man verstehen will, wie die Gezeiten für die Anleger verlaufen, sind Zyklen immer wichtig. Wann ist die beste Zeit zum Kaufen oder Verkaufen? Wann sollte man eine Position in Erwartung eines geringeren künftigen Wertes shorten? Wie wirkt sich die allgemeine Konjunktur auf Angebot und Nachfrage aus? Irgendwann begriff Keynes, wie man den Geldfluss erahnen, wenn auch nicht vollständig durchschauen kann, denn er unterliegt immer einigen grundsätzlichen Regeln, die er in „Vom Gelde" herausarbeitete.

- **Kaufkraft.** Sie ist für die meisten Menschen von größter Bedeutung. Der Wert des Geldes wird von vielen Dingen bestimmt: von der aktuellen Inflationsrate, den Preisen, den Währungskursen und einer ganzen Reihe anderer Faktoren. Keynes brachte das auf die Kurzformel: „Der Mensch besitzt Geld nicht um seiner selbst willen, sondern wegen seiner Kaufkraft – das heißt wegen der Dinge, die man damit kaufen kann. Deshalb bezieht sich sein Bedarf nicht auf die Geldeinheiten an sich, sondern auf Kaufkrafteinheiten."[8]

▪ **Spar- und Investitionstätigkeit.** Keynes sah das Sparen als „Handlung des einzelnen Konsumenten [...] [und es] besteht in der negativen Handlung, nicht sein gesamtes laufendes Einkommen für den Konsum auszugeben". Investitionen sind seiner Ansicht nach eher beschränkt auf „das Handeln des Unternehmers [...], gemessen an der Mehrung des Vermögens, entweder in Form von gebundenem Kapital, Geschäftskapital oder flüssigem Kapital".[9] Manchmal, so Keynes, „horten" die Konsumenten ihr Geld in Zeiten des Abschwungs, indem sie sparen, und gleichzeitig gehen die Investitionen der Unternehmer zurück. Zwar wendete Keynes diese Denkweise in „Vom Gelde" nicht auf die Situation unmittelbar nach dem Crash an, aber für seine „Allgemeine Theorie" wurde es von grundlegender Bedeutung.

▪ **Rohstoff-Inflation.** Sie findet statt, wenn der Preis von Waren steigt und dabei nicht dem Gesetz von Angebot und Nachfrage gehorcht. Keynes beobachtete und nutzte Anfang der 1920er-Jahre, als nach dem Ersten Weltkrieg eine hohe Nachfrage nach Rohstoffen herrschte, die Tatsache, dass Preise ohne rationalen Grund steigen können. „Im Ergebnis führt Rohstoff-Inflation dazu, dass die laufende Produktion der Gemeinschaft schneller wächst, als es andernfalls der Fall wäre."[10] Real betrachtet lassen die Rohstoffpreise die Warenpreise steigen, aber irgendwann schlägt sich in diesen Preisen die tatsächliche Nachfrage nieder und sie fallen wieder. Als 1930 die Weltwirtschaft einbrach, geschah zunächst genau das und riss ein Loch in die Rohstoff-Portfolios von Keynes.

▪ **Gewinne.** Da Keynes stets der Idee des Kapitalismus verhaftet war, richtete er sich beim Handeln immer nach dem Wechselspiel zwischen Spar- und Investitionstätigkeit, um Gewinne zu erzielen. Einfach ausgedrückt investieren Geschäftsleute nur dann, wenn sie mit einem positiven Ertrag rechnen. „Somit kann das Sparen das Dienst- und Kindermädchen des Unternehmertums sein. Genauso kann es das aber auch nicht sein [...]. Denn die Lokomotive, die die Unternehmenswelt anschiebt, ist nicht die Spartätigkeit, sondern der Profit."[11]

Gegen Ende von „Vom Gelde" wendet sich Keynes – nachdem er seine prägenden Gedanken über Zyklen, die Geschichte und die Währungspolitik umkreist hat – schließlich dem katatonischen Klima im Jahr 1930 und der Frage zu, wie seine Theorien damit in Zusammenhang stehen.

> „Der Pessimismus und die Atmosphäre der Enttäuschung, die der Zusammenbruch des Aktienmarkts schuf, verminderten die Unternehmenstätigkeit und senkten den natürlichen Zinssatz; indes hat die ‚psychologische' Armut, die der Zusammenbruch der Wertpapiere mit sich brachte, wahrscheinlich die Spartätigkeit vergrößert."[12]

Und nun verabschiedete sich Keynes von der klassischen Sichtweise der Volkswirtschaftslehre, was auf seinen Quantensprung in „Allgemeine Theorie" vorausdeutete. Zwar waren die engstirnigen Regeln der Ökonomie – Sparen, Investitionen, Geldmenge, Kreditaufkommen – immer noch wichtig, aber was war mit der Massenpsychologie? Wie soll man sie messen und was bedeutet sie für die Gesellschaft und die Anleger? Die klassische Ansicht besagte, dass Volkswirtschaften am Ende von Zyklen einen Schlag erleiden und sich dann automatisch korrigieren – so wie sich ein gestürzter Radfahrer wieder auf den Sattel setzt und in die Pedale tritt. Manche Ökonomen glauben das bis heute. Aber der Verlust von 80 Prozent seines Vermögens versetzte dem stolzen Volkswirt Keynes einen tiefen Stich. Daraus entnahm er, dass dabei etwas *Irrationales* am Werk war, etwas, das eindeutig mit dem menschlichen Verhalten zu tun hatte und sich nicht wie ein Teil eines normalen Kreditzyklus benahm.

Das fehlende Glied des Crashs

Wie Keynes später mutmaßte, ohne es jedoch genau bestimmen zu können, war der fehlende Faktor das *Vertrauen* beziehungsweise die *Zuversicht*. Wenn die Banken zuversichtlich sind (mehr dazu im nächsten Kapitel und in Kapitel 6), leihen sie Privatleuten und Unternehmen Geld, weil sie sich davon einen Ertrag versprechen. In Zeiten einer soliden Beschäftigungssituation ist es wahrscheinlich, dass sie ihr Geld zurückbekommen. In solchen Zeiten kaufen die Menschen Häuser, Elektrogeräte und Autos. Die Unternehmen investieren in Anlagen und stellen zusätzliche Arbeitskräfte ein. Am Anfang des Kreditzyklus ist Geld relativ billig. Angebot und Nachfrage nach Waren und Dienstleistungen sind im Gleichgewicht. Der Geldfluss führt dazu, dass alles rundläuft. Die Wirtschaft wächst, die Menschen kaufen sich alle möglichen Dinge und daher stellen die Unternehmen weiterhin Arbeitskräfte ein. Aber dann verwandelt sich das Vertrauen wie bei einem übermütigen Teenager in einem Sportwagen in „irrationalen Überschwang". So hat Alan Greenspan, der damalige Vorsitzende der Federal Reserve, Ende 2000 die Dotcom-Blase beschrieben. Wenn die Notenbanker den Eindruck haben, dass die Konjunktur überhitzt ist, dass die Spekulation grassiert und dass die Preise von Vermögenswerten (etwa Immobilien und Aktien) überteuert sind, erhöhen sie häufig sämtliche Zinsen. Sie hoffen, dass sich dadurch die Wirtschaft weit genug abkühlt und dass die hohen Zinsen die Spekulationstätigkeit dämpfen. Doch selten achten die Notenbanken ausreichend auf den Überschwang der Massen und sie reagieren selten schnell genug darauf, sodass die boomende Konjunktur in den Abgrund stürzt.

Charles Kindleberger, VWL-Professor am MIT und Autor des Klassikers „Manien, Paniken und Crashs", in dem er Finanzkrisen analysierte, bemerkte einmal, die Ökonomie sei zu Keynes' Zeiten (und vielleicht gelte das auch noch für unsere Zeit) schlecht dafür gerüstet gewesen, das Geschehen nach dem Crash 1929 zu beschreiben. Seiner Meinung nach konnten Keynes und seine Anhänger „die Instabilität der Erwartungen, der Spekulation und des Kreditwesens sowie die Rolle, die Hebelspekulationen mit diversen Anlagen spielten", nicht erfassen. Kindleberger kam zu dem Schluss, die meisten Theorien über Crashs seien „unvollständig".[13]

Man kann die Geldmenge so intensiv studieren, wie man will, und trotzdem die Frage nicht schlüssig klären, ob sich die Spekulanten zu einem bestimmten Zeitpunkt mit ihren Schuldenhebeln übernommen haben. Und das ist *immer noch* schwer zu ermitteln. Im Jahr 1929 und bei anderen Crashs passierte Folgendes: Wenn man mit geliehenem Geld spekuliert und die Anlagepreise fallen, bekommen die Kreditgeber Angst und wollen ihr Geld zurückhaben. Das hat zur Folge, dass die Anleger Positionen abstoßen, die sie andernfalls behalten hätten. Dies löst einen weiteren Preisverfall aus, denn andere Menschen machen das Gleiche. Banken, Investoren und andere Institutionen, die Geld verliehen haben, verbrennen sich die Finger. Der Kreditfluss versiegt und die Investitionen kommen zum Stillstand. Im ersten Halbjahr 1930 schnellte die internationale Kreditvergabe zwar noch einmal in die Höhe, aber dann fuhr sie gewissermaßen gegen eine Mauer, denn auf der ganzen Welt machten Banken Pleite. Banken mit unzureichenden Rücklagen wurden schnell zahlungsunfähig, denn das Geld, das sie eigentlich für die Einleger hätten vorhalten müssen, hatten sie an Spekulanten ausgeliehen. (Damals gab es noch keine Einlagenversicherung und auch nicht die zahlreichen Stützungsgelder, die den Banken bis 2008 gewährt wurden.) Durch die allgemeine Panik kam es natürlich zu einer Kette von Finanzkatastrophen. Kindleberger schrieb dazu: „Die Bankenpleiten griffen in Form einer positiven Rückkopplungsschleife aus sinkenden Preisen, Bankrotten und Bankenpleiten weiter um sich. Der Tiefpunkt wurde erst mit dem allgemeinen Bankfeiertag 1933 sowie mit der Dollarabwertung im Frühling jenes Jahres erreicht."[14]

Und wieder ging das Portfolio von Keynes unter

Um mir ein einigermaßen klares Bild davon zu machen, wie es mit dem Vermögen von Keynes von Anfang der 1920er- bis Mitte der

1930er-Jahre bergab ging, habe ich die Abschlüsse der P.R. Finance Company durchgesehen, die er zusammen mit Falk betrieb (siehe den Kasten „Portfolio-Momentaufnahme und Obduktion: Die P.R. Finance Company" weiter oben in diesem Kapitel). Nachdem die Firma 1923 Verlust gemacht hatte, war Falk für zwei Drittel des Fondsvermögens zuständig und Keynes für den Rest. In den Jahren 1923, 1924 und 1927 schüttete das Unternehmen zwar Dividenden aus, aber ab 1928 erlitt es wegen seiner großen Rohstoffpositionen schwere Verluste.[15]

P.R. Finance wurde 1923 mit einem Stammkapital von 115.000 Pfund gegründet (jede Aktie war ein Pfund wert). Zu den Anteilseignern zählten Keynes' Bloomsbury-Freunde Lytton Strachey und Clive Bell, sein Bruder Geoffrey, sein Vater John Neville sowie Freunde und Kollegen von Falk. Keynes und Falk gerieten über Anlageentscheidungen des Öfteren aneinander. Falk mochte es nicht, dass man ihm Vorschläge machte und Ratschläge erteilte, und Keynes war stur. Ende der 1920er-Jahre waren sie zerstritten. Das Unternehmen wurde 1936 liquidiert.

Neben seinen desaströsen Rohstoffpositionen hielt der Fonds allerdings auch Aktien von US-amerikanischen Versorgungsunternehmen (siehe Tabelle 3.1), die für damalige Verhältnisse hohe Dividenden ausschütteten und viel besser liefen als die Rohstoffkontrakte. Alle Unternehmen bezahlten recht großzügige Dividenden. Damit lockten die privatwirtschaftlichen Versorger, von denen die meisten um die Wende zum 20. Jahrhundert gegründet worden waren, Langfristanleger an, denn sie waren äußerst kapitalintensiv. Als im Zuge der zweiten industriellen Revolution die Stromversorgung ausgebaut wurde – was vor allem durch Hochspannungsleitungen und das Wechselstrom-System möglich wurde –, hatten die Stromversorger nämlich ständigen Kapitalbedarf für den Bau von Kraftwerken, Umspannwerken und Leitungen. Dann wurden sie von den bundesstaatlichen Versorgungsbehörden reguliert, was ihnen Preisgarantien für gewisse Zeiträume bescherte. Das versetzte die Unternehmen in die Lage, ihren Investoren dauerhaft hohe Dividenden zu bezahlen. (Was die Entwicklung dieser Finanzierungsmethode angeht, siehe mein Buch „Merchant of Power".)

Die meisten Elektrizitätsgesellschaften florierten, aber manche steckten in der verschachtelten Besitzstruktur von Großkonzernen und gehörten Holdinggesellschaften, mit deren Aktien massiv spekuliert wurde. In den 1930er-Jahren brachen viele dieser Holdinggesellschaften zusammen. Das war die Subprime-Krise der Großen Depression. Im Zuge dessen wurden durch die Gesetze des New Deal fast alle Konzerne in kleinere betriebliche Einheiten zerschlagen – deshalb gibt es viele dieser Unternehmen heute nicht mehr, sodass es schwierig ist, die Entwicklung ihrer Aktienkurse zu verfolgen. Aber trotz allem waren die Strom erzeugenden Betreibergesellschaften aufgrund ihrer Dividenden haltenswerte Anlagen.

Tabelle 3.1: US-Aktien-Positionen von P.R. Finance (1934)

Aktie	Dividende (bei kumulativen Vorzugsaktien)
American Gas & Electric	6%
American Power & Light	5$/6$
American Water Works & Electric	6$
Boston Edison	Stammaktien
Central & S.W. Utilities	7$
Columbia Gas & Electric	5%/6%
Commonwealth Edison	Stammaktien
Commonwealth & Southern	6$
Consolidated Edison	5$
Detroit Edison	Stammaktien
Electric Power & Light	6$/7$
Engineers Public Service	5$/6$
National Power & Light	6$
Niagara-Hudson Power	5%
North American Co.	6%
North American Power & Light	6$
Public Service of N.J.	6 bis 8%
Southern California Edison	Stammaktien
Standard Gas & Electric	4$/7$
United Gas	7$

Aktie	Dividende (bei kumulativen Vorzugsaktien)
United Gas Improvement	5 $
United Light & Power	6 $

Quelle: Bericht von P.R. Finance Co., 1936, King's College Archives, JMK/PR/2.

In den ersten Jahren ging es P.R. Finance recht gut. Die Verluste aus den spekulativsten Devisen- und Rohstoffpositionen waren gering, wenn auch mit wachsender Tendenz. Die Unternehmensbilanzen der Jahre 1923 und 1924 weisen ein Aktivvermögen von 579.552 Pfund respektive 646.157 Pfund aus. Im nächsten Jahr konnte das Unternehmen eine solide Dividende von acht Prozent an seine Aktionäre ausschütten.

Bis Ende 1930 war das Kapital der Gesellschaft allerdings auf 251.000 Pfund geschrumpft und im nächsten Jahr fiel es noch weiter, auf 147.860 Pfund, bevor es bis 1935 wieder auf 491.899 Pfund stieg.

Das ist aber noch nicht die ganze Geschichte, denn das Portfolio war Anfang der 1930er-Jahre eigentlich gewachsen. Als im Juli 1934 die freiwillige Liquidation angekündigt wurde, wurde das Reinvermögen mit 102.599 Pfund angegeben und der Gewinn mit 81.091 Pfund.[16] Auf die Geldanlage bezogen hieß das, dass die Aktionäre im Prinzip ihr eingesetztes Kapital zurückbekamen. Ihnen wurde mitgeteilt: „Das Reinvermögen der Gesellschaft hat sich inzwischen ungefähr bis zum Nennwert [den sie für ihre Beteiligungen anfangs bezahlt hatten] erholt."[17]

Ein Jahr bevor sich Keynes an die Liquidation der Firma machte, hatte sich das Portfolio 15 Monate lang gut halten können: „Da wir außerordentlich angstfrei waren [...], haben wir keine schweren Rückschläge erlitten."[18] Im Jahr 1933 meldete P.R. dank einer kleineren Rückfederbewegung des Marktes einen Buchgewinn von 30 Prozent (gemessen am Liquidationswert des Unternehmens zu Jahresbeginn).[19] „Das war seit einiger Zeit unser mit Abstand bestes Ergebnis, obwohl das Jahr 1932 keineswegs frei von Risiken und Schwierigkeiten war."[20]

Trotzdem trug das Portfolio von P.R. Finance nach der Welle von Crashs 1929 und den frühen 1930er-Jahren Blessuren davon. Im Jahr 1931 fielen 1.874 Pfund Verlust an und Keynes schrieb den Aktionären: „Wir dürfen wirklich erleichtert sein, dass wir ein Jahr wie 1931 überlebt haben, ohne zugrunde zu gehen."[21] Verglichen mit dem Vorjahr, in dem das Portfolio 15.938 Pfund Verlust gemacht hatte, und dem Jahr 1929, in dem sich der Verlust auf 50.658 Pfund belaufen hatte[22], erschien diese Performance gar nicht so schlecht.[23] Der Verlust von einem Drittel des Anfangskapitals innerhalb eines Jahres fiel bezogen auf das, was andere Anleger auf der ganzen Welt durchmachten, nicht aus dem Rahmen. Natürlich wurden 1929 Millionen von Anlegern weggefegt oder sie entschieden sich für den Ausstieg. (Eigentlich begannen die Probleme des Portfolios bereits 1928, als die Rohstoffpositionen einen Verlust von 30.537 Pfund verursachten.[24] Im Vorjahr hatte es noch einen Gewinn von 17.559 Pfund verzeichnet.)

Die Tatsache, dass Keynes und seine Investoren überlebten und überhaupt noch Kapital besaßen, obwohl er massiv auf Rohstoffe gesetzt hatte, ist wahrscheinlich seinem Willen zuzuschreiben, an den Versorger-Aktien festzuhalten. Angesichts der katastrophalen Marktbedingungen war er vermutlich aufgrund des *inneren Wertes* dieser Unternehmen optimistisch – den in einer Zeit, in der auf den Straßen Blut floss, kaum ein Anleger eines Blickes würdigte. Schließlich verkauften die Versorger ja etwas, das die Menschen haben wollten und brauchten. Sie verkauften keine Edelmetalle oder Rohstoffe, auf die die Gesellschaft weitestgehend verzichten konnte. Als der Fonds liquidiert wurde, enthielt er überwiegend Vorzugsaktien amerikanischer Versorgungsunternehmen und nur kleine Devisen- und Rohstoffpositionen (siehe Tabelle 3.2). Was als aggressiver Hedgefonds begonnen hatte, sah am Ende aus wie ein konservativer, auf Dividenden ausgerichteter Investmentfonds.

Der innere Wert eines Unternehmens ist der Gesamtwert, den es erlösen würde, wenn es morgen aufgelöst und verkauft würde. Welche Sachwerte besitzt es? Im Falle von Versorgungsunternehmen sind das Kraftwerke und

Stromleitungen, die ihren Beitrag zu den Einkünften leisten. Bei Banken sind es Einlagen, Darlehen sowie Einnahmen aus Handelsgeschäften und Immobilien. Materielle Vermögensgegenstände sind für die Bewertung von Unternehmen von immenser Bedeutung und stellen in harten Zeiten oft ein Polster dar.

Tabelle 3.2: Portfolio-Überblick P.R. Finance (Liquidation im Juli 1936 abgeschlossen)

Art	Betrag in Britische Pfund
Bareinlage bei der Lloyds Bank	67
Bareinlage beim Broker	49.300
Aktien	130.058
Rohstoffe	982
Devisen	1.266
Pull Court Estate*	1.321
Cruckton Estate Minerals	914
Aktiendividenden	1.171
Diverses	789
Zinsen vom Broker-Kassenkonto	180
Summe Liquidationswert**	**186.053**

* Immobilien; ** Vor Abzug von Kosten und Ausschüttungen an Aktionäre.

Was Keynes daraus lernte

Keynes war zwar für seine Arroganz und für sein intellektuell überlegenes Gebaren berühmt, aber die demütigende Erfahrung, zweimal fast sein Vermögen verloren zu haben, änderte seine Meinung über die beste Art der Geldanlage. Die Makro-Methode, also der Versuch, die Entwicklungsrichtung der Wirtschaft zu erraten und anhand dieser Vorahnungen mit Devisen und Rohstoffen zu handeln, hatte spektakulär versagt. Da er sich neuerdings auf das Vertrauen, die Stimmung und die Psychologie konzentrierte, wurden seine früheren ausführlichen Recherchen über Preise, das Verhältnis zwischen Angebot und Nachfrage und die Veränderung der Geldmenge scheinbar irrelevant. Tatsächlich hatte sich Keynes von seiner Überheblichkeit dazu verleiten lassen, zu sehr auf seine Entscheidungen zu vertrauen. Er hielt Anlagen, wenn er sie hätte verkaufen müssen, und er verkaufte, wenn er hätte kaufen müssen. Das ist einer der gängigsten verhaltensbedingten Fehler, die von Anlegern begangen werden. Die meisten Anleger kaufen, wenn der Markt steigt (und die Anlagen überbewertet werden), und sie verkaufen, wenn die Preise attraktiver werden. Wenn man die besten Preise bekommen will, muss man aber das Gegenteil tun.

Keynes überwand allerdings seine halsstarrigen früheren Ansichten und begann, mehr Aktien zu kaufen und zu halten. Bereits 1924 trug er sich mit dem Gedanken, auf Aktien umzusteigen, weil er festgestellt hatte, dass er damit dank ihrer „Risikoprämie" im Vergleich zu Anleihen eine Überrendite erzielen konnte. Damit ist gemeint, dass die Anleger bereit waren, im Austausch gegen höhere künftige Erträge größere Risiken einzugehen – ein grundlegendes Prinzip der Geldanlage in Aktien.[25]

Als Keynes seine Meinung änderte und vom kurzfristigen Trader und Spekulanten zum langfristig orientierten Anleger umschwenkte, begann er, Aktien zu kaufen, die seiner Meinung nach die Turbulenzen in der Zeit nach dem Crash würden überstehen können. Diesbezüglich leistete ihm seine seelische Stärke gute Dienste. Als seine Direktorenkollegen des Investmentfonds die Notlage der 1930er-Jahre realisiert hatten und ihn drängten, seine Aktienpositionen zu schließen, blieb er standhaft. Hier ein Schreiben, das er an die Direktoren der National Mutual Insurance Company sandte, für die er Geld verwaltete:

- Wenn wir aussteigen, werden wir, da unsere Denkungsart nun einmal so ist, erst viel zu spät wieder einsteigen, wenn die Erholung kommt, und dann sind wir auf jeden Fall im Hintertreffen. Und wenn die Erholung gar nicht kommt, ist sowieso alles egal.[26]

▪ Manche der Dinge, die ich vage befürchte, sind – wie das Ende der Welt – Risiken, gegen die es keine Versicherung gibt, und es ist nutzlos, sich über solche Dinge Sorgen zu machen.

▪ Ich stehe der Lehrmeinung skeptisch gegenüber, wonach die Institutionen die bearische Tendenz noch dadurch verschlimmern sollen, dass jeder versucht, schneller als der andere wegzulaufen. Dabei liegt es in der Natur der Sache, dass nicht alle weglaufen können [...] und dies würde das gesamte System zum Einsturz bringen. Ich glaube, es gibt Zeiten, in denen man bei der Stange bleiben muss und keine Einschnitte versuchen darf."[27]

Im Angesicht des schwersten Kursverfalls der Geschichte wurde Keynes im Endeffekt zum *konträren Anleger*. Anstatt ins Rettungsboot zu springen, blieb er an Bord, um dort dem Sturm zu trotzen. Er vertraute darauf, dass die Deflation wieder für billiges Geld sorgen und dass es den Anlegern gelingen würde, aus dieser Situation einen Vorteil zu ziehen. Zu der Zeit, als seine Rohstoffpositionen wertlos wurden, klammerte er sich an den Gedanken, dass die Aktien nicht bloß einen Teil ihres Wertes behalten, sondern sogar zurückfedern würden. Um 1931 so denken zu können, brauchte man eine Menge Mumm – aber genau das machte Keynes zu einem bahnbrechenden Vermögensverwalter, der spätere Generationen inspirierte. Dabei fing er gerade erst an, eine völlig neue Denkschule der Geldanlage – und der Volkswirtschaftslehre – zu begründen.

Keynes' Grundpfeiler

Die Probleme mit der Spekulation

Die Spekulation ist von Natur aus ein Spiel um hohe Einsätze. Nur wenige Menschen sind damit längere Zeit erfolgreich, selbst wenn sie überzeugt sind, sie besäßen einen überlegenen Einblick in die Zukunft und in die Bewegungsrichtung des Marktes. Der Markt ist Dummköpfen gegenüber nicht sehr tolerant. Und es ist nicht sehr

sinnvoll, an Prognosen zu glauben. Gerade in den 1930er-Jahren gerieten die Ereignisse aus dem Ruder und erzeugten eine weltweite Panik, die niemand vorhergesehen hatte. Elektronische Börsen, Hochfrequenz-Handelssysteme und das Internet gab es damals noch lange nicht. Schlechte Nachrichten über die Finanzmärkte verbreiten sich jedoch trotzdem mit Lichtgeschwindigkeit. Keynes musste lernen, dass die unberechenbaren Elemente des Marktes am stärksten Faktoren ausgesetzt sind, die man weder messen noch vollständig vorhersehen kann. Wenn man diese Risiken kennt, fährt man immer besser, als wenn man sich nur auf Renditen konzentriert. Heutzutage kann man das Risiko auf zahllose verschiedene Arten messen: frühere Abwärts-Performance, Standardabweichung (Volatilität), Sortino Ratio oder Downside Capture Ratio. Alle entsprechenden Informationen sind kostenlos online erhältlich. Und noch wichtiger ist die Gesamtrentabilität des Unternehmens gemäß seinem Wertzuwachs und seinen Dividendenausschüttungen.

Als Keynes in den 1930er-Jahren in Dividendenunternehmen umschichtete, veränderte sich seine Gesamtrendite immens. Er kaufte Unternehmen, die nicht nur einen stetigen Cashflow und einen stetigen Gewinn aufwiesen, sondern wahrscheinlich auch *weiterhin* Dividenden ausschütten würden. Das ist für jeden Aktienanleger ein gutes Fundament. Achten Sie außerdem auf das Dividenden*wachstum*, das Keynes für wichtig hielt. Wie wahrscheinlich ist es, dass ein Unternehmen seine Dividende beständig erhöht, um treue Anleger zu belohnen? Viele der Unternehmen, die Keynes in einem der für Anleger schlimmsten Jahrzehnte der Geschichte kaufte, gibt es in der einen oder anderen Form bis heute. Wenn sich überhaupt etwas ändert, dann dass das Bevölkerungswachstum noch mehr Strom, Wasser und Erdgas erfordert. Allerdings muss man beim Aktienkauf die Spreu vom Weizen trennen. Als sich Keynes zunehmend auf Aktien konzentrierte, merkte er, dass er lieber Unternehmen kaufte, die einen Teil ihres Gewinns in Form von Dividenden mit ihren Investoren teilten, als welche, die zu reinen Spekulationszwecken gekauft wurden. Man muss auch dann seine Hausaufgaben machen, wenn kein Jahr wie 1929 oder 2008 mehr kommt. Ignorieren Sie Prognosen und Gurus. Schalten Sie die Wirtschaftsnachrichten im Fernsehen ab. Sie müssen wissen, ein wie hohes Risiko Sie eingehen können, und Ihr Portfolio entsprechend anpassen.

DER AUFBAU VON PORTFOLIOS MIT ENTGEGENGESETZTEN RISIKEN

„Ich glaube, den Namen John Maynard Keynes habe ich erst gehört, als ich nach Harvard ging. In Princeton wurde die berühmte Geldmengentheorie so gelehrt, als hätte man sie 1750 von David Hume persönlich gehört."

Paul Volcker, ehemaliger Vorsitzender der U.S. Federal Reserve"[1]

ch stehe wieder in ihrer Gunst", schrieb Keynes an Lydia, nachdem viele Regierungsvertreter ihn nach dem Crash 1929 um Rat fragten. Sein Lieblingskandidat David Lloyd George von den Liberalen war zwar der Labour Party unterlegen, aber Keynes war zuversichtlich, dass die neue Regierung eine neue Ära des billigen Geldes einläuten würde, um Arbeitsplätze zu schaffen und die Verbrauchernachfrage zu steigern. Allerdings stieß dieses Konzept bei den Konservativen auf wenig Gegenliebe: Winston Churchill, der scheidende Schatzkanzler der Tories, äußerte sich abfällig über das, was man später als „keynesianischen Anreiz" bezeichnete. Damals verabschiedete sich Churchill mit diesen Worten vom Parlament: „Durch Kreditaufnahme des Staates und durch Staatsausgaben kann man in der Tat und grundsätzlich nur sehr wenige zusätzliche Arbeitsplätze und gar keine dauerhaften zusätzlichen Arbeitsplätze schaffen."[2]

Aber die wachsende Arbeitslosigkeit und die Verzweiflung, die durch die Große Depression erzeugt wurde, ignorierten Churchill und die Anhänger des Volkswirts Friedrich Hayek – der zur sogenannten Österreichischen Schule gehörte und Keynes' philosophischer Gegenspieler war. Er lehrte an der University of Chicago und an der London School of Economics. Einen gewissen Anklang fanden die Ideen von Keynes, als der maßgebliche Republikaner Herbert Hoover öffentliche Bauvorhaben in den Vereinigten Staaten vorantrieb und sein Finanzminister Andrew Mellon den Kongress bat, die Steuern für Unternehmen und Privatpersonen um ein Prozent zu senken.

Inzwischen war Keynes nicht nur als der Mann mit Patentlösungen für die Wirtschaft sehr gefragt, sondern er wurde auch zum Multimedia-Star – durch Vorträge, Artikel und Radiosendungen. Während er sein Bestes gab, um Optimismus und die Botschaft zu verbreiten, der Abschwung werde kurzlebig sein, zerstreute er auch den verbreiteten Glauben, die Depression sei eine moralische Strafe für die Zügellosigkeit und die wilden Hebelspekulationen der Goldenen Zwanziger. Er sah die Crashs eher technisch (eine Maschine, die man reparieren kann), benutzte Metaphern aus dem Automobilbereich und erklärte, die Weltwirtschaft habe Probleme mit der „Zündung".

Sylvia Nasar bemerkte in „Markt und Moral", Keynes habe im Einklang mit seinen Ansichten in „Vom Gelde" gedacht, eine Notenbank könne „die Investitionen einschränken oder fördern, je nachdem, ob sie die Wirtschaftstätigkeit ankurbeln oder bremsen will. Und durch die Kontrolle der Investitionstätigkeit könnten die Währungsbehörden die Investitionen in Einklang mit der Spartätigkeit sowie die Preise in Einklang mit den Kosten bringen. Davon war Keynes 1931 überzeugt, als er noch zuversichtlich dachte, eine konzertierte Zinssenkungs-Aktion würde die Flaute beenden."[3]

Keynes war derart optimistisch, dass er wieder anfing, amerikanische und indische Baumwolle zu kaufen. Während sich die 1930er-Jahre dahinschleppten, stellte sich jedoch heraus, dass sich die Flaute einer Heilung hartnäckig widersetzte. Daher war Keynes gezwungen, seine impressionistischen Gemälde zum Verkauf zu stellen, darunter auch die „Déshabillée" von Matisse[4], fand allerdings keine akzeptablen Käufer. Außerdem begann er, seine gesamte Anlagephilosophie neu zu überdenken.

Die Geburt der entgegengesetzten Risiken und der Fluch der Korrelation

Keynes und die meisten anderen Anleger hatten nicht vorhergesehen, dass sich bei einem massiven Kursrutsch die meisten Vermögenswerte außer Anleihen im Gleichschritt bewegen. Hinter Währungen, Immobilien (ohne Vermietung) und Rohstoffen stehen im Gegensatz zu Dividendenaktien keine Rücklagen oder Gewinne. Solche Sachwerte werden in Krisenzeiten häufig als Erste abgestoßen, obwohl sie sich normalerweise in andere Richtungen bewegen als Aktien und Anleihen. Da Keynes im Portfolio von P.R. Finance nur einen kleinen Prozentsatz festverzinsliche Wertpapiere hielt und (anfangs) massiv auf Rohstoff-Terminkontrakte gesetzt hatte, war es ungewöhnlich großen Risiken ausgesetzt.

Was Keynes und seinen Anlegern in den 1930er-Jahren einen gewissen Auftrieb gab, war das, was Wirtschaftswissenschaftler als „entgegengesetzte Risiken" bezeichneten: die Tendenz, dass deutlich unterschiedene Anlageklassen nicht miteinander korreliert sind. Später wurden Wirtschaftswissenschaftler – und Vermögensverwalter in aller Welt – durch die Arbeiten der Nobelpreisträger Harry Markowitz und William Sharpe in die Lage versetzt, zu beziffern, wie viel es wert ist, in einem Portfolio bestimmte Anteile an verschiedenen Assetklassen zu haben. Durch das Verständnis der unterschiedlichen Risiken von Aktien, Anleihen und anderen Anlagen, durch die Moderne Portfoliotheorie und durch die Optimierung der Mean-Variance konnten sich Anleger eine Vorstellung davon machen, welche Performance ein Portfolio unter unterschiedlichen

Marktbedingungen bringen würde. Beispielsweise würde ein einfaches Portfolio aus 60 Prozent Aktien und 40 Prozent Anleihen in einer Baisse besser laufen als ein reines Aktienportfolio, das wiederum in einer Hausse den besten Ertrag bringen würde.

Später kam Keynes zu dem Schluss, dass panische Verkäufer, die Geld brauchen, bestimmte Vermögenswerte als Erste abstoßen (zum Beispiel Rohstoffe) und versuchen, an Instrumenten festzuhalten, die ein regelmäßiges Einkommen beinhalten. Dividenden und Anleihezinsen wirken in Zeiten des Kursverfalls als Puffer, weil es den Anlegern dann lieber ist, dass wenigstens ein bisschen Geld hereinkommt und sie auf ihre spekulativeren Investments verzichten können.

Aber die Crash-Mentalität änderte alles. Die Preise der meisten Rohstoffe stürzten ab, weil die Industrieproduktion infolge der mangelnden Nachfrage nach den meisten Konsum- und Industriegütern einbrach. Instrumente, die normalerweise unabhängig von den Aktienkursen verlaufen, lehnten sich eng an die Wall Street an. In einer Zeit, in der Fabriken geschlossen wurden, der Wohnungsbau und der Bau von gewerblichen Objekten zum Stillstand kamen und die Arbeitslosigkeit stieg, waren Rohstoffe die schlechtesten Anlagen. Dazu ist festzuhalten, dass die Rohstoffe und die Aktien auch 2008 wieder im Gleichschritt fielen. Die Anleger in aller Welt spürten richtigerweise, dass eine allgemeine Rezession bevorstand. Daher verkauften sie Rohstoffe, weil sie vorhersahen, dass die Nachfrage einbrechen würde.

Vor 1928 hatte Keynes richtigerweise darauf gesetzt, dass Rohstoffe nach dem Ersten Weltkrieg gefragt sein würden. Das schien eine ausgemachte Sache zu sein. Und obwohl die Moderne Portfoliotheorie erst 30 Jahre später entwickelt wurde, wusste Keynes sicherlich, dass die Rohstoffpreise *normalerweise* negativ zu den Aktien- und Anleihepreisen korreliert sind. Er hatte Unmengen von Zahlen analysiert. Doch nach dem Erlebnis der Nachkriegsrezession waren Keynes und die meisten anderen nicht auf den Crash und die Depression vorbereitet, die dann folgten.

Rohstoffe und Korrelationsrisiko

Überraschenderweise war die Welt der institutionellen Vermögensverwaltung in den Jahrzehnten vor dem Crash 2008 von den gleichen Theorien der Nichtkorrelation und der entgegengesetzten Risiken durchdrungen. Laut dem Vermögensverwalter und Neurologen William Bernstein „schienen Rohstoffengagements das Pendant der Portfoliotheorie zur unbefleckten Empfängnis zu bieten: hohe Renditen bei geringer Korrelation zu anderen gängigen Portfoliobestandteilen".[5] Laut Bernstein sah die Korrelationstabelle (auch als „Markowitz-Inputs" bezeichnet) so aus:

Rohstoffe, Aktien und Staatsanleihen mit langer Laufzeit (1972-1990)

	Rendite	SA*	GSCI**	S&P 500***	Langläufer
GSCI	16,26%	23,52%	1,00	–	–
S&P 500	10,99%	17,50%	-0,37	1,0	–
Langläufer	8,49%	12,38%	-0,28	0,4	1,0

Quelle: William Bernstein: Skating Where the Puck Was: The Correlation Game in a Flat World (Investing for Adults, eBook II) (Bernstein 2012), S. 5.

* Standardabweichung, ein Maß für Volatilität und Risiko. Je höher der Prozentsatz, umso größer die Schwankungen.

** Goldman Sachs Commodity Index, ein Korb aus häufig gehandelten Rohstoffen.

*** Standard & Poor's 500 Index der nach Kapitalisierung größten US-Aktien.

Diese Tabelle zeigt, wie verschiedene Anlageklassen miteinander korreliert sind, wenn keine Krise herrscht. Wie man sieht, ist der Rohstoffindex von Goldman Sachs normalerweise negativ zu Aktien und langlaufenden (30-jährigen) Anleihen korreliert. (1,00 bedeutet eine perfekte Korrelation, also dass sich die Preise in die gleiche Richtung bewegen.) Und die Aktien sind mit den Anleihen gering korreliert. Vielleicht sah das Risiko-Szenario in den 1920er-Jahren für Keynes ähnlich aus.

Probleme mit den Rohstoffpreisen

Rohstoffe sind launische Wesen, aber wenn man mit ihnen spekulieren will, muss man eine Vorstellung davon haben, wie sich ihre Preise künftig ändern werden und wie die Marktbedingungen für bestimmte Rohstoffe aussehen werden. Mit Future-Kontrakten setzt man darauf, dass ein Rohstoff zu einem bestimmten Zeitpunkt einen bestimmten Preis erreichen wird. Manchmal sind die Spotpreise höher als die Forward- und Future-Preise – Keynes bezeichnete das als „normale Backwardation". Es kommt aber auch vor, dass die Terminpreise die Spotpreise übersteigen, und diese Situation bezeichnet man mysteriöserweise als Contango. Normalerweise versuchen Trader, die Diskrepanz zwischen Kassakursen (Spotpreis) und den Preisen von Terminkontrakten auszunutzen.

Als die Wirtschaft noch florierte, nutzte Keynes sein Wissen über die Preise von Baumwolle, Zinn, Wolle und anderen Rohstoffen, um auf bestimmte Kontrakte long oder short zu gehen. Die Preisbewegungen dieser Rohstoffe gingen ihren jeweils eigenen, durch Angebot und Nachfrage bedingten Weg. Als jedoch das Jahr 1929 eine weltweite Depression – die Weltwirtschaftskrise, für die Keynes bereits 1928 Anzeichen sah – einläutete, wurden die Karten neu gemischt und plötzlich folgten fast alle Rohstoffe den Aktien ins Nichts. Die allgemeine Panik führte dazu, dass alle zu den Rettungsbooten eilten.

Bernstein merkt auf unsere Zeit bezogen an: „Während der Finanzkrise von 2007 bis 2009 brach auch die zweite Tragfläche – in Form viel höherer Korrelationen. Rohstoff-Futures waren keine unkorrelierte ‚alternative' Anlage mehr, sondern sie erlitten genauso verheerende Kursverluste wie die Aktien."[6]

Leider hatte die Geschichte dieses Phänomen wieder einmal im großen Stil wiederholt und damit Abermillionen von Anlegern in die gleiche Falle gelockt – darunter auch mich, wenngleich meine Position in einem Rohstofffonds nicht einmal zehn Prozent meines Gesamtportfolios ausmachte.

Trotzdem lernte ich so auf die harte Tour, dass „entgegengesetzte Risiken" letzten Endes darauf hinausläuft, dass man einen größeren Teil seines Vermögens in Anleihen anstatt in Aktien, Immobilien und Rohstoffen anlegen sollte. In einer Finanzkrise ohne Inflation sind Anleihen häufig der einzige echte Puffer.

In den 1920er-Jahren waren sich (ebenso wie heute) nur sehr wenige Anleger dessen bewusst – und darauf vorbereitet –, was man heutzutage als „Tail Risk" bezeichnet: die Wahrscheinlichkeit, dass eine extreme *globale* Krise ganze Volkswirtschaften in den Abgrund stürzt. Doch obwohl weder Keynes' Voraussicht noch sein Timing perfekt waren, gelang es ihm, die 1930er-Jahre zu überleben und einige bemerkenswerte Erträge zu erzielen.

Keynes und die Vermögensverwaltung für Cambridge

Als Absolvent, der sich aktiv für die Anlageverwaltung des King's College engagierte, ging Keynes davon aus, er könne viel mehr erreichen als die Anlageverwalter vor ihm. Bevor er erster Schatzmeister des Chest Fund des Colleges wurde, war die Vermögensverwaltung eine recht einfache, fantasielose Angelegenheit gewesen. Der Fonds hielt Anleihen und Immobilien. Als Keynes um das Jahr 1920 herum anfing, die Vermögensverwaltung zu revolutionieren, überzeugte er das College davon, dass es verschiedene voneinander getrennte Depots eröffnen könnte, in denen es Aktien, Devisen und Rohstoffe halten könnte. Im Jahr 1924 wurde er zum ersten Schatzmeister ernannt und hatte somit die direkte Kontrolle über die Geldanlagen des Colleges. Keynes hatte zwar im Hauptfach Mathematik studiert, aber er war sehr überzeugend, als er den offiziellen Vertretern des Colleges glaubhaft machte, dass sie höhere Renditen erzielen könnten.

Es ist zwar schwer herauszufinden, was genau Keynes von 1928 bis 1945 (er starb 1946) alles kaufte und verkaufte, aber dank der Professoren Jess

Chua und Richard Woodward von der University of Calgary in Kanada kennen wir seine Anlageperformance. Sie haben die Performance von Keynes in einem Artikel für das *Journal of Finance* dokumentiert. Tabelle 4.1 zeigt (vereinfacht) ihre Ergebnisse.

Keynes erzielte in diesem Zeitraum eine nach allen Maßstäben sehr gute Performance. Seine risikobereinigten Renditen waren beeindruckend, ebenso seine Performance in Jahren, in denen der US-amerikanische Markt nicht so gut lief: in den Jahren 1934, 1936-1937, 1939, 1941 und 1943. Dass er in einem der schlechtesten Jahrzehnte für Aktienrenditen und dann während eines der größten Kriege der Weltgeschichte Gewinne erzielt hat, verdient mehr als eine Fußnote in der Geschichtsschreibung und der Finanzliteratur, und doch wird es nur in wenigen Büchern erwähnt.

Tabelle 4.1: Performance des Chest Fund des King's College unter Keynes

Jahr	Fondsrendite in %	Rendite des britischen Marktes in %	Rendite von US-Schatzwechseln in %	Rendite von US-Large-Caps in %
1928	-3,40	7,90	4,9	43,61
1929	0,80	6,60	5,3	-8,42
1930	-32,40	-20,30	2,5	-24,90
1931	-24,60	-25,00	3,6	-43,34
1932	44,80	-5,80	1,5	-8,19
1933	35,10	21,50	0,6	53,99
1934	33,10	-0,70	0,7	-1,44
1935	44,30	5,30	0,5	47,67
1936	56,00	10,20	0,6	33,92
1937	8,50	-0,50	0,6	-35,00
1938	-40,10	-16,10	0,6	31,12
1939	12,90	-7,20	1,3	-0,41
1940	-15,60	-12,90	1,0	-9,78
1941	33,50	12,50	1,0	-11,59

Jahr	Fonds-rendite in %	Rendite des britischen Marktes in %	Rendite von US-Schatz-wechseln in %	Rendite von US-Large-Caps in %
1942	-0,90	0,80	1,0	20,34
1943	53,90	15,60	1,0	25,90
1944	14,50	5,40	1,0	19,75
1945	14,60	0,80	1,0	36,44
Durchschnittliche Rendite*	13,06	-0,11		1,56
Geometrisches Mittel	9,12	-0,89		
Standardabweichung	29,28	12,55		
Sharpe Ratio	0,385	-0,129		
Treynor Index	6,46	-1,55		
Jensen Index	14,45	-1,66		

*Arithmetisches Mittel

Anmerkungen:
Das Sharpe Ratio ist eine Kennzahl für die risikobereinigte Performance. Ein positiver Wert bedeutet, dass der Vermögensmanager im Verhältnis zu einer risikolosen Kennzahl wie etwa der Rendite von Schatzanleihen eine gute Performance erzielt hat. Der Treynor Index ist ähnlich, nur dass er die Überrendite pro Risikoeinheit angibt. Der Jensen Index, den man auch als Jensen's Alpha bezeichnet, gibt die risikobereinigte Performance an, die über die Performance hinausgeht, die aufgrund des Betas zu erwarten wäre. Das Beta ist die Korrelation zur Rendite des Gesamtmarkts und zur durchschnittlichen Marktrendite. (Investopedia: http://www.investopedia.com/terms/jensensmeasure.asp#axzz2KzRyFXdZ) Falls Sie eine Auffrischung in Statistik brauchen: Das arithmetische Mittel ist die Summe der Einzelwerte geteilt durch die Anzahl der Einzelwerte. Das geometrische Mittel gibt die prozentuale Rendite über mehrere Jahre zutreffender an. Der größte Teil der Tabelle ist ein Auszug aus dem Artikel von Chua und Woodward, allerdings habe ich zu Vergleichszwecken die Rendite US-amerikanischer Large-Cap-Aktien laut Ibbotson Associates/Morningstar ergänzt.

Quelle: Jess Chua und Richard Woodward: „J.M. Keynes's Investment Performance: A Note", in: *Journal of Finance*, März 1983.

Chua und Woodward hatten zwar keinen vollständigen Zugang zu allen nötigen Informationen, als sie ihren Artikel schrieben, aber das College teilte ihnen mit: „Seine sämtlichen [Anlagen-]Einkünfte wurden für die Modernisierung und Renovierung des King's College verwendet und nicht reinvestiert."[7] Deshalb ist das King's College immer noch eines der reichsten Colleges der Cambridge University.

Vor allem zeigen die Ergebnisse aus dieser turbulenten Zeit, wie hartnäckig Keynes war und wie sehr er bereit war, sich an wechselnde Marktbedingungen anzupassen. Bedenken Sie, dass es während der Großen Depression eine Reihe von Rezessionen gab, nach denen sich der Aktienmarkt jeweils wieder erholte. Zwar konnte Keynes einigen der größten Kursstürze nicht entgehen (1930, 1931, 1938 und 1940, als der Chest Fund 32,4 Prozent, 24,6 Prozent, 40,1 Prozent beziehungsweise 15,5 Prozent Verlust machte), aber dafür hatte der Fonds von 1932 bis 1937 eine Gewinnsträhne – die Verluste des US-amerikanischen Aktienmarkts bewegten sich in diesem Zeitraum zwischen 25 und 43 Prozent *jährlich*. In drei dieser sechs Jahre machten die US-amerikanischen Großunternehmen Verlust (gemessen an ihrem jeweiligen Aktienkurs). Betrachtet man die Zeit, in der Keynes investierte, verfügte er entweder über fantastische Fähigkeiten oder er hatte enormes Glück.

Schaut man sich die drei schlechtesten Jahre an, die die US-amerikanischen Hauptwerte (gemessen am Gesamtertrag) seit 1926 verzeichnet haben – 1931, 1937 und 2008 –, erzielte Keynes passable Ergebnisse (in zweien dieser Jahre verwaltete er Geld). 1931 machte er nur 25 Prozent Verlust (die US-Aktien 43,3 Prozent) und 1937 machte er sogar 8,5 Prozent Gewinn, während die US-Aktien 35 Prozent Verlust machten. Den britischen Markt schlug er in zwölf von 18 Jahren.[8]

Ein genauerer Blick auf Keynes' Erfolg

In der jüngeren Vergangenheit haben die Gelehrten einen intensiven Blick auf Keynes' Bilanz am King's College geworfen, und zwar insbesondere auf seine diskretionären Portfolios. Keynes hatte in den 1920er-Jahren das Vertrauen seiner Kollegen und der College-Verwaltung gewonnen, sodass er bis zu seinem Tode 1946 freie Hand als aktiver Anleger hatte. Wie bereits an anderer Stelle erwähnt, beruhte der innovative Stil von Keynes weitgehend auf seinem wachsenden Interesse an Aktien. Allerdings hat er auch der institutionellen Vermögensverwaltung eine Fülle von Erkenntnissen und Fortschritten beschert. David Chambers von der Cambridge University Judge Business School und Elroy Dimson von der London Business School veröffentlichten 2013 eine bahnbrechende Studie, die zeigte, dass „Keynes' Erfahrung in der Verwaltung des Stiftungsfonds [des King's College] auch heute noch große Relevanz besitzt".[9] Tatsächlich bedeutete Keynes' Abrücken von niedrig verzinslichen Anleihen und Immobilien für die institutionelle Vermögensverwaltung einen entscheidenden Schritt nach vorn. Die damaligen Vermögensverwalter wussten wenig darüber, wie man in Stammaktien und Vorzugsaktien investiert. Keynes untersuchte den Cashflow, das Gewinnwachstum und die Dividenden im Hinblick auf künftigen Wertzuwachs. Dank dieser neuen Perspektive konnte er nicht nur für das King's College, sondern auch für seine eigenen Portfolios und zwei britische Versicherungsgesellschaften ein Vermögen aufbauen.

Zwar kamen Chambers und Dimson zu dem Ergebnis, die von Chua und Woodward gefundenen Resultate seien doch nicht so beeindruckend – er erzielte ein Überrenditen-Alpha von nur acht Prozent und lag in der zweiten Hälfte der 1920er-Jahre hinter dem britischen Aktienmarkt zurück.[10] Sie führten aber eine eigene Studie über die Aktien durch, die Keynes im Auftrag des King's College besaß, und kamen zu dem Ergebnis, dass er eine bemerkenswerte Outperformance erzielte. Zudem änderte Keynes seinen Modus operandi nach dem Crash und während der darauf folgenden Depression. Chambers und Dimson konstatierten, dass sich der Volkswirt Anfang der 1930er-Jahre in einen „Bottom-up-Stockpicker" verwandelt habe (der nicht Makro-Trends folgt, sondern einzelne Aktien auswählt) und dass dieser Faktor zu seiner überlegenen Performance beigetragen habe. Im Zuge dieser beispiellosen Umschichtung bevorzugte Keynes Großunternehmen, die er zu Schnäppchenpreisen bekam – und dadurch legte er den Keim für eine ganze Anlage-Schule, nämlich das Value-Investing.[11] Die Investment-Auswahl von Keynes schlug sich häufig auch in seinem privaten Portfolio nieder. Chambers und Dimson stellten fest, dass es zu 75 Prozent die gleichen Positionen enthielt wie das des King's College.[12]

Im Kern vermeidet es das Value-Investing, den Schwerpunkt auf makroökonomische Trends zu legen. Auf der Suche nach Schnäppchen untersuchen Value-Anleger, wie sich ein Unternehmen im Laufe der nächsten Jahre voraussichtlich entwickeln wird. Hat es ein Geschäftsmodell, das wahrscheinlich unter wechselnden konjunkturellen Bedingungen floriert? Wie gut ist es gegen Innovationen seiner Konkurrenten abgesichert beziehungsweise wie gut ist es darauf vorbereitet? Heutzutage bezeichnen Anleger das als „Wassergraben" und wollen damit sagen, dass die Mitbewerber dem Unternehmen nicht ohne Weiteres Marktanteile abjagen können, weil die Eintrittskosten zu hoch sind. Unter anderem besitzen Versorger und Eisenbahngesellschaften in gewisser Weise Wassergräben. Es ist weder einfach noch kostengünstig, ein Kraftwerk zu bauen oder ein Eisenbahnwegerecht zu erwerben. Bei solchen Unternehmen ist es wahrscheinlich, dass sie auch weit in die Zukunft hinein noch profitabel arbeiten. Es kommt zwar vor, dass der Markt die Preise für solche Unternehmen heute mit einem Abschlag belegt. Das heißt aber nur, dass man sie billiger kaufen kann, wenn es mit der Konjunktur allgemein abwärts geht. Wer sich mehr auf den Wert als auf die Bewegungen der Gesamtwirtschaft konzentriert, kann daher im Laufe der Zeit prosperieren. Keynes erkannte dieses Prinzip, als es den Aktien schlecht ging.

Sogar noch bemerkenswerter ist die Tatsache, dass Keynes in seiner Hochzeit nicht nur das Geld des King's College verwaltete, sondern auch institutionelle Fonds für die National Mutual Life Assurance Society (deren Vorsitzender er von 1921 bis 1938 war) und die Provincial Insurance Company (deren Verwaltungsrat er von 1923 bis zu seinem Tode angehörte) – und dazu noch sein eigenes Privatvermögen sowie das von Bekannten und Kollegen.[13] Wenn man dazu noch seine Vorlesungen, seine Rundfunksendungen, seine Schriften, sein aktives gesellschaftliches Leben in der Bloomsbury Group und seine Beratertätigkeiten für die Regierung nimmt, kann man nur schwer glauben, dass er das alles innerhalb einer einzigen Lebenszeit geschafft hat.

Es kursiert die Auffassung, Keynes sei bei seiner Beschäftigung mit Aktien von der Lektüre von „Common Stocks as Long-Term Investments" (1924) von E.L. Smith beeinflusst worden. In diesem Buch wurde das Konzept eingeführt, dass man durch den Kauf von Unternehmensbeteiligungen einen Anteil an „Restforderungen auf industrielles Wachstum" erwirbt.[14] Anders als eine Anleihe, die lediglich das Versprechen darstellt, dass die Schuld mit Zinsen zurückgezahlt wird, kann eine Aktie ihrem Inhaber auch Dividenden bescheren, also einen Anteil an dem Gewinn des betreffenden Unternehmens. Und in Zeiten des Wachstums können die Dividenden steigen, wenn das Unternehmen solide geführt wird und seine Geschäftstätigkeit ausweitet. Zu der Zeit, in der Keynes als Vermögensverwalter arbeitete, war dies ein radikaler Gedanke, auch wenn er für fast alle heutigen Value- und sonstigen langfristigen Anleger ein alter Hut ist. Die meisten Portfolios unterlagen Beschränkungen, die 1861 eingeführt worden waren und hauptsächlich zur Kapitalerhaltung gedacht waren, nicht zur Kapitalvermehrung.[15] Infolgedessen mieden die britischen Institutionen – vorwiegend Versicherungen – Aktien zugunsten von festverzinslichen Wertpapieren. Bis 1937 war der Anteil der Aktien erst auf zehn Prozent gestiegen.[16] Keynes brach aus dem fest verwurzelten Rahmen der institutionellen Anlage aus, indem er den Großteil seiner Portfolios in Aktien investierte. Die durchschnittliche Aktienallokation in den diskretionären Portfolios des King's College belief sich in den Jahren 1922 bis 1929 auf 75 Prozent, in den Jahren 1930 bis 1939 auf 57 Prozent und 1940 bis 1946 auf 73 Prozent.[17] Anfang der 1930er-Jahre zog sich Keynes zwar kurzzeitig auf britische Staatsanleihen zurück, aber der Hauptanteil von Keynes' Portfolios war in britische Vorzugsaktien investiert, zu denen in den 1930er-Jahren noch US-amerikanische Stammaktien und Vorzugsaktien hinzukamen.[18]

Außerdem konzentrierte sich Keynes in einer Zeit, die für die Geldanlage weltweit brutale Umwälzungen mit sich brachte, auf *regelmäßige* Dividendeneinkünfte. Durch den Kauf von Stamm- und Vorzugsaktien, die Dividenden ausschütteten, strebte er überdurchschnittliche Dividendenrenditen an. Als die staatliche Geldpolitik in den Jahren nach dem Crash die Zinsen drückte, fand man bei Anleihen nur schwerlich ordentliche Renditen. Dank seiner Methoden der Aktienauswahl entdeckte Keynes jedoch Unternehmen, die weiterhin hohe Dividenden ausschütteten – meistens Versorgungsunternehmen.

Tabelle 4.2: Einkommensprofil des King's-College-Portfolios

Zeitraum	Dividendenrendite GB in %	Anleiherendite GB in %	Durchschnittsrendite King's College in %
1924-1929	5,20	4,60	5,90
1930-1939	4,40	3,40	5,90
1940-1946	4,00	3,00	5,80

Anmerkung:
Die durchschnittliche Dividendenrendite bezieht sich auf britische Aktien in den angegebenen Zeiträumen. Die Anleiherendite in Großbritannien bezieht sich auf Staatsanleihen. Die Dividendenrendite des King's College bezieht sich nur auf britische Aktienpositionen.

Quelle: David Chambers und Elroy Dimson: *Keynes the Stock Market Investor,* Working Paper, http://papers.ssm.com/sol3/papers.cfm?abstract_id=2023011, S.16.

Dadurch, dass sich Keynes auf die Dividenden konzentrierte, flossen den Portfolios des King's College auch noch in den Jahren 1933 bis 1938 Einnahmen zu, als die Zinsen auf Schatzwechsel praktisch auf null fielen, und auch als sie während des Zweiten Weltkriegs unter zwei Prozent blieben. Außerdem stand es ihm frei, sich in bestimmten Sektoren einzudecken. Beispielsweise bestand das Portfolio des King's College 1936 fast zu 66 Prozent aus Bergbau-Aktien.[19] Heutige Vermögensverwalter würden das als „Fokus-Methode" bezeichnen, bei der man nur eine Handvoll Aktien hält – im Gegensatz zu einem breit diversifizierten Portfolio oder einem Indexportfolio.

Da das diskretionäre Portfolio des Volkswirts keiner restriktiven Aufsicht unterlag (es stand ihm weitgehend frei, seine Anlagepolitik zu ändern), konnte er auch kleinere Unternehmen sowie Aktien auswählen, die etwas mit Rohstoffen (Eisen, Kohle und Kautschuk) zu tun hatten. Er bewahrte sich eine flexible Einstellung: „Wenn sich die Fakten ändern, ändere ich meine Meinung."[20]

Wie Tabelle 4.3 zeigt, schwenkte Keynes von seiner verlustbringenden Makro-Strategie aus den 1920er-Jahren, die von 1926 bis 1928 hinter den Indizes zurückgeblieben war, auf einen eher Bottom-up-orientierten Stil um. Sein veränderter Stil schlug sich in herausragender Performance nieder: In den 1930er-Jahren fiel er nur einmal hinter die Marktindizes zurück (1938 war sein schlechtestes Jahr, aber auch in den Vereinigten Staaten war es trostlos) und auch in den 1940er-Jahren nur einmal. Sein Sharpe Ratio und seine durchschnittliche Performance waren ebenfalls ausgezeichnet.

Tabelle 4.3: Keynes am King's College: Performance von 1925 bis 1946

Jahr	Diskretionäres Portfolio in %	Gesamt in %*	GB-Aktienindex in %	GB-Index in %**	Relative Performance in %***
1925	30,26	8,54	17,33	3,10	12,93
1926	6,40	5,59	11,83	2,65	-5,43
1927	2,00	2,53	19,90	3,08	-17,90
1928	3,04	6,98	16,99	8,12	-13,95
1929	7,29	4,32	5,40	-0,31	1,89
1930	-12,48	-2,08	-17,58	9,13	5,10
1931	-5,70	-6,24	-30,17	8,03	24,47
1932	29,19	9,11	27,33	29,40	1,86
1933	54,39	34,70	27,04	5,87	27,35
1934	26,13	17,31	13,15	12,92	12,98
1935	34,75	17,39	7,95	6,71	26,81
1936	40,00	23,49	19,08	4,39	20,92
1937	11,20	4,26	0,63	-10,15	10,57
1938	-22,75	-15,06	-8,46	4,93	-14,11
1939	10,64	2,04	-5,17	-10,01	15,81
1940	-7,07	-0,24	-21,08	16,61	14,01
1941	30,55	26,67	27,24	15,01	3,31
1942	8,35	8,74	9,38	4,43	-1,02
1943	39,29	21,94	26,97	-0,49	12,32

Jahr	Diskretio-näres Portfolio in %	Gesamt in %*	GB-Aktienindex in %	GB-Index in %**	Relative Performance in %***
1944	14,20	10,24	10,86	2,87	3,34
1945	12,52	9,36	3,65	12,33	8,87
1946	22,41	17,31	15,62	14,58	6,79
AM	15,21	9,41	8,08	6,51	7,13
SA	19,07	11,39	16,18	8,62	12,64
SR	0,69	0,65	0,38	0,53	k. A.

* Kombinierte Rendite der diskretionären und der beschränkten Portfolios, ohne Immobilienrenditen.

** Index der Rendite britischer Staatsanleihen laut Rendite von Consols, der Benchmark für GB-Anleihen.

*** Performance aller Portfolios im Verhältnis zum GB-Aktienindex/zur DMS-Gesamtrendite.

AM = Arithmetisches Mittel; SA = Standardabweichung; SR = Sharpe Ratio

Ich habe die Tabelle durch Weglassen der Renditen beschränkter Fonds vereinfacht, allerdings schlagen sich die Durchschnittsrenditen in der Spalte „Gesamt" nieder.

Quelle: Chambers, D., E. Dimson und J. Foo: „Keynes the Stock Market Investor: The Inception of Institutional Equity Investing", in: *Journal of Finance and Quantitative Analysis* 2013, und Chambers, D. und E. Dimson: „John Maynard Keynes, the Investment Innovator", in: *Journal of Economic Perspectives*, Bd. 27, Nummer 3, Sommer 2013, S. 1-18.

Keynes ändert den Kurs

Gegen Ende der 1930er-Jahre wurde offensichtlich, dass Keynes scheinbar den Glauben an seine frühere, an den Kreditzyklen orientierte Makro-Strategie verloren hatte. Sie hatte darin bestanden, dass er aus dem Verlauf des Konjunkturzyklus Anlagerenditen ableitete. Als die 1930er-Jahre mit einer Vielzahl von Herausforderungen aufwarteten, wurde es so gut wie unmöglich, vorherzusagen, wann ein Aufschwung kommen würde. Bevor die Industrieproduktion im Vereinigten Königreich und in den Vereinigten Staaten hochgefahren wurde, um die Nachfrage durch den Zweiten Weltkrieg zu befriedigen, stagnierte die

Weltwirtschaft mehr oder weniger. Außerdem stellte Keynes fest, dass ihn die Kreditzyklen oft zwangen, als Vermögensverwalter schlechte Entscheidungen zu treffen.

> „In der Praxis bedeutet ‚Credit cycling', dass man bei fallendem Markt Marktführer verkauft und sie bei steigendem Markt kauft. Man braucht, unter Berücksichtigung von Spesen und Zinsverlusten, phänomenales Geschick, um dabei viel herauszuholen."[21]

Da das Vertrauen seiner Kollegen am King's College in ihn wuchs, genoss Keynes die Freiheit, hinsichtlich seines Anlagestils zu improvisieren. Als in den 1920er-Jahren im Vorfeld des Crashs fast alle Aktien stiegen, tat Keynes, was die meisten Anleger taten: Er kaufte, während sie stiegen. Und ebenso wie die meisten anderen Anleger ließ er sich zu dem Gedanken verleiten, diese Erträge würden anhalten. Deshalb bezahlte er für die Aktien zu viel und darunter litt seine Performance – in dem Jahr, nachdem er sie gekauft hatte, gaben sie vier Prozent ab.[22]

Spätere Studien von Vertretern einer Finanzphilosophie, die man heute als *Verhaltensökonomik* bezeichnet, ergaben, dass die Anleger damit einem konsequenten Muster folgen: Sie verkaufen Gewinner zu früh und behalten Verlierer zu lange (mehr dazu in Kapitel 6). Laut der von Daniel Kahneman und Amos Tversky entwickelten Prospekttheorie liegt das vor allem an Bedauern und Verlustangst.[23] Keynes machte es aber wie ein Jazzmusiker und änderte seine Interpretation der Aktienauswahl. Da seine Makro-Ansichten über Wirtschaftstrends in der desolaten Konjunktur der 1930er-Jahre nicht mehr griffen, richtete er sich neu aus, und zwar auf einzelne Aktien. Wie hoch waren die Dividenden, die sie bezahlten? Bezahlten sie diese regelmäßig? Wie war die Unternehmensleitung zu beurteilen? Verstand er das Geschäftsmodell des Unternehmens? Wenn Ihnen das bekannt vorkommt, dann deswegen, weil es zum Mantra des Value-Investing und seiner Hauptvertreter wurde, beispielsweise Benjamin Graham und Warren Buffett.

Keynes' Grundpfeiler

Der innere Wert

Anders als die meisten anderen Anleger zog Keynes aus den 1930er-Jahren unschätzbar wertvolle Lehren. Zunächst einmal bilden Aktien mit stetigen Dividenden einen gewissen Puffer, wenn der Markt in Aufruhr gerät. Wenn die See stürmisch wird, braucht man ein Rettungsboot: Wenn man sich Unternehmen mit solidem Gewinn und solidem Cashflow aussucht, kann man damit die Abwertung ausgleichen, die mit einer Baisse einhergeht. Die Flexibilität von Keynes in schwierigen Zeiten ist ebenfalls nachahmenswert. Man darf einfach nicht beim selben Plan bleiben, wenn auf einmal schmerzlich klar wird, dass er Verlust bringt. Man muss flexibel sein.

Anders als die meisten anderen Anleger – damals wie heute – blieb Keynes standhaft bei seiner Vorstellung, Unternehmen hätten einen inneren Wert. Er beurteilte sie nicht anhand ihres Aktienkurses oder anhand der aktuellen konjunkturellen Bedingungen, die ja in den 1930er-Jahren fürchterlich waren; er untersuchte sorgfältig ihre Ertragskraft im Zeitverlauf. Was machte sie zu lohnenswerten langfristigen Investments? Welche Dividenden schütteten sie aus? Er bevorzugte Unternehmen mit stetigen Dividenden oder Vorzugsaktien, die stetige Einnahmen garantierten, solange das Unternehmen nicht bankrott war. Das war nicht nur für das Überleben und das Wachstum seiner Anlagen in den 1930er-Jahren maßgeblich, sondern ist bis heute eine grundlegende Lektion. Der Markt geht mit Unternehmen, die ihre Gewinne konsequent mit den Anlegern teilen, viel freundlicher um. Dividenden sind für langfristig orientierte Anleger der sprichwörtliche „Spatz in der Hand". Noch besser sind steigende Dividenden.

Keynes dachte zwar, er könne künftige Wirtschaftstrends vorhersehen, aber ihm wurde auch klar, dass er das Gesamtbild nicht kannte – deshalb hörte er auf, so zu tun, als habe seine Kristallkugel besondere Kräfte. Stattdessen prüfte er nun, wie die einzelnen Unternehmen geführt wurden. Würden sie die Turbulenzen der 1930er-Jahre überleben? Wie sahen ihre Bilanzen aus? Welche Zukunftsaussichten hatten sie? Konnte er diese Unternehmen zu einem guten Preis kaufen, während die Preise fielen? Er ignorierte die psychologisch tröstliche allgemeine Auffassung, laut deren man als Anleger nur dann Aktien kaufen sollte, wenn ihre Kurse steigen. Und dadurch gelangte er zwangsläufig zu fundierteren Erkenntnissen darüber, wie man in Aktien einen tiefer liegenden Wert findet, wenn die anderen in Panik verfallen. Das ist nach wie vor ein lohnenswerter Ansatz und wir werden ihm noch weiter nachgehen.

DIE GEBURT
DES VALUE-INVESTING

„In der mündlichen Überlieferung von Cambridge sind viele Anekdoten über Keynes erhalten. Eine Geschichte beinhaltet folgenden Wortwechsel: ‚Herr Keynes, wenn Geschäftsleute so dumm sind, wie Sie anscheinend glauben, wie sollen sie dann Geld verdienen?' ‚Natürlich im Wettbewerb gegeneinander.'"

PETER CLARKE[1)]

Anfang und Mitte der 1930er-Jahre muss Keynes gewirkt haben wie die Filmfigur John Sullivan – der unzufriedene Hollywoodregisseur in Preston Sturges' Klassiker „Sullivans Reisen".[2)] Er war reich, relativ berühmt, äußerst gut vernetzt und führte ein bequemes Leben. Jeden Morgen stöberte er im Bett sitzend im Börsenteil der Zeitung nach Aktienideen. Als aktiver Mäzen finanzierte er eine neue Ballettkompanie in London und ein Theater in Cambridge. Und doch erfüllte ihn das, was er außerhalb seiner bequemen Wohnung in London abgesehen von der schönen Landschaft und von Cambridge sah, mit tiefer Besorgnis. Die Gesetze der klassischen Ökonomie funktionierten nicht mehr so, wie die Volkswirte David Ricardo und Alfred Marshall Anfang des 19. Jahrhunderts gesagt hatten, dass sie es tun würden. Die Wirtschaft begann nicht mehr von allein, Arbeitsplätze zu schaffen, die Nachfrage anzukurbeln und die Rohstoffpreise in die Höhe zu treiben. Keynes befand sich zwar auf dem Höhepunkt seiner Macht – er war als Redner, Autor, Redakteur, Dozent und Berater ständig gefragt –, aber die Situation nagte an ihm.

Der Konflikt mit Churchill über die Rückkehr Großbritanniens zum Goldstandard wurde 1931 beigelegt, als das Pfund von dem „barbarischen Relikt" befreit wurde. Trotzdem fanden nur wenige Menschen wieder Arbeit und auf der anderen Seite des Atlantiks, wo weiterhin die Depression wütete, lagen Fabriken brach. Der Dynamo des westlichen Handels war defekt und das menschliche Elend nahm zu. Als Franklin Delano Roosevelt 1932 zum Präsidenten der Vereinigten Staaten gewählt wurde, stellte er die Weichen für den New Deal, der zunächst die Macht der Großunternehmen beschneiden sollte. Roosevelt dämonisierte Industriemagnaten wie Samuel Insull, den Versorgungsmogul von Chicago.[3] Als er 1933 sein Amt antrat, waren in den Vereinigten Staaten rund 10.000 Banken bankrottgegangen. Mehr als ein Viertel der erwerbsfähigen Bevölkerung der Vereinigten Staaten war arbeitslos. Politische Linksaußen wie Keynes' Freund George Bernard Shaw hielten den Kapitalismus für gescheitert. Als Anleger, Spekulant und Mann der Ideen wusste Keynes zwar, dass der Kapitalismus noch nicht *ganz* tot war, aber er rang noch darum, zu formulieren, weshalb er so dysfunktional geworden war. Dabei wurde seine neue intellektuelle Reise nicht nur von seinen neuen volkswirtschaftlichen Theorien gespeist, sondern sie floss auch in seine Geldanlage ein und schuf so ein neues Paradigma.

Portfolio-Momentaufnahme

Keynes' private Aktienkäufe

Es folgt eine Aufstellung der Aktien- und Devisenpositionen, die Keynes laut seinen privaten Büchern für sein eigenes Depot kaufte. Leider geben die Aufzeichnungen keine genaue Auskunft darüber, zu welchen Preisen er sie verkaufte, aber sie bieten einen gewissen Einblick in das Muster, nach dem er regelmäßig kaufte. Viele der von ihm bevorzugten Aktien tauchten auch in den institutionellen Portfolios auf, die er managte. Die meisten hatten damit zu tun, wohin sich seiner Meinung nach der Rohstoffzyklus, der Industriezyklus und der Kreditzyklus entwickeln würden. In Zeiten der Inflation gefielen ihm Minenunternehmen wie Bolckow Vaughan und Rio Tinto sowie andere Aktien, die etwas mit Rohstoffen zu tun hatten. Selbst in der tiefsten Depression sah er voraus, dass irgendwann die Wende kommen würde, und er kaufte Aktien aus den Bereichen Bauwirtschaft, Maschinenbau und verarbeitendes Gewerbe. Außerdem „aß er seine eigenen Kartoffeln": Er hielt Aktien der Provincial Insurance, deren Portfolio er managte.

Zeitraum	Aktien/Devisen
1910-1919	Eastern Bank, Harben Collins
1919-1920	Bolckow Vaughn
1914-1920	Rio Tinto, Canadian Pacific
1917-1920	Grand Trunk RR
1919-1920	US-Dollars, Niederländische Gulden, Französische Francs, Norwegische/Dänische Kronen, Italienische Lire, Deutsche Mark, Indische Rupien
1926	Chicago Rock Island RR, Illinois Central, American Wool
1935	Associated Portland Cement, Associated Dry Goods, Atlantic Refining, Atlas, United Co.
1944	Chicago Pneumatic Tool, American Locomotive
1944-1945	Provincial Insurance, Zinc Corp., Enfield Trolley

Quelle: Keynes' private Hauptbücher, King's College Archives

Die „Allgemeine Theorie"

In seiner typisch großsprecherischen Art schrieb Keynes 1935 an George Bernard Shaw von einem Buch, „das die Art revolutionieren wird, wie die Welt ökonomische Probleme betrachtet – wohl nicht sofort, aber im Laufe der nächsten zehn Jahre".[4] Seit den 1920er-Jahren wollte Keynes die Architektur der Weltwirtschaft verstehen. Welche Rolle spielt die Geldpolitik? Was führt dazu, dass die Preise in Auf- und Abschwüngen steigen und fallen? Warum sparen die Menschen zu bestimmten Zeitpunkten, aber zu anderen legen sie Geld an und geben es aus? Im „Traktat über Währungsreform" und in „Vom Gelde" kam er zwar nie zu soliden Schlussfolgerungen, aber auf jeden Fall hatte er damit schon einige Bausteine, mit denen er eine brauchbare Wirtschaftsarchitektur aufbauen konnte. Er hatte schon immer vermutet, dass die gesamtwirtschaftliche Nachfrage von einer womöglich nicht messbaren Kraft bestimmt wird. War es die Geldmenge? Der Goldpreis und die Rohstoffpreise? Die Ertragserwartungen von Unternehmern? Was in seinem Buch „Allgemeine Theorie der Beschäftigung, des Zinses und des Geldes" zusammenfloss, wurde zu einem Band, das das ökonomische Ökosystem zusammenhält. Anstatt gewagte Aussagen zu treffen, was gemäß strengen Regeln passieren würde oder *sollte*, wollte er die *Bedingungen* verstehen, unter denen eine Volkswirtschaft von einer Zyklusphase in die andere übergeht.

Da sein Buch „vor allem an meine Volkswirtschafts-Kollegen gerichtet"[5] war, kann man mit ziemlicher Sicherheit davon ausgehen, dass Keynes nicht erwartete, seine 1936 erstveröffentlichte „Allgemeine Theorie" würde auch nur annähernd so populär werden wie „Krieg und Frieden" oder seine Artikel im *New Statesman* und in *Nation*. Es liest sich nicht gerade leicht und wenn man kein Volkswirt mit dem Fachgebiet Geldtheorie oder Arbeitsmarkttheorie ist, lässt es sich ohne externe Interpretationen kaum verdauen. Es stand jahrelang in meinem Bücherregal und als ich es gründlich durchkämmen musste, brauchte ich mehrere Anläufe, um durchzukommen und es zu verinnerlichen. Für ernsthafte Studenten der Volkswirtschaftslehre gilt es zwar als Pflichtlektüre, aber ich möchte wetten, dass sich nur die wenigsten Generalisten auf den Kampf damit einlassen. Es ist so ziemlich das deutlichste Gegenteil von Strandlektüre, das es gibt. Und doch: Bis Paul Samuelson, VWL-Professor am MIT, sein klassisches Lehrbuch der Volkswirtschaft veröffentlichte (Erstauflage 1948), war „Allgemeine Theorie" für die Makroökonomie der Nachkriegszeit das Ei des Kolumbus. Bevor Keynes und die keynesianische Ökonomie in den 1970er-Jahren in Ungnade fielen und in der Post-Reagan-Ära gar dämonisiert wurden, war dieses Buch eine Anleitung, um die Funktionsweise großer Volkswirtschaften zu verstehen. Trotz seiner vielen Kritiker könnte es relevanter nicht sein – insbesondere für Anleger.

Bevor wir tiefer einsteigen, bedenken Sie, dass ich die „Allgemeine Theorie" nicht als Volkswirt auslege. Es gibt eine Heerschar von Menschen mit brillanten Erkenntnissen über diese Theorie. Die Liste der Autoren, deren Schriften über Keynes lesenswert sind, beinhaltet unter anderem Paul Krugman, John Kenneth Galbraith, Peter Clarke, Hyman Minsky, Paul Volcker, George Akerlof, Robert Shiller, Joseph Stiglitz, Jeremy Grantham und John Bogle (die letzten sechs bespreche ich in den Kapiteln 6 bis 8) – und es gibt noch Hunderte anderer, die Bücher über die keynesianische Ökonomie geschrieben haben. Mein konkretes Interesse an „Allgemeine Theorie" wird gespeist von meinem Interesse an der Geldanlage. Wenn man ein paar von Keynes' zentralen Aussagen über die ökonomische Ökologie – die Beziehungen zwischen den verschiedenen Kräften des Kapitalismus – verinnerlicht, kann man (wie er) zum sachkundigeren Anleger werden.

Was die „Allgemeine Theorie" Anlegern zu sagen hat

„Allgemeine Theorie" ist keinesfalls eine Anlegerbibel. Weder stellt das Buch eine Methode dar, wie man Aktien, Anleihen oder andere Investments auswählt, noch sagt es einem, wann der richtige Zeitpunkt gekommen ist, in den Markt einzusteigen oder aus ihm auszusteigen. Da es sich um einen Text über die Theorie der Makroökonomie handelt, liefert es nicht einmal eine solide Formel, mit der man Konjunkturbewegungen vorhersagen oder beschreiben könnte. Aber eines gelingt ihm ausnehmend gut: Es vermittelt Erkenntnisse über die Massenpsychologie, und zwar in Form von allgemeinen Richtlinien, die für Anleger immer noch wirkmächtige Ratschläge darstellen. Wenn Sie eine reine, klassische Methode der Geldanlage suchen, ist das Buch der Wahl hingegen nach wie vor „Intelligent investieren" von Benjamin Graham.[6)] Eines ist allerdings seltsam: Obwohl beide ihre Theorien in den 1930er-Jahren auf solide Füße stellten, erwähnt Graham – der sich am Crash 1929 ebenfalls die Finger verbrannt hatte – Keynes in seinem Buch nicht. Dafür spielt Warren Buffett darin eine bedeutende Rolle: Er schrieb die Einleitung dazu und steuerte einen Artikel zum Anhang bei.

Es ist zwar nicht bekannt, ob Keynes jemals mit Graham gesprochen hat, aber wahrscheinlich hatten sie einen gewissen Einfluss aufeinander, wenn auch vielleicht keinen unmittelbaren.

Keynes legt in „Allgemeine Theorie" das Fundament für den Umgang mit der Psychologie der Märkte. Wie er anhand seiner Spekulationstätigkeit in den 1920er-Jahren festgestellt hatte, konnte er den Markt mithilfe einer breit angelegten Geldtheorie nicht schlagen. Den Gedanken, sein theoretisches Wissen einzusetzen, um Marktzyklen vorherzusagen, gab er irgendwann Anfang der 1930er-Jahre auf. Anscheinend wusste der Markt immer etwas, das er nicht wusste. Hier ein paar seiner wichtigsten Erkenntnisse:

- **Die Konjunktur kehrt nicht automatisch zum Anfangszustand zurück.** Vor „Allgemeine Theorie" beruhte die herrschende Meinung auf dem Say'schen Gesetz, wonach sich das Angebot automatisch seine Nachfrage schafft. Demnach würde sich der Kapitalismus nach einem Abschwung automatisch selbst korrigieren und es würde recht schnell wieder Nachfrage nach Waren und Dienstleistungen aufkommen. Keynes hielt diese Auffassung für veraltet und, was die 1930er-Jahre betrifft, für überaus unzutreffend. Die Anleger können eben nicht immer damit rechnen, dass eine Baisse augenblicklich in eine Hausse umschlägt. Manchmal erholt sich die Wirtschaft quälend langsam.

- **Mangelnde Nachfrage schlägt sich in Arbeitslosigkeit nieder.** Eine weitere Konvention der klassischen Ökonomie besagte, bei einem Abschwung würden die Löhne sinken, sodass die Arbeitgeber mehr Menschen einstellen. Keynes behauptete hingegen, wenn die Menschen arbeitslos sind und eher sparen als konsumieren, würde die *aggregierte Nachfrage* nach Waren und Dienstleistungen zurückgehen. Wenn die Beschäftigung zunimmt (egal wodurch), würde die Nachfrage zurückkehren. Anders ausgedrückt kauft sich jemand, der keine Arbeit hat, nichts und unterstützt somit auch keine Unternehmen, die Konsumgüter herstellen. Bei schleppender Konjunktur sollte man demnach mit allen verfügbaren Mitteln die Beschäftigung erhöhen. Mehr Erwerbstätige bedeuten mehr Verkaufsumsatz und mehr Steuern – und dies kann eine schwächelnde Volkswirtschaft wieder auf Kurs bringen.

▪ **Die Geldmenge fungiert nicht immer als wirksame Stütze.** Die Erhöhung der Geldmenge und die Senkung der Zinsen lösten in den 1930er-Jahren keine nachhaltige Wiederbelebung aus (und bewirkten von 2009 bis 2012 nur eine mäßige Erholung). Eine erhöhte Geldmenge reicht nicht immer als Anreiz, damit die Unternehmen Mitarbeiter einstellen und die Arbeitslosen wieder in Konsumenten verwandeln. Staatliche Eingriffe zur Schaffung von Arbeitsplätzen sind oft ein wirksames Mittel zur Ankurbelung der Wirtschaft. Deshalb wurden die Programme des New Deal ins Leben gerufen. Die Privatwirtschaft sprach auf die niedrigen Zinsen nicht an und entließ immer noch Arbeiter. Darum musste der staatliche Sektor die von Keynes so bezeichneten „Probleme mit der Zündung" beheben: Er musste auf irgendeine Art Starthilfe leisten, um die Verbrauchernachfrage wieder in Gang zu bringen.

▪ **Wenn die Menschen Arbeit haben, wirkt das als Vertrauens-Multiplikator.** Keynes formulierte zwar nicht explizit, wie dies funktioniert (das tat sein Anhänger John Hicks 1937), aber es ist ganz einfach:[7] Wenn die Menschen Arbeit haben, kaufen sie Waren und Dienstleistungen. Wenn die Unternehmen, die sie bereitstellen, merken, dass die Nachfrage steigt, stellen sie mehr Arbeitskräfte ein, die dann wiederum mehr konsumieren. Dadurch beginnt ein Engelskreis, der zu Wirtschaftswachstum führt. Kurz gesagt gibt es ohne massive Schaffung von Arbeitsplätzen keine robuste konsumbedingte Konjunktur. Die Anleger wollen sehen, dass bei den Unternehmen unter dem Strich einiges übrig bleibt. Und damit dem so ist, brauchen die Unternehmen Verbraucher, die sich ihre Waren und Dienstleistungen leisten können.

- **Wenn die Menschen nicht auf die Konjunktur vertrauen, sparen sie.** Diese Eigenschaft ist ein typischer Zug des ökonomischen Massenverhaltens. Keynes stellte fest, dass die Menschen eine *marginale Konsumneigung* besitzen. Es ist wahrscheinlich, dass sie mehr sparen, wenn die Wirtschaft schlecht läuft, und mehr Geld ausgeben, wenn die Lage rosiger erscheint. Wenn ihre Einkünfte steigen, geben sie einen Teil ihres Einkommens aus.[8] Normalerweise sind Ersparnisse eine gute Sache, aber wenn zu viel gespart wird, sinkt die Nachfrage. Keynes wollte das Gleichgewicht so verschieben, dass die Mehrheit der Bevölkerung wieder Geld ausgab. Als Anleger merkt man schnell, wenn zu viel gespart und zu wenig ausgegeben wird. Dies schlägt sich nämlich in den Einzelhandelsumsätzen, den Großhandelspreisen und den Vorräten nieder. Unternehmen mit rückläufigem Umsatz und Gewinn sind selten gute Investitionen.

- **Die Wirtschaft und die Märkte enthalten irrationale Elemente.** Zumindest seit der Aufklärung muss jede Disziplin, die einen wissenschaftlichen Anspruch erhebt, irgendetwas messen können. Keynes fand aber, dass „animalische Instinkte", die sich stark auf die Konjunktur auswirken konnten (viel mehr dazu im nächsten Kapitel), die Möglichkeiten der Messmethoden der Volkswirte überstiegen. Das Vertrauen der Verbraucher und der Anleger spielt in dieser Gleichung eine große, oft nicht messbare Rolle. Wenn die Anleger als Masse betrachtet nicht darauf vertrauen, dass die Wirtschaft die Aktienkurse stützen oder zu Gewinnwachstum führen kann, drücken sie die Marktpreise. In Zeiten des Aufschwungs ist das umgekehrt.

- **Das Sparparadoxon kann das Wirtschaftswachstum bremsen.** Normalerweise gilt Sparen zwar als positive Aktivität, aber wenn während eines Abschwungs alle nur sparen (und das Geld nicht investieren oder ausgeben), fließt das gesparte Geld nicht mehr in die Wirtschaft zurück – und daraus resultiert das *Sparparadoxon*. Es kann ja sein, dass die Menschen liquide sein, Bargeld für ihre Rechnungen bereithalten, eine Phase der Arbeitslosigkeit überstehen oder für

Notfälle gewappnet sein *wollen*. John Kenneth Galbraith erläutert in „Wirtschaftliches Wachstum":

> „Es gibt keine Garantie dafür, dass diese Ersparnisse – wie die klassische Ökonomie meinte – wegen der niedrigen Zinsen investiert, also ausgegeben werden. Sie können aus verschiedenen Gründen der Vorsorge zurückgehalten werden, in denen sich der Bedarf an oder der Wunsch nach liquiden Mitteln der betreffenden Person oder des betreffenden Unternehmens äußert – wie Keynes sich ausdrückt, ihre oder seine Liquiditätspräferenz."[9]

Für praktizierende Keynesianer wie den Wirtschafts-Nobelpreisträger Paul Krugman war „Allgemeine Theorie" nichts weniger als „eine epische Reise aus der intellektuellen Dunkelheit heraus".[10] Nach Keynes' Breitseite gegen die klassische Ökonomie „wurde der lange Zeit als ketzerisch geltende Gedanke, Massenarbeitslosigkeit sei die Folge unzureichender Nachfrage, vollkommen verständlich, ja sogar offensichtlich".[11] Wie Krugman feststellt, entzündet die „Allgemeine Theorie" außerhalb der Welt der Gelehrten immer noch Ideen, wie man die Wirtschaftsaktivität wiederbeleben kann:

> „In den vergangenen 70 Jahren hat ‚Allgemeine Theorie' sogar die Ansichten derjenigen geprägt, die nichts davon gehört haben oder meinen, sei seien anderer Meinung. [...] Sogar Volkswirte, die nach eigener Aussage Vertreter der Angebotsseite sind und behaupten, sie hätten Keynes widerlegt, greifen auf unverkennbar keynesianische Storys zurück, um zu erklären, weshalb es mit der Konjunktur in einem bestimmten Jahr abwärts gegangen ist."[12]

Der große Schirm der keynesianischen Anreize schützte sogar jene, die staatlichen Interventionen in Konjunkturdellen feindselig gegenüberstehen. Eine Woche nach den Anschlägen vom 11. September 2001 bat Präsident George W. Bush die Amerikaner um ihre „anhaltende Beteiligung an und Vertrauen in die amerikanische Wirtschaft".[13] Bushs Aufforderung, „rauszugehen und Geld auszugeben", bewirkte zwar nicht die vollständige wirtschaftliche Erholung, auf die das Land nach den Anschlägen vom 11. September gehofft hatte, und ein ähnlicher Appell löste in den Jahren 2008 und 2009 nach dem katastrophalsten Finanzdebakel seit den 1930er-Jahren keinen Konsumrausch aus. Die Aufforderung, die aggregierte Nachfrage nach Konsumgütern zu steigern, war aber eindeutig *keynesianisch*. Dieser Fanfarenstoß ist immer noch eine treibende Kraft des Konjunkturzyklus und dieser ist ein wesentlicher Punkt, den jeder Anleger beobachten muss.

Graham, Buffett und andere haben schon lange vor 2001 gemerkt, dass die animalischen Instinkte, die auf die Marktpreise – und die Verbrauchernachfrage – drücken, dadurch die Preise von Wertpapieren attraktiver machen. Die Aktien gut geführter Unternehmen bekommt man dann billiger. Und wenn die Konjunktur wieder anzieht, legen diese Anlagen wieder zu. Man nennt das „billig kaufen und halten".

Was Anleger aus „Allgemeine Theorie" lernen können

Zwar ist „Allgemeine Theorie" für Anleger nicht so nützlich wie „Wertpapieranalyse" von Graham und Dodd (Keynes liefert keine Rezepte für die Auswahl von Geldanlagen), aber Keynes legte darin einige Grundlagen für die fundamentale Geldanlage und die Verhaltensanalyse. Kapitel 12 ist eine Goldgrube. Hier einige Highlights daraus:

- **Nicht die blinde Prognose der Erwartungen eines Unternehmens zählt, sondern unser Vertrauen in das Unternehmen.** Keynes legt „der Wahrscheinlichkeit, dass sich unsere bestmöglichen Prognosen als völlig falsch entpuppen"[14], großen Wert bei. Wenn die Konsensusschätzungen der Wall Street einen gewissen Bereich für den Gewinn pro Aktie angeben, stellt sich nämlich die Frage, mit welcher Wahrscheinlichkeit das Unternehmen die Prognose über- oder unterbietet. Wie wahrscheinlich ist es, dass etwas schiefgeht?

- **Wie hoch ist der Buchwert des Unternehmens?** Das ist ein Kernprinzip des Value-Investing. Man versucht herauszufinden, welchen Wert ein Unternehmen den Aktionären einbringen würde, wenn seine gesamten Vermögenswerte liquidiert würden.[15] Die Differenz zwischen dem Buchwert und dem aktuellen Marktwert (dem Aktienkurs) ist entweder ein Aufschlag oder ein Abschlag. Die meisten Value-Anleger kaufen lieber mit Abschlag, weil sie glauben, der Markt werde die Aktie zu einem späteren Zeitpunkt wahrscheinlich höher bewerten. „Es wäre sinnlos, ein neues Unternehmen zu höheren Kosten aufzubauen, als man ein vergleichbares existierendes Unternehmen kaufen kann [...], daher werden bestimmte Anlageklassen eher von der durchschnittlichen Erwartung der Menschen geprägt, die an der Börse handeln – das äußert sich im Aktienkurs –, und weniger von den ureigenen Erwartungen des professionellen Unternehmers."[16] Als Keynes dies schrieb, lag die Markteffizienztheorie zwar noch 30 Jahre in der Zukunft, ich vermute jedoch, er würde der Behauptung nicht zustimmen, dass der Markt jeder Aktie effizient einen Preis beilegt. Es gibt Fehlpreisungen und Anleger können sie ausnutzen.

- **Der Markt weiß nicht alles.** Das ist wieder eine Widerlegung der Überzeugung, der freie Markt lege jedem Vermögenswert den korrekten Preis bei. Keynes wusste, dass die Unkenntnis der Massen zu Fehlpreisungen beitragen kann: „Der Anteil echten Wissens, den die Besitzer von Anlagen in ihre Bewertung einbringen, ist deutlich zurückgegangen."[17]

- **Der Markt kann irrational sein und Rauschen produzieren.** Kurzfristige Nachrichten und Ergebnisse sollten sich häufig kaum auf die Preise auswirken, sie können jedoch auch als Teil eines Trends angesehen werden. „Die täglichen Gewinnschwankungen existierender

Investments [...] haben meist vollkommen übertriebene oder gar absurde Auswirkungen auf den Markt."[18]

- **Der Markt kann sich schneller ändern, als man seine Meinung ändern kann.** Für eine schnelle Aktienkursbewegung braucht es nicht viel. Und wenn sich die Herde in Bewegung setzt, geht sie womöglich nicht in die richtige Richtung. „Eine Bewertung, die durch massenpsychologische Übereinkunft einer größeren Anzahl unwissender Menschen zustande kommt, kann sich aufgrund plötzlicher Meinungsschwankungen heftig ändern, und zwar aufgrund von Faktoren, die sich eigentlich kaum auf den voraussichtlichen Ertrag auswirken; denn es gibt keine fest verwurzelten Überzeugungen, die sie stabilisieren würden."[19] Die Preise ändern sich mit Lichtgeschwindigkeit und das manchmal nur aufgrund von Gerüchten oder von Fehlern im Hochfrequenzhandel.

- **Kurzfristiges Denken erhöht die Volatilität.** Liquidität ist nicht immer gut. Keynes beklagte die Ähnlichkeiten des Marktes mit Spielen wie Snap, Schwarzer Peter, Reise nach Jerusalem oder gar mit einer Schönheitskonkurrenz. Seiner Meinung nach versuchen die Marktteilnehmer zu erraten, „welche durchschnittliche Meinung die durchschnittliche Meinung erwartet".[20] Daher wenden die Anleger letztlich das gleiche Gruppendenken an und haben es auf die gleichen „schönen" Aktien abgesehen. Die Skepsis Einzelner ist daher als sehr wichtig zu bewerten: „Das gesellschaftliche Ziel geschickter Geldanlage sollte der Sieg über die finsteren Kräfte der Zeit und der Ignoranz sein, die unsere Zukunft verhüllen."[21]

- **Eine konträre Einstellung lohnt sich.** Wie Sie wohl schon gemerkt haben, hatte Keynes wenig für kurzfristige Trader übrig, die der Masse nachlaufen – wenngleich er in den 1920er-Jahren ein recht sorgloser Spekulant gewesen war. In „Allgemeine Theorie" singt er ein Loblied auf den „langfristigen Anleger, der die öffentlichen Interessen befördert und doch der meisten Kritik ausgesetzt ist. [...] Denn es liegt im Wesen seines Verhaltens, dass er in den Augen der herrschenden Meinung exzentrisch, unkonventionell und unbesonnen ist."[22] Mit Sicherheit rief Keynes durch seine Vermögensverwaltung im King's College und bei zwei Versicherungen einiges Stirnrunzeln hervor, aber Ende der 1930er-Jahre hatte sich seine Unbesonnenheit ausgezahlt.

- **Es gibt einen Unterschied zwischen Spekulation und Anlage.** Keynes empfand für kurzfristige Trader zunehmend Verachtung und als *Spekulation* bezeichnete er „das Vorhersagen der Marktpsychologie".[23] Im Gegensatz dazu sagt das *Unternehmertum* den voraussichtlichen „Ertrag der Anlagen über ihre gesamte Lebensdauer" voraus.[24] Mit dieser knappen Formulierung legt er im Prinzip den Grundstein für die Schule der Value-Anleger: Sie betrachten die fundamentale Bewertung eines Unternehmens langfristig und ignorieren das kurzfristige Rauschen. Wenn die langfristige Sichtweise gefährdet ist, so Keynes prophetisch, „dann wird das Unternehmertum zu einer Blase auf dem Sprudelbad der Spekulation".[25] Sogar gute Aktien können überbewertet sein, wenn ein Markt von einer Manie beherrscht wird – wie Keynes 1928 erlebte und es die meisten von uns in den Jahren 2000 und 2007 gesehen haben.

- **Die Fundamentalanalyse ist wichtig, aber sie reicht nicht aus.** Wir können problemlos Buchwerte und Wahrscheinlichkeiten berechnen und dann entscheiden, welche Unternehmen im Verhältnis zu ihrem Marktpreis wahrscheinlich Schnäppchen sind. Aber dem Dreh- und Angelpunkt von Keynes' Sichtweise der Märkte können wir nicht entgehen: den *animalischen Instinkten*. „Unglücklicherweise bedeutet das nicht nur, dass Konjunkturflauten und Depressionen übertrieben ausfallen, sondern auch dass das wirtschaftliche Wohlergehen überaus stark von der politischen und gesellschaftlichen Atmosphäre abhängt, die dem durchschnittlichen Geschäftsmann entspricht."[26] Wenn die Unternehmen kein Vertrauen in die aktuelle Konjunktur haben, investieren sie nicht und stellen nicht ein. Die Emotionen der Massen behalten die Oberhand.

- **Man sollte sich nicht blindlings an die herrschende Meinung klammern.** Aus den Schlussworten seines Meisterwerks ist herauszuhören, wie sehr Keynes dem von ihm selbst gewählten Beruf misstraute: „Praktiker, die meinen, sie seien von allen etwaigen geistigen Einflüssen frei, sind gewöhnlich Sklaven irgendeines bereits verstorbenen Ökonomen. Wahnsinnige in verantwortlicher Stellung, die Stimmen aus dem Nichts hören, beziehen ihren Wahn von irgendeinem gelehrten Schreiberling aus der Vergangenheit."[27]

Diese anschaulichen Formulierungen in einer ansonsten trockenen Abhandlung über Volkswirtschaft sprechen uns bis heute an. Kapitel 12 von „Allgemeine Theorie", dem die meisten Zitate dieses Abschnitts entnommen sind, ist nicht aus Keynes' theoretischen Überlegungen hervorgegangen, sondern aus seiner praktischen Erfahrung als Anleger. Darin ähnelte er Augustinus: Nachdem er den ausufernden Spekulationen entsagt hatte, von denen er in den 1920er-Jahren getrieben war, fand er zu einem tiefen inneren Glauben. Vor der Meute war er nun auf der Hut und lieber ritt er auf einem trägen alten Maultier, als sich noch einmal auf den Rücken eines Vollbluts zu schwingen. Das ist der Keynes, der die Zeiten überdauert. Während er uns vorführt, wovon die Wirtschaft und die Beschäftigung angetrieben werden, sagt er uns, wie wir unser Geld *nicht* anlegen sollen. Kapitel 12 von „Allgemeine Theorie" ist ein Ratgeberbuch für sich. Und dank seiner Betonung der fundamentalen Prinzipien und seines Hinweises auf verhaltensbedingte Faktoren, die außerhalb unserer Kontrolle liegen, hält es den Prüfungen der Zeit stand.

Keynes bricht zusammen

Nachdem Keynes an zwei Fronten – in der politischen Arena und in der Geldanlage – einen ökonomischen Krieg ausgefochten hatte, war er gegen Ende des Jahrzehnts ausgelaugt. Nichtsdestoweniger trat er dauerhaft und engagiert dafür ein, die Nachfrage anzukurbeln. Während er an „Allgemeine Theorie" schrieb, hielt er auch Ansprachen im Radio und versuchte, sein Land für die Anregung der Nachfrage zu gewinnen:

> „Und darum, ihr Hausfrauen, eilt gleich morgen früh aus dem Haus, auf die Straße und zu den wunderbaren Schlussverkäufen, die überall ausgeschrieben sind. Damit tut ihr euch etwas Gutes, denn noch nie waren die Artikel so billig – billiger, als wir uns das je träumen ließen."[28]

Tatsächlich wollte Keynes die britische Öffentlichkeit davon abhalten, dass sie sein Sparparadox *praktizierte*. Was die öffentliche Politik angeht, legte er sich in einer Artikelserie mit dem Titel „The Means to Prosperity", die im März 1933 in der *London Times* erschien, für seine Idee ins Zeug, der Staat solle in ein schuldenfinanziertes Arbeitsbeschaffungsprogramm investieren.[29] Sosehr er sich auch bemühte und für die Arbeitsbeschaffungsmaßnahmen warb, erzielte er doch keine großen Fortschritte, auch nicht nach einer kurzen Audienz bei Roosevelt. Er war frustriert und laut Roger Backhouse und Bradley Bateman, die ausführlich über Keynes' historische Einordnung geschrieben haben, „war er zu der Erkenntnis gelangt, dass es keine Zauberformel gab, die ohne Weiteres eine Erholung garantieren würde".[30]

Auch wenn „Allgemeine Theorie" mit der Aussage, die Zunahme der Arbeitslosigkeit in Abschwüngen müsse nicht gravierend ausfallen, eine Revolution startete, sah der Volkswirt Hyman Minsky die Sichtweise von Keynes so, „dass keine Tendenz besteht, Vollbeschäftigung zu erreichen und zu sichern; das bedeutet, dass eine kapitalistische Wirtschaft grundsätzlich zyklisch verläuft".[31]

Ein Jahr, nachdem Keynes „Allgemeine Theorie" veröffentlicht hatte, machte sein Herz nicht mehr mit. Die Gesundheit des Volkswirts war nie sehr robust gewesen, aber die Herzerkrankung – vermutlich durch eine bakterielle Entzündung des Herzmuskels verursacht – warf ihn im Frühjahr 1937 buchstäblich um. Der Mann, der mindestens vier außergewöhnliche

Berufe gleichzeitig ausübte, wurde von Schmerzen in der Brust und von Atemnot hingestreckt. Er zog sich ins Bett und später zur Genesung in ein Sanatorium in Wales zurück und die stets hingebungsvolle Lydia pflegte ihn. Bereits 1931, als ihn die Probleme der Weltwirtschaft und mit seinem Portfolio gezwungen hatten, seine Weltsicht radikal zu ändern, hatte er das Gefühl gehabt, dass irgendetwas schiefgehen würde. Und jetzt war er praktisch Invalide. Die Ärzte konnten damals nicht viel mehr für ihn tun, als ihm zu sagen, er solle sich entspannen und seinen irrsinnigen Terminkalender entrümpeln.

Indes hatte er bei seiner Tätigkeit als Anlageverwalter bereits abrupt eine andere Richtung eingeschlagen. Die Vermögensverwaltung war längst nicht so aufreibend wie seine intensiven Spekulationen in den 1920er-Jahren und Anfang der 1930er-Jahre. Nachdem er seine Anlagen in den 1930er-Jahren auf Value-Investing ausgerichtet hatte und er sich bewusst geworden war, dass animalische Instinkte an den Märkten ihr Unwesen treiben, war er mit mehreren wichtigen Erkenntnissen gewappnet, die ihn zum besseren Investor machten. Den Wert seiner Bemerkungen über den irrationalen Charakter des Marktverhaltens konnten spätere Volkswirte besser ermessen als er selbst: Für Anleger, die die von Keynes so genannten animalischen Instinkte wirklich vorausahnen könnten, lagen enorme unerschlossene Werte bereit.

Keynes' Grundpfeiler

Die voraussichtliche Rendite

Als Keynes die damals herrschende Auffassung über den Haufen warf, die Märkte würden sich nach einem Abschwung auf irgendeine Weise selbst korrigieren, wurde er dadurch in mehrfacher Hinsicht zum Häretiker. Er behauptete ja, die Märkte besäßen *kein* vollkommenes Wissen und könnten weder die Fehler beheben, die durch ungezügelte Spekulation zustande kommen, noch die Fehler, die durch übereifrige Kreditvergabe entstehen. Wir können von Emotionen beherrscht und dazu verleitet werden, kurzfristige Entscheidungen eher nach Gefühl als mit dem Verstand zu treffen. Es gibt bessere Anlagemöglichkeiten, wenn man auf hochwertige Investments zu guten Preisen aus ist. Aber wenn wir dafür diszipliniert genug sein wollen, müssen wir es machen wie Odysseus mit seiner Mannschaft und uns die Ohren mit Wachs verstopfen, um den Medien-Sirenen zu entgehen. Wir sollten die Kasino-Mentalität der Wall Street aufgeben. Was von Tag zu Tag geschieht, ist bedeutungslos. Wir müssen uns vielmehr auf das konzentrieren, was Keynes als „voraussichtliche Rendite" bezeichnet – die Aussicht auf künftige Gewinne und Dividenden. Wir können zwar die Zukunft nicht kennen. Wenn aber die finanziellen Aussichten eines Unternehmens nach vernünftigen Maßstäben relativ gewiss sind, sollten wir uns darauf konzentrieren. Anderenfalls werden wir von den animalischen Instinkten, die den Markt beherrschen, in die Irre geführt.

Doch wie kommen wir gegen die Emotionen beziehungsweise das Vertrauen an, die hinter dem Markt stehen? Es ist nicht leicht, zu kaufen, wenn die anderen verkaufen. Man muss es so ummünzen, dass man Chancen ergreift. Manchmal veranlassen die animalischen Instinkte die Märkte, sich zu sehr in die eine oder die andere Richtung zu verschieben. Märkte können überkauft oder überverkauft sein. Man bekommt zwar dann die besten Preise, wenn Pessimismus herrscht, aber die Auswahl der Anlagen hängt immer von den Unternehmen ab, die man kauft. Wie schon im vorigen Kapitel gesagt, muss man trotzdem noch auf die inneren fundamentalen Werte achten, die Keynes so wichtig waren – das langfristige Gewinnwachstum, die Dividenden und den Unternehmenswert –, und dementsprechend investieren.

ANIMALISCHE INSTINKTE: DIE GEBURT DES BEHAVIORAL INVESTING

"'Die Weltklugheit lehrt uns, dass es dem Ruf besser tut, konventionell zu versagen als unkonventionell erfolgreich zu sein.' Die tiefgründige Weisheit dieser Aussage von Keynes reicht in alle Ecken und Winkel der Welt der Geldanlage. Die sklavische Befolgung der herrschenden Meinung erweist sich als unklug, denn der ausgetretene Pfad führt uns häufig zur Enttäuschung."

DAVID SWENSEN[1]

Während Keynes starke Schmerzen in der Brust hatte und um Atem rang, erlebte der Aktienmarkt seinen eigenen Herzinfarkt. Im Jahr 1937 machte er den schwersten Absturz seit 1929-1931 (und den zweitschwersten des Jahrhunderts) durch und gab fast 40 Prozent ab. Keynes wurde in Cambridge von seiner Mutter und von Lydia gepflegt und dann zu einem exklusiven Sanatorium in Wales gefahren. Da die Zeit der Herzschrittmacher, der Bypassoperationen und der Cholesterin senkenden Mittel noch lange nicht angebrochen war, konnten die Ärzte ihm nur Bettruhe abseits seiner gewohnten Umgebung und seines stets belastenden Pensums als Berater, Autor, Dozent und Vermögensverwalter empfehlen. Sie versprachen ihm, nach sechs Monaten würde er genesen sein, allerdings nie wieder die titanische Energie besitzen, die ihn so unermüdlich angetrieben hatte. Und alle seine Portfolios schienen seinem geschwächten Zustand nachzueifern.

Obwohl es ihm gelang, seinem brillanten Kollegen Richard Kahn Anweisungen zu den Investments zu übermitteln, bezogen die beiden Versicherungsportfolios, das Stiftungsvermögen des King's College und sein Privatkonto schwere Prügel. Inzwischen war Keynes ein glühender Anhänger des *Haltens* von Aktien und hatte alle unter seiner Ägide stehenden Portfolios mit seinen „Lieblingen" angefüllt. Er vertraute auf die von ihm getroffene Auswahl und weigerte sich, anlässlich des fallenden Marktes zu verkaufen. Die Kursverluste fielen das ganze Jahr über in mehreren Wellen an. Er schaute in aller Ruhe zu, wie er zwei Drittel seines Vermögens verlor, denn wie Skidelsky herausgefunden hat, stürzte es von 506.222 Pfund Ende 1936 auf 181.244 Pfund Ende 1938 ab.[2] Und sein Bruttoeinkommen ging um zwei Drittel zurück.[3] Abgesehen von seinen eigenen Buchverlusten musste Keynes dem King's College und den beiden Versicherungsgesellschaften, deren Vermögen er verwaltete – National Mutual und Provincial –, Rechenschaft geben. Deren Ratsmitglieder waren erzürnt.

National Mutual nahm zwar nach den Verlusten des Jahres 1937 seinen Rücktritt an, aber die Direktoren von Provincial und des King's College konnte er davon überzeugen, dass seine Methode nach wie vor solide sei. Es machte ihm keine Angst, seine Positionen zu behalten, während sich der Markt in die andere Richtung bewegte. Er wollte den animalischen Instinkten trotzen, die den Markt gen Süden zerrten. Er wollte nicht der allgemeinen Angst nachgeben und Aktien abstoßen, die sich seines Erachtens auf lange Sicht als solide erweisen würden. Er machte sich auf die unvermeidliche Kritik gefasst, weil er wusste, dass es eine jener Zeiten war, in denen disziplinierte Anleger ihre Standhaftigkeit beweisen können. Der Vermögensverwalter Martin Conrad merkte dazu später an: Keynes „betonte, dass die einzelnen Anlagegewinne weitgehend davon bestimmt werden, wie sich der Anleger an Höhepunkten und Tiefpunkten des Marktes verhält. Denn an diesen Punkten konzentrieren sich die Preisschwankungen, es treten plötzliche Spitzen auf und dort werden die größten Anlegerfehler begangen."[4]

Weshalb widersetzte er sich dem Trend, als alle anderen verkauften? Weshalb blieb er auf Verlusten sitzen, wo er doch mit Leichtigkeit hätte aussteigen können? Keynes, der sich wie immer mit dem endlosen Thema *Ungewissheit* befasste, zog sich auf das zurück, was er wusste, und versuchte, zu der kurzfristigen Misere am Markt auf Abstand zu gehen. Welche seiner Kenntnisse würden in Zukunft von Bedeutung sein? Er glaubte an seine Unternehmen, er glaubte, dass seine „Lieblinge" die Flaute überleben und später florieren würden, wenn die Konjunktur gewendet hätte. Sie besäßen einen Wert – *Value* –, den die wilden animalischen Instinkte der puren Panik nicht ausradieren würden. Früher oder später würde das Vertrauen zurückkehren und auch die anderen würden den Wert seiner Aktien erkennen. Die Wiederherstellung des allgemeinen *Vertrauens* war das wesentliche Element, das den von Verzweiflung geplagten 1930er-Jahren die meiste Zeit fehlte. Er betrachtete das Vertrauen stets als Kernbestandteil der positiven animalischen Instinkte: Die Banken würden dann wieder Kredite vergeben, die Unternehmen wieder investieren und einstellen, die Menschen würden wieder arbeiten und Geld ausgeben.

Dieses wichtige Thema kam auch im Kielwasser der Kernschmelze von 2008 wieder auf. Was wäre wohl nötig, um die Konjunktur nach dem Platzen der Kreditblase und dem Zusammenbruch des Marktes für Wohnimmobilien wieder anzukurbeln? Die Privatwirtschaft war eindeutig verängstigt und nicht bereit, Mitarbeiter einzustellen oder Geld auszugeben. Schließlich hatten sich Billionen Dollar an Finanz- und Immobilienvermögen in Luft aufgelöst, rund sechs Millionen Menschen hatten ihre Arbeit verloren und es würde Jahre dauern, bis eine solide Erholung würde Fuß fassen können. Während der Aktienmarkt ab Mitte 2009 einen bullishen Weg einschlug, hielt sich die Realwirtschaft nicht an dieses Drehbuch und Volkswirte wie Paul Krugman erklärten, die Konjunktur stecke in einer ganz eigenen Depression. Wieder einmal kamen die Gelehrten und die Experten auf Keynes zurück und warfen einen Blick auf das, was er in den

1930er-Jahren über die Aushöhlung des allgemeinen Vertrauens geschrieben hatte. Als er 1931 gebeten wurde, an der University of Chicago einen Vortrag zu halten, erklärte er seinen Hörern, der vorrangige Ansatz, um das Übel der Depression zu besiegen, sei die „Wiederherstellung des Vertrauens sowohl in die Kreditgeber als auch in die Kreditnehmer".[5] Er bemerkte, der verbreitete Pessimismus erzeuge einen „Teufelskreis", der die normale Geschäftstätigkeit und die normalen Verbraucherausgaben blockiere. In „Allgemeine Theorie der Beschäftigung, des Zinses und des Geldes" behandelte er dies später noch ausführlicher.

Er befürwortete zwar umfangreiche öffentliche Projekte zur Schaffung von Arbeitsplätzen, Einkommen und Konsum (und diese Politik ging auch in die vielen Arbeitsbeschaffungsmaßnahmen unter Franklin Delano Roosevelt ein), aber er hatte auch schwere Bedenken, der „Vertrauensschock" könnte durch die „vagen Erwartungen und Hoffnungen der Unternehmenswelt" vielleicht nicht überwunden werden.[6] Wie wir im vorigen Kapitel gesehen haben, drang er allerdings weiter auf das wenig erforschte Gebiet der Massenpsychologie und des Entscheidungsmanagements vor. Er wollte wissen, wie man die Maschinerie aus Meinungen, Angst, Verzweiflung und dynamischer Spannung auf eher wissenschaftliche Art beschreiben könnte. Seine Art der Ökonomie wollte die Massenemotionen verstehen und messen.

Portfolio-Geschichte

National Mutual Life Assurance Society

Keynes war mit den Direktoren der von ihm gemanagten Fonds und mit seinem langjährigen Partner Oswald Falk nicht immer einer Meinung. Als seine Überzeugung wuchs, animalische Instinkte würden an den Märkten ein Chaos anrichten, glaubte er immer weniger, dass er die Rohstoff- oder Kreditzyklen verfolgen und daran Geld verdienen könnte. F.N. Curzon, der amtierende Vorstandsvorsitzende von National Mutual, ließ sich von Keynes' Zuversicht, seiner intellektuellen Strenge und seinem standhaften Charakter nicht wirklich beeinflussen. Keynes verwaltete das Vermögen dieser Versicherung von 1921 bis zu seinem Rücktritt im Oktober 1938 (auch erholte er sich damals von seinem Herzinfarkt und hatte seine Verpflichtungen als Vermögensverwalter bereits heruntergeschraubt). Als er in den 1920er-Jahren in den Londoner Finanzkreisen zum Star geworden war, waren seine alljährlichen Ansprachen vor dem Verwaltungsrat von National Mutual gefeierte Ereignisse gewesen. Einige davon sind in Band 12 der „Collected Writings" von Keynes und in anderen Büchern enthalten. In diesen Vorträgen erläuterte Keynes, was seiner Meinung nach im betreffenden Jahr an den Märkten vor sich ging, und erörterte einige seiner Strategien. Es folgen gekürzte Passagen aus Briefen und Vorträgen, die einen Überblick über die Höhepunkte seiner Amtszeit bis zum Crash 1929 und bis in die 1930er-Jahre bieten:

1921 Keynes und Falk diskutieren über die Verwendung eines „Industrie-Index", der bedeutende Aktien aus Schlüsselindustrien wie etwa Bergbau (Rio Tinto) und verarbeitendes Gewerbe (Associated Portland Cement) verfolgt.
Das Portfolio enthält hauptsächlich britische und ausländische Staatsanleihen. Darin schlägt sich der konservative Charakter damaliger institutioneller Portfolios nieder.

1925 Falk „sagt keinen Crash wie 1921 voraus [...] ein Crash dürfte problemlos zu vermeiden sein".

1927 Keynes schreibt: „Die Marktlage ist gefährlich [...] der Kursverfall der Agrarrohstoffe ist bedeutend [...] insgesamt gesehen sind niedrigere Zinsen als vor dem Krieg wahrscheinlicher."

1928 „Ich bin vorsichtig und achte darauf, nicht überinvestiert zu sein. [...] Herrscht in den Vereinigten Staaten Inflation? Ich sage voraus, dass die Aktien nicht massiv zurückfallen werden."

1929 Falk schreibt am 28. Juni: „Jetzt ist ein guter Zeitpunkt für sorgfältig ausgesuchte Käufe." Keynes antwortete am 2. Juli: „Mir scheint, dass der Markt im Hinblick auf größere künftige Kursgewinne gefährlich ist."

Quelle: King's College Archives und *The Collected Writings of John Maynard Keynes*, hg. von Donald Moggridge, London, Macmillan 1971-1989, Bd. 12.

Die liebliche Wissenschaft von den animalischen Instinkten

Die Anerkennung der Massenpsychologie durch Keynes legte den Keim für das, was später als *Verhaltensökonomik* oder *Behavioral Economics* bekannt wurde. Dieser von Daniel Kahneman, Amos Tversky, Richard Thaler und anderen in den 1980er-Jahren eingeführte Zweig der Ökonomie griff die Idee von Keynes auf und machte daraus eine experimentelle Wissenschaft. Der Psychologe Kahneman bekam später für seine Pionierarbeit den Wirtschafts-Nobelpreis. Der Volkswirt Marcello De Cecco bezeichnet „Allgemeine Theorie" als „Grundlage der modernen Behavioral Finance".[7]

> „Als die turbulenten 1920er- und 1930er-Jahre vorüber waren, hatte Keynes seine Ansichten in Richtung dessen geändert, was man heute als Behavioral Finance bezeichnet. Auch wenn zahlreiche rationale Agenten Strategien gegen die ‚Rauschhändler' auffahren, kann es sein, dass ihre Handlungen nicht dazu führen, dass sie Gewinne erzielen und gleichzeitig die Märkte stabilisieren."[8]

Womöglich unterstützt durch die Arbeiten von Freud und Jung, die in den 1920er- und 1930er-Jahren zunehmend populär wurden, erschlossen Keynes' Bemerkungen über Verhalten im Wirtschaftsleben zwar kein empirisches Neuland, sie schufen aber den intellektuellen Rahmen für die späteren Verhaltensökonomiker. De Cecco schreibt: „Konventionen, Repräsentation und Framing sind Konzepte, die in Keynes' Schriften immer wieder vorkommen, vor allem in seinem berühmtesten Buch [„Allgemeine Theorie"] – wenngleich die Mischung aus experimenteller Psychologie und Wahrscheinlichkeitstheorie, die in den Arbeiten von Kahneman und Tversky vorherrscht, auch große Ähnlichkeiten mit dem hat, was Keynes in ‚Über Wahrscheinlichkeit' verwendete."[9]

Keynes wirkte auch auf Robert Shiller anregend, Professor für Volkswirtschaftslehre in Yale und Pionier des Behavioral Investing, und auf George

Akerlof, der an der University of California-Berkeley gelehrt hat. Akerlofs Arbeiten über asymmetrische Marktinformationen und ihre Auswirkungen auf ökonomisches Verhalten brachten ihm den Wirtschafts-Nobelpreis ein.[10] Shillers Klassiker „Irrationaler Überschwang" bot einen geistreichen Überblick über die Dotcom-Blase und (in der zweiten Auflage) einen Erklärungsrahmen für den Zusammenbruch des Häusermarkts 2008. Nach dem Debakel 2008 schrieben Akerlof und Shiller gemeinsam „Animal Spirits: Wie Wirtschaft wirklich funktioniert". Clive Crook schrieb in der Financial Times: Akerlof und Shiller „behaupten, es sei entscheidend, Keynes' Erkenntnisse über die ‚animalischen Instinkte' wiederzuentdecken – die Einstellungen und Ideen, die wirtschaftliches Handeln leiten. Die Orthodoxie müsse neu aufgebaut werden, und zwar indem man diese psychologischen Faktoren in den Mittelpunkt der Volkswirtschaftslehre stellt."[11]

Die Schule der Verhaltensökonomik wurde von den Erkenntnissen über Marktverhalten gespeist, die Keynes in Kapitel 12 von „Allgemeine Theorie" dargestellt hat. Zwar haben die modernen Volkswirte und Sozialpsychologen Keynes' Problem, das emotionale Verhalten nach ökonomischen Begriffen *zu messen*, erst ein halbes Jahrhundert später aufgegriffen, aber uns quälen noch heute die gleichen Fragen, vor denen Keynes in den 1930er-Jahren stand: Warum treten auch in der globalisierten und informationszentrierten Wirtschaft noch Manien, Blasen und Paniken auf? Was löst sie aus? Wie können wir sie in Zukunft verhindern? Auf dem Piedestal der „Allgemeinen Theorie" sitzend stellten Akerlof und Shiller diese Fragen 2009, als die Welt unter der Kredit-, Hypotheken- und Bankenkrise des Jahres 2008 litt.

Laut Akerlof und Shiller ist *animalische Instinkte* dank Keynes inzwischen ein „ökonomischer Begriff, der ein ruheloses, inkonsistentes Element der Wirtschaft bezeichnet. Er bezieht sich auf unser eigenartiges Verhältnis zu Ambiguität und Ungewissheit. Manchmal lähmt es uns. Aber zu anderen Zeiten erfrischt es uns oder verleiht uns Energie, sodass wir unsere Ängste und unsere Unentschlossenheit überwinden können."[12]

Ebenso wie Keynes behaupten Akerlof und Shiller, die moderne Ökonomie könne die Stimmungsschwankungen, die Märkte beeinflussen und Änderungen im Konjunkturzyklus bewirken, weder exakt messen noch verfolgen. Die Wirkungsmacht dieser Stimmungsschwankungen können sie allerdings nicht leugnen. Diese können „das gesellschaftliche Geflecht verändern, unser gegenseitiges Vertrauen und unsere Bereitschaft, Anstrengungen zu unternehmen und Opfer zu bringen".[13] Die beiden Autoren, die vor ihrem Buch schon seit Jahrzehnten die Märkte untersucht hatten, betrachteten die animalischen Instinkte durch die Linse des Debakels 2008, das nicht nur eine brutale Rezession am Häusermarkt, am Markt für Finanzdienstleistungen und in anderen Bereichen auslöste, sondern auch mehr als sechs Millionen Arbeitsplätze vernichtete, zwei große Firmen der Wall Street zu Fall brachte (Bear Stearns und Lehman Brothers) und in anderen Ländern, von Griechenland bis Island, ein finanzielles Chaos verursachte.

Nach Akerlofs und Shillers Auffassung bekam die Finanzblase, die auf billigem Kredit und so gut wie unreguliertem Handel mit Verbriefungen beruhte, auch durch ein allgemeines Gefühl des Vertrauens Auftrieb. Niemand konnte sich erinnern, einen bedeutenden Rückgang der Immobilienpreise erlebt zu haben. Und niemand konnte sich vorstellen, dass sowohl am Kredit- als auch am Häusermarkt das Angebot die Nachfrage übersteigen könnte. Die massive Vernichtung von Vermögen und Arbeitsplätzen zu Keynes' Zeiten war in Nordamerika und Europa beinahe aus dem kollektiven Gedächtnis verschwunden. Akerlof und Shiller empfahlen, anstatt sich an die Theorie zu halten, sollten die Volkswirte beobachtbare Verhaltensweisen der Wirtschaft betrachten. Es folgt ihr neokeynesianischer Rahmen für die Beschreibung der Rolle der animalischen Instinkte:

- **Vertrauen ist der Grundpfeiler.** Laut Akerlof und Shiller erzeugt unsere Wahrnehmung des Vertrauens in die Wirtschaft Feedbackschleifen, die „Störungen verstärken".[14] Kauft Ihr Schwager ein Haus in der Absicht, es mit Gewinn gleich wieder zu verkaufen? Ist der Markt heute wieder gestiegen? Ist es nicht Zeit, zu investieren, „bevor es zu spät ist"? Es ist eine gute Zeit, zu investieren, weil der Markt *immer* steigen kann. Das sind gängige Emotionen in Phasen des Vertrauens, bemerkt Shiller in „Irrationaler Überschwang", und er hat sie in laufenden Fokusgruppen beobachtet. Allgemeines Vertrauen hat ebenso wie Pessimismus einen Multiplikatoreffekt, der Haussen und überzogene Spekulationen weiter in die Höhe schraubt. Heutzutage versuchen bekannte Erhebungen wie etwa die Berichte des Conference Board und der Michigan Consumer Sentiment Index, das Vertrauen zu messen. Häufig führt es zu höheren Verbraucherausgaben und gesteigerter Wirtschaftsaktivität. Im Gegensatz dazu ließ geringes Vertrauen nach dem Zusammenbruch von Lehman Ende 2008 „die Kreditmärkte einfrieren"[15].

- **Fairness, Korruption und Skandale.** Emotionale Reaktionen auf solche Ereignisse lösen häufig Vertrauenskrisen aus. Akerlof und Shiller führen drei konjunkturelle Abschwünge auf Skandale zurück. Die jüngste und schwerste war die Häuser- und Kreditkrise, die 2007 ihre hässliche Fratze zu zeigen begann und in dem Crash 2008 gipfelte.[16] Es war nicht fair, dass Banker von der Wall Street, die am Derivatehandel und an der Verbriefung von Hypothekendarlehen Milliarden verdient hatten, meist keine Haftstrafen absitzen mussten und oft ihr Vermögen behalten durften. Und es war eindeutig etwas faul an dem Verfahren des Anleihe-Ratings, das minderwertige Subprime-Darlehen als AAA einstufte und zu einer Vollstreckungskrise führte (zum Zeitpunkt der Drucklegung ist diesbezüglich ein Verfahren vor einem Bundesgericht anhängig). Wenn die Märkte im Rahmen von Absprachen manipuliert werden, ist das von der Anlegeröffentlichkeit wahrgenommene Bild asymmetrisch – die Insider haben dann andere Informationen, die ihnen auf Kosten anderer zugute kommen. In den Augen der Öffentlichkeit wurden die Banker zu dem, was zu Keynes' Zeit die Gatsbys waren. Raub und Ausbeutung waren die geheimen Spielregeln.

- **Durchschnittsanleger werden getäuscht.** Wenn Anlagepreise steigen, liegt das oft an blasengespeisten Spekulationen oder an der Inflation. Es kommt auch vor, dass die Löhne nicht mit dem tatsächlichen

Anstieg der Verbraucherpreise Schritt halten. Der Volkswirt Irving Fisher legte 1928 in „Die Illusion des Geldes" dar, wie diese Täuschung funktioniert. Ein Arbeiter mag der Meinung sein, seine bescheidene Lohnerhöhung halte mit den Lebenshaltungskosten Schritt, aber „real", also inflationsbereinigt, sinkt seine Kaufkraft. Dazu merkten Akerlof und Shiller an: „Selbst unser Held John Maynard Keynes erklärte die Einkommensverteilung in Volkswirtschaften mit Vollbeschäftigung mit der Annahme, dass die Arbeiter keine Lohnerhöhungen zum Ausgleich der Inflation aushandeln."[17]

Und wie werden die animalischen Instinkte zu wirtschaftlichen Katalysatoren? Warum stieg der Aktienmarkt von 1920 bis 1929 auf das Fünffache und gab dann von 1929 bis 1932 sämtliche Gewinne wieder ab? Und was ist mit der großen Hausse nach dem Zweiten Weltkrieg, die von 1954 bis 1973 andauerte, aber im *Jahr* danach die Hälfte des Wertzuwachses wieder abgab? Akerlof und Shiller behaupten, es sei noch keinem Volkswirt jemals gelungen, diese Verwerfungen zu erklären, die sich nicht durch „Zinsänderungen, spätere Dividenden, Gewinne oder sonst etwas" erklären ließen.[18] Sie verweisen auf einen Zyklus aus Schulden, Feedback und wieder Schulden. Wenn die Kreditgeber vertrauensvoll und zuversichtlich sind, vergeben sie reichlich Kredite. Dann sehen alle, dass die Anlagepreise steigen, und es werden noch mehr Kredite vergeben. Wird diese Schleife unterbrochen, geht die Kreditvergabe zurück – und mit ihr auch die Preise.[19]

Das Gleiche spielt sich am Aktienmarkt ab. Das Vertrauen nimmt nach einer Flaute wieder zu und die Anleger fangen an, die Aktienkurse in die Höhe zu treiben. Diejenigen, die bisher ihr Geld gespart haben, stellen fest, dass sie an der Börse eine doppelt so hohe Rendite erzielen können, und kaufen deshalb ebenfalls Aktien. Das Feedback in Form höherer Aktienkurse überzeugt sie davon, ihr *Vertrauen* sei gerechtfertigt. Dadurch sinkt ihre Risiko*wahrnehmung*, obwohl sich an dem tatsächlichen Verlustrisiko in Wirklichkeit gar nichts geändert hat – oft ist es aufgrund der aufgeblähten Bewertungen sogar viel größer geworden. Es hat schon seinen Grund, dass die animalischen Instinkte durch Bullen und Bären symbolisiert werden. Sie sind manisch-depressiv und unberechenbar, aber sehr gut beobachtbar. So verfolgten Shillers Immobilien-Fokusgruppen beispielsweise das *dominierende Narrativ* dieser Zyklen. Haben die Anleger so viel Vertrauen, dass sie kaufen? Was sehen sie? Wie beschreiben sie ihre Einstellung? Das ist zwar nicht gerade eine exakte Wissenschaft, aber das vorherrschende Narrativ ist ein eigenständiger Indikator.

Wenn Shiller versucht, das vorherrschende Narrativ der animalischen Instinkte zu verstehen, achtet er regelmäßig auf „Ansteckung, gesellschaftliche Epidemien und Meme".[20] Das sind gesellschaftliche Botschaften, die das Narrativ beschreiben. Erleben die Aktien-Anlegerklubs einen Aufschwung? Investieren Großmütter in Technologieunternehmen, die sie nicht verstehen? Wird ein Unternehmen von einer Horde von Anhängern quasi kultisch verehrt? Kaufen normale Hausbesitzer Häuser, um sie mit Gewinn wieder zu verkaufen? Letztlich muss man sich jedoch damit abfinden, dass die animalischen Instinkte verschroben sind, unzuverlässig und schwer vorherzusagen – wie der Kapitalismus an sich. Man muss die aktuelle Grundstimmung genau im Auge behalten. Oft schlägt sie von Manie in Melancholie um.

> „Der Kapitalismus füllt die Supermärkte mit Tausenden Artikeln, auf die wir Lust haben. Aber wenn wir Lust auf Quacksalberprodukte haben, dann besorgt er die auch. [...] Ja, der Kapitalismus ist gut. Und ja, er hat auch so seine Exzesse. Und man muss auf ihn aufpassen."[21]

Die animalischen Instinkte und die Ineffizienz des Marktes

In einer wirtschaftlich rationalen Welt würde der Markt allen Dingen – von einem Paar Schuhe bis hin zu Apple-Aktien – faire Preise beilegen, die auf ihren inneren Werten sowie auf Angebot und Nachfrage beruhen.

Aktienkurse würden die künftigen Gewinne, den Cashflow, die Dividendenrendite und die Aussichten des jeweiligen Unternehmens korrekt wiedergeben. Meistens macht der Markt das ziemlich gut. Doch dann kommen die Kobolde der animalischen Geister wie der listige Loki daher und treiben Unfug. Unternehmen, deren Geschäftsplan auf eine Serviette passt, erzielen bei Börsengängen extreme Preise. Einfamilien-Farmhäuser verzeichnen astronomische Preiszuwächse. Aber dann rechnet der Markt irgendwann ab und die Preise brechen ein. Das ist der Lauf der Welt, seit es Märkte gibt.

Laut den Verhaltensökonomikern Hersh Shefrin und Meir Statman von der Santa Clara University sind die Anleger vielleicht nicht rational, aber auf jeden Fall *normal*. Sie halten sich an bestimmte beständige Verhaltensmuster, die sie vom rechten Weg abbringen. In einer Verbeugung vor den Arbeiten von Keynes schreiben die Volkswirte: „Die Preise von Wertpapieren weichen häufig von ihrem inneren Wert ab."[22] Sie zitieren den führenden Keynes-Interpreten Hyman Minsky, der auf die Tatsache hinwies, dass „Finanzinnovationen für eine Weile ökonomische Euphorie hervorrufen können, dann jedoch die Wirtschaft destabilisieren und in Krisen stürzen, die sich mit der Großen Depression messen können".[23]

Shefrin und Statman schrieben ebenfalls nach der Kernschmelze 2008 und entwickelten ein Modell des Behavioral Investing, das „gleichmäßig vermögensgewichtete Durchschnitte subjektiver Anlegerbewertungen" verwendet. Sie schauen ebenso wie Shiller nicht auf rationale ökonomische Modelle, sondern auf das, was nach Meinung der Anleger passiert.

Im Laufe der Jahre wurde eine Fülle von Instrumenten entwickelt, mit denen man risikobereinigte Portfolios erstellen kann, aber wenn solche Modelle die Macht der animalischen Instinkte außer Acht lassen, berücksichtigen sie die Möglichkeit von destruktiven „Schwarzer Schwan"-Ereignissen wie 1929, 1937, 1987 oder 2008 nicht ausreichend. Wir müssen bei der Geldanlage aber wissen, welche Arten von Gefahren unserer Psyche drohen.

Eine Voodoo-Definition der animalischen Instinkte

Als ich kürzlich in New Orleans war, habe ich die animalischen Instinkte als immaterielle Form menschlicher Massenemotionen umgedeutet. Man kann sie nicht konkret messen, aber sie sind stets Teil unserer Natur, die aus Angst, unter Zwang oder aus dem Überlebenstrieb heraus schnell handelt. Voodoo-Priesterinnen bezeichnen das als „Juju" oder „Mojo". Es ist der Impuls, der uns dazu treibt, ein bisschen schneller zu fahren, zu viel zu trinken oder diese Aktie zu kaufen, die das gewisse Etwas hat.

Der Vermögensverwalter Lee Munson schreibt in seinem Buch „Rigged Money" über die animalischen Instinkte: „Das Mojo, Baby. Es ist die Wirklichkeit, die Natur und der Urzustand aller Dinge. Wenn man das Studium hinter sich hat und sein Bafög zurückzahlen muss, bekommt man die animalischen Instinkte zu spüren. Das ist das, was einen dazu bringt, morgens aufzustehen – ein Bauchgefühl. Es ist nicht rational, es passt einfach. Mit den animalischen Instinkten sind der Massenwahn und das irrationale Verhalten der Menschen gemeint. Sie erklären exakt, warum manche Menschen zu Geld kommen und manche geborene Verlierer sind. Das ist der Unterschied zwischen Hegel und Nietzsche. Nietzsche hat gewonnen."[24]

Daniel Kahneman und Amos Tversky (und ihre Gefolgsleute aus der Verhaltensökonomik) untersuchen Keynes' animalische Instinkte in einer Reihe von Experimenten, mit denen sie feststellen wollen, was die Menschen eigentlich tun, wenn sie Entscheidungen über Geld oder andere wichtige Dinge des Lebens treffen. Dabei entdeckten sie einige Hürden, die unserem Erfolg im Weg stehen:

- **Selbstüberschätzung – Overconfidence Bias.** Wie Keynes in den 1920er-Jahren kommen die meisten Menschen irgendwann an einen Punkt, an dem sie meinen, sie hätten den allgemeinen Durchblick und wüssten mehr, als sie wirklich wissen. Kahneman und Tversky bestimmten das Ausmaß, in dem sich die Menschen überschätzen. Die Überschätzung umfasst alle Lebensbereiche. Beispielsweise dachten die Menschen, die sie beobachteten, immer, sie seien klüger und sie könnten besser Geld verwalten oder Auto fahren als ein „durchschnittlicher" Mensch. In der privaten Geldverwaltung ist die Selbstüberschätzung andauernd anzutreffen. Wer überdurchschnittlich oft mit Wertpapieren handelt, erzielt unterdurchschnittliche Renditen. Laut einer berühmten Studie der Professoren Brad Barber und Terrance Odean, die sie an der University of California durchführten, übersteigt ihr Ertrag sogar selten die Handelsgebühren.[25]

- **Übertriebener Optimismus.** Weil wir glauben, Haussen würden ewig anhalten, kaufen wir auf dem Höhepunkt des Marktes, also wenn die Preise hoch sind und das Verlustrisiko groß ist. Wir neigen dazu, Risiken zu unterschätzen. In seinem Klassiker „Schnelles Denken, langsames Denken" beschreibt Kahneman diesen Charakterzug ausführlich.[26] Weil wir vor Optimismus und Zuversicht nur so strotzen, sind wir „gegen extreme und unwahrscheinliche Möglichkeiten nicht ausreichend abgesichert".[27] Sogar Keynes dachte, durch seine ausgiebigen Recherchen und seine geniale Begabung für die Makroökonomie sei er im Vorteil. Doch wenn es um den richtigen Zeitpunkt geht, um am Markt zu agieren, ist niemand im Vorteil – es sei denn, er verfügt über Insiderwissen oder er hat einfach Glück.

- **Falsche Rahmen.** Wir nehmen eine zu enge Perspektive im Hinblick auf Entscheidungen ein. Ein Aktienkurs ist nur deshalb zu niedrig, weil wir das *Gefühl haben*, er sei es. Eine solche Denkweise besitzt so gut wie keine rationale Grundlage und bringt uns in Schwierigkeiten.

- **Ankereffekt.** Wir halten an einer bestimmten Position oder an einem bestimmten Preis fest, obwohl es sinnlos ist. Haben Sie jemals eine Verliereraktie behalten, weil Sie mit dem Preis verankert waren, den Sie dafür bezahlt hatten? Ich jedenfalls habe das schon getan. Sie *muss* doch irgendwann wieder zurückfedern! Rational wäre es, Verlierer zu verkaufen und die Verluste steuerlich geltend zu machen. Doch nur wenige Menschen wollen sich vom Anker losmachen. Im Allgemeinen unterliegen wir dem Hauptelement der „Prospekttheorie" von Kahneman und Tversky. Es besagt, dass Verluste und Bedauern viel schmerzhafter sind, als Gewinne angenehm sind, sodass wir es vermeiden, einen Verlust zu realisieren.

- **Mentale Buchführung.** Wir neigen dazu, die Dinge in unserem Gehirn in Schubladen einzuordnen, und dies hemmt die Entscheidungsfindung. Eine spekulative Aktie, die wir gekauft haben, haben wir auf dem Konto „Spielgeld" verbucht und brauchen uns daher mit ihrem Wertverlust nicht auseinanderzusetzen.

Viele dieser Fehler oder gar alle lassen sich vermeiden, wenn man sich ausgewogen und umsichtig mit den jeweiligen Risiken und Wahrscheinlichkeiten befasst. Kahneman erklärte mir, dies sei der „langsame Prozess" der Kognition, der Zeit braucht. Unser flinkes, spontanes Reptiliengehirn, das Verluste hasst, sagt uns beim Kauf, dass wir auf den Knopf drücken sollen, aber beim Verkaufen bremst es uns. Deshalb müssen wir innehalten, einen Schritt zurücktreten und Keynes' Sichtweise der Wahrscheinlichkeit anwenden: Wie hoch ist der Grad der Gewissheit, der hinter einer Anlageentscheidung steht? Was ist dabei zu verlieren? Wird der ins Auge gefasste Kauf auch noch in ein paar Jahren sinnvoll sein (bezogen auf Kursgewinne, Dividenden oder die Liquidität)? Wir können nicht weiterhin unsere Entscheidungen von einem Augenblick zum anderen treffen. Wir müssen uns vielmehr Zeit nehmen, um nachzudenken, zu lernen und zu entscheiden.

Wenn wir langsamer vorgehen, uns Zeit nehmen und unsere analytischen Fähigkeiten einsetzen, um zu einer soliden Entscheidung zu gelangen – unbehindert von den launischen animalischen Instinkten –, können die meisten von uns bessere Entscheidungen treffen und ein Leben in größerem Wohlstand führen. Erst dann können wir einen Schritt zurücktreten und unser eigentliches Ziel sehen. Keynes bezeichnete dieses Ziel 1937 als „angemessenes Konsumniveau für alle; und wenn es hoch genug ist, können wir unsere Energien auf außerwirtschaftliche

Interessen in unserem Leben verwenden".[28)] Keynes wurde von seinem geschädigten Herz gezwungen, kürzerzutreten. Aber auch jeder, der einen gesunden Körper und einen gesunden Geist besitzt, kann und *sollte* sich bremsen, um bessere Anlageentscheidungen zu treffen. Wie wir im nächsten Kapitel sehen werden, machte das entspanntere Tempo Keynes nicht nur zum besseren Anleger, sondern ermöglichte ihm auch, sein bestes Werk hervorzubringen.

Ein moderner Maßstab für animalische Instinkte

Das CAPE

Shiller hat gemeinsam mit John Campbell, einem Professor für Finanzwirtschaft in Harvard, das sogenannte „Cyclically Adjusted Price-Earnings Ratio", abgekürzt CAPE, entwickelt – das „zyklusbereinigte Kurs-Gewinn-Verhältnis". Es bietet ein relatives historisches Maß für die Stimmung der Anleger bezüglich der heutigen Aktienkurse und basiert auf dem durchschnittlichen inflationsbereinigten Gewinn der letzten zehn Jahre. Das ist deshalb nützlich, weil man damit die aktuellen Überzeugungen, was ein Dollar Gewinn wert sein sollte – also das KGV –, mit historischen Höchstständen vergleichen kann. Meist ist das KGV in Zeiten irrationalen Überschwangs hoch und in weniger zuversichtlichen Zeiten niedriger. Hier die Gipfel und Täler:

Datum	CAPE
Schwarzer Donnerstag (1929)	30,00
Schwarzer Montag (1987)	16,00
Höhepunkt des Dotcom-Booms (1999)	44,00
Hypothekendebakel (2008)	27,00
Median	15,87
Mittel	16,46

Wenn sich diese Kennzahl von ihrem Mittelwert nach oben entfernt, kann es sein, dass die Anleger die Aktienkurse überreizen. Wenn das Verhältnis über 25 steigt, steht wahrscheinlich ein Kursverfall bevor. Das CAPE ist zwar kein perfektes Maß für die Marktstimmung, aber ein sinnvolles Vergleichsinstrument.

Keynes' Grundpfeiler

Die animalischen Instinkte im Zaum halten

Der ultimative Schutz dagegen, dass einen die animalischen Instinkte in die Irre führen, ist Wachsamkeit. Wenn man Kennzahlen wie das Kurs-Gewinn-Verhältnis beobachtet, erfährt man, ob die Anleger bereit sind, die Aktienkurse immer weiter in die Höhe zu treiben oder sie immer weiter zu drücken. Rechtfertigen die Fundamentaldaten eines Unternehmens die Kurssteigerungen seiner Aktie? Wenn nicht, könnte ein Kurssturz anstehen. Vergleichen Sie die historischen Kurs-Gewinn-Verhältnisse mit den heutigen KGVs. Achten Sie außerdem auf das populäre Narrativ. Bewachen Sie jedes Mal, wenn Sie während einer Börsenrallye den Spruch „Dieses Mal ist alles anders" hören, sorgfältig Ihren Sparstrumpf. Bedenken Sie, dass die animalischen Instinkte die Seele der Volatilität sind und dass diese immer präsent ist. Wenn Sie mit dem Risiko, von der negativen Kraft der animalischen Instinkte überrollt zu werden, nicht klarkommen, sollten Sie einen bedeutenden Anteil Ihres Portfolios in Anleihen, inflationsgeschützten Wertpapieren und Baranlagen halten. Gehen Sie mit Hebelwirkungen vorsichtig um und verfolgen Sie nicht das Gequassel im Fernsehen. Wenn Sie langfristiger Anleger sind – und mit Marktrisiken umgehen können –, dann halten Sie sich ebenso wie Keynes an Aktien mit innerem Wert und Dividenden. Sie werden dafür belohnt, sobald der Stimmungsumschwung den Markt wieder in Ihre Richtung verschiebt.

KEYNES' LIEBLINGE

„Ich merke in normalen Gesprächen, dass die Menschen viel zu deprimiert sind, was unsere Finanzlage angeht. Die gängige Meinung scheint zu sein, dass der Krieg unser Land in schwerer Armut hinterlassen wird und dass wir direkt auf eine Inflation zusteuern. Nachdem ich mir die tatsächliche Situation genau angeschaut habe, sehe ich das viel heiterer."

JOHN MAYNARD KEYNES, 23. SEPTEMBER 1940[1)]

Nachdem sich Keynes von dem ungarischen Arzt Janos Plesch mit einem antibakteriellen Farbextrakt hatte behandeln lassen, ging es ihm zunächst sehr schlecht und er konnte kaum stehen. Dann bewirkten Sulfonamide bei dem Volkswirt einen bemerkenswerten Umschwung. Damit war zwar seine Herzerkrankung nicht dauerhaft geheilt, aber er konnte immerhin einen Ausflug nach Paris machen und mit Lydia den Kurort Royat in der Nähe von Vichy besuchen.[2)] Keynes war jedoch keine lange Verschnaufpause vergönnt. Obwohl er damals noch dachte, Hitler betreibe „eher Politik als Krieg", entsandte der deutsche Diktator am 1. September 1939 Truppen nach Polen. Zwei Tage danach erklärte Großbritannien Deutschland den Krieg. Die britische Regierung griff zwar nicht sofort auf Keynes zurück, aber der Volkswirt wusste, dass das Finanzministerium irgendwann an ihn als Berater für die Kriegsfinanzen herantreten würde.[3)] Seine Gesundheit war natürlich immer noch ein Problem, auch wenn er immer darauf aus war, sich irgendwie nützlich zu machen. Zu dieser Zeit war er mit der Vermögensverwaltung etwas weniger belastet, weil er 1938 nach einem schlechten Jahr und einer Auseinandersetzung mit dem

Verwaltungsrat über seine Anlagepolitik – er hielt an seinen Aktien-„Lieblingen" fest, obwohl sie fielen – bei National Mutual ausgeschieden war. Er betrieb keinerlei Investmentaktivitäten mehr gemeinsam mit Falk, weil auch ihr Verhältnis schwer getrübt war. Es war sicher, dass Großbritannien für den Kampf gegen Hitler beträchtliche Finanzmittel (vor allem von den misstrauischen Amerikanern) brauchen würde. Keynes begann, sich mit Möglichkeiten für die Finanzierung des Krieges zu befassen.

Die Serie von Marktkatastrophen, die in den 1930er-Jahren stattgefunden hatten, ist für Keynes eine Züchtigung gewesen. Vielleicht war er nicht mehr überzeugt, dass er mit seinen makroökonomischen Theorien die Emotionen der Anleger im großen Maßstab vorhersehen konnte. Es herrschte zu viel *Unsicherheit*, die nie zu den langfristigen Erwartungen zu passen schien. Die Händler waren so sehr abgelenkt, dass sie sich nicht auf den inneren Wert von Unternehmen konzentrieren konnten. Im Gegensatz zu der Ansicht, die er in den 1920er-Jahren während seiner Devisen- und Rohstoffspekulationen vertreten hatte, erfüllten die Spekulanten nicht den gesellschaftlichen Zweck, Risiken zu schultern. Nun lautete sein Leitgedanke bei der Auswahl von Wertpapieren „Treue", das heißt, er traf eine solide Auswahl und blieb dann dabei. Jetzt, wo die Welt wieder in den Krieg zog, war langfristige Profitabilität wichtig. Es bedeutet, dass man das Geschäftsmodell des Unternehmens genau betrachten muss. Was macht das Unternehmen, was es auf lange Sicht von der Konkurrenz unterscheidet? Wie kann das Unternehmen stetige Gewinne und Dividenden generieren?

Keynes festigte seine Anlagephilosophie weiterhin und konnte sich darauf konzentrieren, seine Portfolios beizubehalten, obwohl vorhergesagt wurde, der Krieg würde die Volkswirtschaften Großbritanniens und der Vereinigten Staaten zugrunde richten. Als er wieder gesund war, konnte er auch wieder mit seinen unzähligen Zuständigkeiten als Theaterproduzent (am Arts Theatre), Regierungsberater, Redner, Schriftsteller und Portfoliomanager herumjonglieren. Als effizienter Multitasker war „Keynes unglaublich schnell darin, Aufgaben abzuarbeiten, und konnte sich enorm gut abschotten", berichtete mir Robert Skidelsky.[4)] Während Keynes Programme für die

Finanzierung des Krieges entwickelte, musste er zusätzlich in den Sitzungssälen von Provincial und National Mutual Kämpfe ausfechten, weil die Versicherungen Ende der 1930er-Jahre schwere Verluste erlitten hatten.

Keynes selbst hatte von 1936 bis 1938 rund 62 Prozent seines Kapitals verloren und erreichte nie wieder den Höchststand aus dem Jahr 1936. Dies löste neben seinen Befürchtungen wegen des Krieges Angstattacken aus.[5] Trotzdem blieb er bei seiner Strategie und hielt sich eng an seine neue, langfristige Anlagemethode. Als er starb, war sein Nachlass – umgerechnet auf US-Dollar im Jahr 2013 – 36,5 Millionen Dollar wert.[6] Außerdem hinterließ er eine auserlesene Bücher- und Kunstsammlung im Wert von 80.000 Pfund – das wären heute mehr als 1,4 Millionen Dollar.[7] Das ist zwar nicht gerade ein Vermögen in den Dimensionen von Bill Gates oder Warren Buffett, aber wenn man bedenkt, dass seine Anlegerkarriere zwei Weltkriege und die Große Depression einschloss, ist es durchaus erstaunlich.

Die Direktoren-Kollegen von Keynes und seine Anleger fanden es wahrscheinlich trotzdem wahnwitzig, dass er seine Aktien behielt, als die Welt in den bislang katastrophalsten Krieg eintrat. Sie griffen ihn an und verlangten, er solle seine Haltung angesichts der schlechten Chancen rechtfertigen. Die meisten vernünftigen Vermögensverwalter hätten sich angesichts des Inflationsdrucks, der durch den Krieg entstand, auf Staatsanleihen oder sogar auf Gold zurückgezogen. Barton Biggs, der in „Hedgehogging" schreibt, Keynes habe alle „brillanten und bizarren Gestalten der Hedgefonds-Szene übertroffen [circa 2006]", bewundert den Volkswirt wegen seiner Standhaftigkeit:

> „Selbst in den dunkelsten Momenten der Jahre 1940 und 1941 war Keynes überzeugt, dass England und die Vereinigten Staaten gewinnen würden und dass die Welt nach dem Krieg – so sie richtig geordnet würde – prosperieren würde. Und wenn es nicht so kommen würde, wäre es egal, ob eine Versicherungsgesellschaft Aktien besitzt oder nicht.

Als der Vorstandsvorsitzende von National Mutual und die Vorstände diesen Gedankengang eigenartig fanden, trat er verärgert zurück."[8]

Noch unglaublicher ist, dass Keynes auch dann noch an seinen Aktienpositionen festhielt, als London bombardiert wurde und die amerikanische Regierung zunächst ihren Unwillen äußerte, schon wieder in einen europäischen Krieg einzutreten. Er vertraute dabei nicht nur auf seine eigene Einstellung, sondern er war sich auch absolut sicher, dass die kapitalistischen Demokratien den Sieg davontragen und nach dem Krieg eine neue Weltordnung errichten würden. Ich nehme an, Keynes ahnte 1940 ebenso wenig wie die meisten seiner Zeitgenossen, was England noch bevorstand. Die französische Armee knickte schnell ein und die britische Interventionsarmee in Dünkirchen musste abgezogen werden. Bis zum Herbst jenes Jahres zerstörten deutsche U-Boote britische Schiffe in der Größenordnung von 1,5 Millionen Tonnen. Trotzdem hielt Keynes in den ersten Kriegsjahren die Stellung.

Keynes' Value-orientierte Anlagestrategie

Institutionelle Anleger – und die meisten klugen Privatanleger – benötigen eine *Grundsatzerklärung zur Anlagepolitik*, bevor sie beginnen, Wertpapiere zu kaufen. Dabei handelt es sich um eine einfache Aufstellung von Aussagen über den Zweck und die Zusammensetzung eines Portfolios. Was Keynes betrifft, so verschrieb er sich großen Aktienpositionen von Unternehmen, die Dividenden ausschütten und die er langfristig halten wollte. Auch als der Markt abstürzte, hielt er an seiner Strategie fest. In den Jahren 1937 und 1938 erlitten seine Portfolios zwar Buchverluste, doch schließlich erholten sie sich wieder. Am Ende erwies es sich als profitabel, dass er vor allem darauf achtete, auf Kurs zu bleiben und seine Disziplin beizubehalten. Deshalb sollten Sie eine Grundsatzerklärung verfassen, die Ihren Risikoappetit berücksichtigt. Nehmen Sie jedes Jahr eine Feinabstimmung vor und versuchen Sie nicht, den Markt zu „timen", also die richtigen Zeitpunkte abzupassen.

Feste Prinzipien für die Lieblinge

Keynes hatte schon lange vor dem Krieg angefangen, seine Anlagestrategie auszufeilen, nachdem er Möglichkeiten gefunden hatte, nach den Turbulenzen von 1929 durchzuhalten und sich wieder zu erholen. Nach dem katastrophalen Niedergang in den Jahren 1937 und 1938 wurde Keynes aufgefordert, gegenüber National Mutual Rechenschaft über seinen Portfolioverlust von 641.000 Pfund abzulegen.[9] In einem Brief an den Vorstandsvorsitzenden F.N. Curzon (18. März 1938), der ihn wegen der Verluste und wegen seiner Weigerung, seine Aktienpositionen zu liquidieren, gerügt hatte, reagierte Keynes kratzbürstig. Hier ein paar Glanzpunkte (Nummerierung von Keynes):

> „**1.** Ich glaube nicht, dass der Verkauf zu sehr niedrigen Preisen dagegen hilft, dass man nicht zu sehr hohen Preisen verkauft hat. [...] In meinem speziellen Fall war ich der Meinung, dass die Preise britischer Wertpapiere im Frühjahr einen Höhepunkt erreicht hatten. Allerdings wurde ich daran gehindert, dies auszunutzen. [...] Als dann die Preise unter die vernünftige Einschätzung des inneren Wertes und der langfristigen Wahrscheinlichkeiten gefallen waren, gab es nichts mehr zu tun. Es war zu spät, etwaige Fehler der früheren Taktik zu beheben, und die richtige Vorgehensweise bestand darin, sich möglichst nicht von der Stelle zu rühren.[10]
>
> **2.** Ich schäme mich nicht, wenn ich dabei ertappt werde, dass ich eine Aktie besitze, wenn sich der Markt einer Talsohle nähert. Ich glaube nicht, dass es die Aufgabe – und noch weniger die Pflicht – eines institutionellen oder eines sonstigen ernsthaften Anlegers ist, ständig zu überlegen, ob er die Beine in die Hand nehmen soll, wenn der Markt fällt, oder es sich vorwerfen zu lassen, wenn der Wert seiner Aktien sinkt. [...] Ein Anleger strebt

in erster Linie langfristige Ergebnisse an – oder sollte das jedenfalls tun – und sollte ausschließlich nach diesen Ergebnissen beurteilt werden. [...] Der Gedanke, dass wir alle unsere Aktien an unseren Nächsten verschleudern sollen, damit wir am Tiefpunkt des Marktes nur noch Bargeld haben, ist nicht nur abstrus, sondern wäre für das gesamte System destruktiv."[11]

3. Ich bin eigentlich nicht der Meinung, dass unsere Ergebnisse besonders schlecht sind. [...] Außerdem: Wenn man unsere Ergebnisse mit denen des Index vergleicht, sind sie für einen gewissen Zeitraum äußerst gut. Wir waren deutlich besser als der Index. [...] Wenn man mit Aktien handelt, sind große Schwankungen unvermeidlich."[12]

Dazu ist festzuhalten, dass die mutige Haltung von Keynes das Gegenteil von dem ist, was die meisten Portfoliomanager während des zweitschlimmsten Kursverfalls der letzten 100 Jahre getan hätten (und wahrscheinlich auch getan haben). Er behielt seine Positionen, weil er immer noch von seinen Aktien überzeugt war. War er somit irrational oder dickköpfig? Offenbar hat Keynes genau auf den inneren Wert beziehungsweise Buchwert seiner Positionen geachtet. Er wusste, dass sie *etwas* wert waren und dass der Markt sie voreilig unterbewertete. Es ist zwar nicht sicher, ob er diese Positionen aufgestockt hat – ob er noch mehr von seinen Lieblingen kaufte, als sie zu Schnäppchen geworden waren. Zumindest hielt er aber an seiner Anlagestrategie fest, sie zu halten, um langfristige Renditen zu erzielen.

Was Keynes 1937 und 1938 tat, ist für die meisten Anleger untypisch. Er hielt standhaft an seinen Prinzipien und an seiner Ansicht fest, weshalb die von ihm ausgesuchten Unternehmen einen Platz in seinem Portfolio verdient hätten. Für moderne Anleger ist das eine essenzielle Lektion: Wenn man meint, die gewählten Unternehmen hätten Zukunftspotenzial, und wenn man meint, man könne die derzeitigen Marktbedingungen ignorieren, sollte man sie behalten und nachkaufen.

Keynes' Lieblinge für Cambridge

Zwei Monate nach dem Brief (1938) schrieb Keynes eine Mitteilung an das Estates Committee des King's College, in dem er seine Anlagestrategie bekräftigte. Auch die Portfolios des King's College hatten große Verluste verzeichnet und deshalb wollte er sich noch einmal mit College-Vertretern wegen seiner ursprünglichen Absicht und seines momentanen Denkens in Verbindung setzen. Seine Gedanken spiegeln den Kern seiner Philosophie in den 1930er-Jahren wider – einer reifen Ansicht, die nicht nur auf die Verhaltensökonomik vorausdeutet, sondern auch in der Denkschule des Value-Investing verwurzelt ist. Am King's College hatte Keynes im Gegensatz zu National bei der Vermögensverwaltung freie Hand.

Nachdem er einen kurzen Überblick über seine Argumentation gegeben hatte, verteidigte er seinen untätigen Stil und beklagte:

> „Das Konzept des umfassenden Abstoßens ist aus verschiedenen Gründen nicht praktikabel und auch gar nicht wünschenswert. Die meisten, die es verfolgen, verkaufen zu spät und kaufen zu spät. Und beides tun sie zu oft, sodass erhebliche Kosten anfallen. Zudem bilden sie dadurch einen zu aufgeregten und spekulativen Geisteszustand aus, der – wenn er sich ausbreitet – nebenbei noch den großen gesellschaftlichen Nachteil hat, dass er das Ausmaß der Schwankungen noch vergrößert. Ich glaube inzwischen, dass die erfolgreiche Geldanlage auf drei Grundsätzen beruht:
>
> 1. Auf der sorgfältigen Auswahl weniger Anlagen (oder Anlagetypen) unter Berücksichtigung ihrer Billigkeit im Verhältnis zu ihrem wahrscheinlichen tatsächlichen und

potenziellen inneren Wert – über mehrere Jahre im Voraus betrachtet – sowie im Verhältnis zu gleichzeitigen Anlagealternativen.

2. Darauf, dass man standhaft und in recht großen Stückzahlen durch dick und dünn zu ihnen hält, womöglich mehrere Jahre, bis sie ihr Versprechen gehalten haben oder klar ist, dass ihr Kauf ein Fehler war.

3. Auf einer ausgewogenen Anlageposition, also vielfältigen Risiken trotz großer Einzelpositionen und wenn möglich *entgegengesetzten* [Hervorhebung von mir] Risiken (zum Beispiel neben anderen Aktien eine Position an Goldminen-Aktien, denn bei allgemeinen Schwankungen bewegen sie sich wahrscheinlich in entgegengesetzte Richtungen)."[13]

Nachdem Keynes dargelegt hatte, was später ein Manifest für langfristig orientierte, diversifizierte Anleger werden sollte, formulierte er eine weitere entscheidende Regel: „zweitklassige, sichere Investments" meiden.[14] Allerdings führt er nicht näher aus, welche Instrumente dies sind. Ich nehme an, er meinte damit niedriger eingestufte Anleihen (keine Staatsanleihen). Und zum Schluss schrieb Keynes: „Das ideale Anlageportfolio besteht aus wirklich sicheren regelmäßigen Erträgen (bei denen die künftige Wertsteigerung oder der Wertverlust von den Zinsen abhängt) und aus Aktien, von denen man glaubt, dass sie durch große Kurszuwächse die recht zahlreichen Fälle ausgleichen, die auch beim allergrößten Geschick schiefgehen werden."[15]

Falls es eine prägnantere Formulierung einer langfristigen Investment-Grundsatzerklärung gibt, die das Gleichgewicht zwischen Aktien und Anleihen wahrt, dann kenne ich sie zumindest nicht. Nach einem der furchtbarsten Jahre der Anlagegeschichte lieferte uns Keynes eine für alle Zeiten praktikable Schablone. Und er war mit seiner bahnbrechenden Art, das Geld anderer Leute zu managen, noch lange nicht am Ende

– eine Aufgabe, die für die meisten Menschen aufgrund der enormen Verantwortung und der unzähligen schlaflosen Nächte nervenaufreibend und zeitraubend gewesen wäre.

Portfolio-Schnappschuss

King's College, Cambridge, diskretionäres Portfolio

Da Keynes bezüglich dessen, was er kaufte und hielt, kaum auf institutionellen Widerstand stieß, genoss er als erster Schatzmeister in Cambridge bei der Geldverwaltung eine ungewöhnlich große Freiheit. Mit seinen anderen Portfolios stieg er in den 1930er-Jahren massiv auf Aktien um, aber für das King's College hatte er schon in den 1920er-Jahren Aktien gekauft. Wie bei seinen anderen Käufen hatte er die Zeitpunkte so gewählt, dass sie mit Rohstoff-, Kredit- und Konjunkturzyklen zusammenfielen oder sie vorwegnahmen. Sie werden sehen, dass mehrere Aktien auch in seinen anderen privaten und institutionellen Portfolios auftauchen. Da er außerdem die Rohstoffpreise beobachtete, kaufte er auch Unternehmen, die mit Rohstoffen handelten, zum Beispiel mit Kautschuk, mit Textilien und Metallen. Beachten Sie die Verlagerung auf den US-amerikanischen Markt im Jahr 1932, als er hochwertige Unternehmen zu sehr guten Preisen einsammelte. Eine Betrachtung des Portfolios des King's College von Keynes' Amtszeit bis in die Gegenwart würde zwar den Rahmen des vorliegenden Buches sprengen, aber wenn das College Positionen wie Siemens, General Electric und Shell behalten und die Dividenden reinvestiert hätte, wären die Gewinne beeindruckend. Keynes' Umschichtung in Richtung US-amerikanische Versorger war anscheinend dividendenorientiert. Sogar während der Depression bezahlten viele dieser Unternehmen regelmäßige Dividenden von bis zu sieben Prozent. Für eine Zeit der Deflation war das außerordentlich viel. Außerdem kaufte er in dieser Zeit Rohstoffkontrakte, unter anderem auf Weizen und Kautschuk. Beachten Sie außerdem, dass er wiederholt Austin, Leyland und Hector Whaling kaufte, die zu seinen ganz besonderen Lieblingen zählten. Während des Zweiten Weltkriegs war er zwar viel weniger aktiv, aber seine Gesamtperformance machte das King's College zu einem der reichsten Colleges der Cambridge University und diesen Status genießt es bis heute.

KAPITEL 7

Hier ein Überblick über seine Käufe:

1923. British American Tobacco, Bleachers Association, Brummer, Nobel, J&P Coats, Bradford Dyes, Fine Cotton Spinners, Crosses & Winkworth, India Rubber Gutta Percha, Siemens, Spillers, Platt Brothers, Maypole, Harden Colliers

1924. Swedish Matches, Bear Park Coal & Coke, Jute Industries, James Finlay, Shell, Burnak, Zinc Corp., Lakeview Investment Trust

1925. General Electric, Courtalds, Selebra Rubber, Siamese Tin, Malaysia Tin, Central Sumatra

1926. Great Western Railway, Southern Railway, Sudan, Burmah Oil, Southern Malaysia Tin, National Smelting, Rupp Tin, Leyland, Austin, Great Northern Telegraph

1928. P.R. Finance, Marconi, Wallpaper

1930. Hudson's Bay, Malaysia Tin, Southern Rail, Tri-Continental, San Paulo Coffee

1930. Consolidated Gas of New York, General Motors, National Power & Light, Chrysler, B&O Railroad, Commonwealth & Southern, Austin, Swedish Match, Malaysia Tin

1931. Shell, Leyland, Southern Railway, Imperial Chemical, Underground Electric, Austin, Dunlop Rubber

1931. Johannesburg Consolidated, Union, El Oro, Hector Whaling

1932. United Gas, Commonwealth and Southern, Chicago & Rock Island RR, Austin

1933. Chrysler, Central States Electric, Austin

1934. American Cities Power, Canadian Hydro, Consolidated Diamonds, Homestake, Chicago Pneumatic Tool, Leyland, British Aeroplane, Hector Whaling

1935. Austin, Atlas, Hawker, Tri-Continental

1936. People's Gas, Austin, United Gas, Climax Molybdenum

1937. Leyland, Woolworth, Lancaster Cotton, GM, Lever, Austin

1946. Barclays, Richard Thomas & Baldwins

Quelle: Berichte des Estate Committee, 1923-1946, King's College Archives.

Keynes' Streichelzoo

Es steht außer Frage, dass der Anlagestil von Keynes Ende der 1930er-Jahre dynamisch war. Heute würden wir ihn als *taktische Asset Allocation* bezeichnen. Anstatt seinen Allokationen in Stein gemeißelte Prozentsätze zuzuweisen – zum Beispiel 60 Prozent Aktien und 40 Prozent Anleihen –, wollte er flexibel bleiben. Auch die heutigen taktischen Anleger halten sich nicht an eine festgelegte Allokation. Sie können ihre Aktien- oder Anleihepositionen verringern, wenn sich die Marktbedingungen offenbar so verschoben haben, dass es den Investments kurzfristig schaden könnte.

An F.C. Scott, den Vorstandsvorsitzenden von Provincial, schrieb er am 7. Juni 1938: „Die Kunst besteht darin, die Gewichtung und den Schwerpunkt des Portfolios den Umständen entsprechend zu variieren. Vorbehaltlich eines Minimums an Staatsanleihen und eines Maximums an Stammaktien möchte ich nachdrücklich betonen, dass größtmögliche Flexibilität wünschenswert ist."[16]

Für Keynes bedeutete „Flexibilität" in den 1930er-Jahren, dass fast 75 Prozent seiner institutionellen Portfolios auf Aktien und andere Anlagen außer Staatsanleihen entfielen. Als Zugeständnis schrieb er Scott, er sei bereit, den Anteil britischer Staatsanleihen auf bis zu 40 Prozent anzuheben."[17] Bezüglich Staatsanleihen der Kolonien und ausländischer Staatsanleihen war Keynes eindeutig bearish und schrieb an Scott: „Ich wäre durchaus bereit, sie ganz herauszunehmen."[18] Der Rest des Portfolios – 20 bis 30 Prozent – wäre dann „verschiedenen Klassen von Stammaktien" vorbehalten[19].

Als Keynes eine konzentrierte Methode einführte und weniger als 100 Aktien hielt, verwendete er andere Suchkriterien, um seine „Schoßtiere" („Pets") zu finden. Er suchte Mid-Cap- oder Small-Cap-Aktien und Aktien mit hohen Dividenden und er kaufte sie dann, wenn die Preise mancher seiner Lieblingsunternehmen fielen. Gavyn Davies von Fulcrum Asset Management fiel Keynes' Disziplin ins Auge:

> „Er wurde zum konträren Anleger. Er kaufte vor allem Aktien, die in letzter Zeit hinter dem Gesamtmarkt zurückgeblieben waren. Hebel setzte er auch ein, aber jetzt begrenzte er seine Risiken durch eine konzertierte Disziplin. Viele dieser Methoden werden auch heute von den meisten Long-/Short-Fonds angewendet."[20]

Außerdem verwendete Keynes etwas, das später eine entscheidende Neuerung für Privatanleger werden sollte: einen „Index", der eine Gruppe von Aktien innerhalb einer Branche repräsentiert. Im Provincial-Portfolio hatte er bereits 1932 einen Branchenindex verwendet, obwohl Scott gegen diese Methode war.[21]

Wenn Keynes ein Unternehmen gefiel – wie zum Beispiel Austin Motors, das in mehreren seiner Portfolios vertreten war –, stockte er die Position auf. Anders als in den 1920er-Jahren, als er auf makroökonomische Trends von Währungen oder Rohstoffen setzte, verlagerte er in den 1930er-Jahren seinen Blick auf die Qualität der Unternehmensleitung der von ihm ausgesuchten Unternehmen. Dabei kam ihm zugute, dass er viele Direktoren und Vorstände der Unternehmen, die er besaß, von seinen vielen Aktivitäten in der City her kannte.

Dies zeigt seine Entwicklung vom „Top-down"- zum „Bottom-up"-Anleger nach 1934:

> „Mit der Zeit gelange ich immer mehr zu der Überzeugung, dass die richtige Anlagemethode darin besteht, große Summen in Unternehmen zu stecken, über die man etwas zu wissen meint und von deren Management man zutiefst überzeugt ist. Die Annahme, man könne sein Risiko dadurch vermindern, dass man zu breit über Unternehmen streut, über die man wenig weiß und bei denen man keinen Grund für besonderes Vertrauen hat, ist ein Irrtum."[22]

Wenn Ihnen die loyale Einstellung von Keynes gegenüber den Unternehmensleitungen bekannt vorkommt, dann deshalb, weil sie später von Benjamin Graham und Warren Buffett aufgegriffen wurde. Indem sie Unternehmen mit solider Unternehmensleitung und soliden Aussichten auswählten, konzentrierten sie ihre Aufmerksamkeit auf *einzelne* Aktien anstatt auf Markttrends, die einen sehr vom Weg abbringen können. Beispielsweise bleibt Buffett den Unternehmen Coca-Cola, Dairy Queen und Geico treu.

Zu dem Mantra, das sich Investoren wie Buffett und Graham zu eigen machen, gehört es, Unternehmen mit ziemlich einfachen Geschäftsmodellen zu kaufen. Sie wissen, wie diese Unternehmen im Laufe der Zeit ihr Geld verdienen, wie wahrscheinlich es ist, dass Konkurrenten ihnen Marktanteile abjagen, und sie wissen um die Beständigkeit ihrer Gewinne und Dividenden. Keynes wendete diese Denkweise schon viel früher an, indem er Unternehmen wie Eisenbahngesellschaften, Versorger, Frachtgesellschaften und Rohstoffproduzenten hielt. Obwohl die Depression unüberwindbar erschien, kaufte Keynes während der gesamten 1930er-Jahre weiterhin US-amerikanische Unternehmen. Von 1934 bis 1938 wuchs der Buchwert US-amerikanischer Unternehmen im Portfolio von Provincial von 499.978 auf 1,3 Millionen Dollar und erzielte damit bis Ende 1938 eine Prämie von sieben Prozent über dem Marktwert.[23]

Das Portfolio von Provincial war zwar für eine Versicherungsgesellschaft äußerst volatil, aber die Tatsache, dass Keynes auf die wirtschaftliche Erholung Amerikas gesetzt hatte, zahlte sich später aus. Diesen Gedanken gab er tatsächlich nie auf und er erhöhte seine Position in amerikanischen Stamm- und Vorzugsaktien von 1929 bis 1938 von 32,4 auf fast 48 Prozent.[24] Diese Hingabe an eine Theorie, die zum Scheitern verurteilt erschienen sein muss, ging über eine verbohrte Einstellung hinaus. Diese Inbrunst basierte auf einem Glaubensgrundsatz.

Keynes liebte die Leverage

In seinem privaten Portfolio spiegelte sich das institutionelle Management von Keynes getreu wider. Meistens enthielt es viele Aktien, die er auch für das King's College, für Provincial und für National Mutual ausgesucht hatte. Sein Vermögen wuchs parallel zu dem seiner Kunden: von 1919 bis 1945 etwa auf das 25-Fache. Die Risiken, die er in den drei Phasen seiner Anlegerkarriere einging, schlugen sich auch darin nieder, wie viel Leverage – also Schuldenhebel – er einsetzte. Nachdem er sich mit seinen Devisenspekulationen Anfang der 1920er-Jahre zunächst die Finger verbrannt hatte, senkte er seine offenen Investitionskredite im Jahr 1925 auf ein Tief von 1.200 Pfund. In den sieben Jahren von 1929 bis 1936, in denen er seine Aktienpositionen von 18.165 auf 692.059 Pfund steigerte, wuchsen seine Darlehen von 7.816 auf 505.522 Pfund an.[25] Ob Keynes wusste, dass er sich in einer der volatilsten Zeiten des Jahrhunderts überschuldete? Es ist zwar nicht klar, ob er wusste, welche Richtung die 1930er-Jahre einschlagen würden, aber angesichts seines zuversichtlichen Ausblicks für die Weltwirtschaft scheint er sich mit dieser hochriskanten Strategie wohlgefühlt zu haben.

Aber natürlich vergrößerte die Hebelwirkung seine Verluste in seinen schlechtesten Jahren und hätte ihn 1920 beinahe ruiniert; er meldete ein negatives Vermögen von 1.837 Pfund. Allerdings investierte er weiter, verdoppelte sein Vermögen bis 1923 (gegenüber 1919) und vervierfachte es bis 1924. Am Ende des Jahres 1929 hatte er jedoch die Hälfte seines Vermögens verloren. Ich nehme an, die meisten anderen Anleger hätten es damit für mindestens die nächsten zehn Jahre auf sich beruhen lassen oder sie hätten sich in dieser vorwiegend deflationären Zeit an Anleihen oder Bargeld gehalten – was allerdings negative Realrenditen (inflationsbereinigte Renditen) eingebracht hätte. Doch die Leverage steigerte auch seine Gewinne. Von 1929 bis 1945 wuchs sein Privatvermögen auf das 52-Fache an.[26] Tabelle 7.1 zeigt das Verhältnis zwischen Leverage und Vermögen im Laufe seiner Anlegerkarriere. Beachten Sie, in welchen Jahren seine Hebelwirkung am größten war:

1934 bis 1937. Wenn Keynes Schnäppchen erkannte – in Jahren, die zu den schlechtesten der 1930er-Jahre gehörten –, lieh er sich also Geld, um nachzukaufen.

Tabelle 7.1: Das Vermögen und die Schuldenhebel von Keynes in Britische Pfund

Jahr	Darlehen	Verwaltetes Vermögen
1919	15.498	16.315
1920*	20.837	-1.837
1922	2.720	21.558
1923	1.200	34.364
1924	1.200	63.797
1925	1.200	43.610
1926	2.200	40.800
1927	46.900	44.000
1928	25.790	13.060
1929	14.000	7.815
1930	65.000	12.525
1931	11.965	15.100
1932	19.774	21.722
1933	78.859	55.222
1934	165.343	146.007
1935	188.271	220.619
1936	299.347	506.522
1937	199.035	215.244
1938	106.470	181.547
1939	109.136	199.495
1940	60.655	171.090
1941	28.753	205.281
1942	19.720	254.073
1943	31.643	313.371
1944	46.167	355.310
1945	38.886	411.238

* Bis zum 1. August. Ich habe diese Tabelle auf die Leverage und das Vermögen gekürzt.
Quelle: Collected Works of JMK, Bd. 11, S. 11.

Ein Maß für den Erfolg

Keynes verdiente aber nicht nur in diesen turbulenten Jahren dadurch Geld, dass er sich an seine Anlagestrategie hielt (von 1929 bis 1939 wuchs sein Vermögen etwa um den Faktor 25), sondern an den meisten Investments hielt er auch während des Zweiten Weltkriegs fest. Beachtenswert ist außerdem, dass er seinen Hebeleinsatz explosionsartig annähernd vervierfachte, als er um das Jahr 1934 herum massiv auf Aktien umstieg. Von diesem Jahr bis zum Ende des Zweiten Weltkriegs hat sich sein Vermögen in Form von Finanzanlagen annähernd *verdreifacht*.

Während die Portfolios von Keynes im Laufe der Jahre stark schwankten, baute sich durch Dividenden und Kurszuwächse ein Vermögen auf. Er gestand zwar einige „Fehler" ein (einer davon war Elder Dempster), aber wenn er kritisiert wurde, verteidigte er fast alle Aktien, die er ausgewählt hatte. Ironischerweise überschattete seine Betonung von „Kapitalerträgen und steigenden laufenden Einkünften als Maß des Erfolgs"[27)] meist die gewaltige Volatilität seiner Portfolios. Im Jahr 1942, auf dem Höhepunkt des Krieges, schrieb Keynes an Scott: „Aus so gut wie allen unseren Positionen ist etwas geworden. Das habe ich mit einer sicherheitsorientierten Strategie gemeint, die sich an ihren Ergebnissen messen lässt."[28)]

Tabelle 7.2: Keynes' Lieblinge (aus dem Provincial-Portfolio)

Keynes kaufte diese Unternehmen mitten in den 1930er-Jahren, weil er für sie eine Zukunft sah. Da er auf einen Umschwung der konjunkturellen Bedingungen vertraute, sah er voraus, dass mehr Menschen Autos kaufen, öfter ins Theater gehen und mehr Häuser bauen würden. Bei den meisten seiner Portfolios erwies er sich als großer Fan von Austin Motors. Außerdem bevorzugte er Versorger, Frachtunternehmen und Aktien von Rohstoffunternehmen, die eine breite Palette von Materialien förderten oder verkauften.

Aktie	Branche
Austin Motors	*Automobile*
British and Dominion Films	*Filmproduktion*
British Plaster Boards	*Bau*
Carbo Plaster	*Bau*

Aktie	Branche
Elder Dempster	Schifffahrt
Electric Power and Light	Versorgung
Enfield Rolling Mills	Stahl
Grand Union Canal	Verkehr
Leyland Motors	Automobile
Mortgage Bank of Chile	Banken
South African Torbanite	Bergbau, Bodenschätze
Union	Bergbau in Südafrika
United Gas Preferred	Versorgung
Universal Rubber Paviors	Kautschuk

Keynes' Grundpfeiler

Eine Anlagestrategie, mit der man leben kann

Es gibt nur wenige Anleger, die genug innere Stärke besitzen, um bei einem Marktdebakel nicht abzuspringen. Das heißt aber nicht, dass man nicht folgende Ratschläge von Keynes befolgen könnte:

1. Eine auf Sie zugeschnittene Grundsatzerklärung zur Anlagestrategie niederschreiben. Schreiben Sie Ihre Ziele auf. Möchten Sie Dividendenwachstum und regelmäßige Einkünfte? Kapitalerträge? Unternehmen, die einen Abschwung überstehen können? Sie müssen wissen, wie viel Volatilität Sie vertragen können, und Ihr Portfolio entsprechend anpassen. Keynes konnte große Schwankungen aushalten, vor allem weil er seiner Aktienauswahl dauerhaft vertraute. Werden auch Sie dazu in der Lage sein, wenn es mit dem Markt bergab geht?

2. Erkennen und beurteilen Sie Value-Aktien und halten Sie sie durch dick und dünn. Manche Unternehmen schaffen es auch unter schlechten konjunkturellen Bedingungen, ihren Geschäftsgang aufrechtzuerhalten. Diese sogenannten defensiven Aktien findet man üblicherweise in den Bereichen Gesundheit, Versorger und Basiskonsumgüter. Wenn es mit dem Markt abwärts geht, bekommt man sie billiger. Identifizieren Sie sie und kaufen Sie nach, wenn die Preise attraktiver werden.

3. Versuchen Sie nicht, den richtigen Zeitpunkt abzupassen. Wie schon im ersten Kapitel anhand der Durchschnittskostenmethode gezeigt, die Keynes anwendete, sollten Sie einen Plan für den regelmäßigen Aktienkauf aufstellen (vielleicht monatlich). Das funktioniert zum Beispiel mit Reinvestmentplänen für Dividenden, falls sie von den Unternehmen angeboten werden. Im Rahmen solcher Pläne kann man gebührenfrei Aktien kaufen und die Dividenden in neue Aktien investieren.

4. Sorgen Sie durch Aktien, die nicht in die gleiche Richtung laufen, für ein ausgewogenes Portfolio. Erinnern Sie sich noch an das, was Keynes als „entgegengesetzte Risiken" bezeichnete? Ihre Anlagen sollten sich nicht alle in die gleiche Richtung bewegen.

5. Bewahren Sie Ihre Disziplin, wenn die anderen den Kopf verlieren. Wenn Sie darauf vertrauen, dass Ihre Unternehmen langfristig Potenzial besitzen, halten Sie an ihnen fest. Kaufen Sie auch dann noch nach, wenn andere verkaufen. Dann bekommen Sie günstigere Kaufpreise und somit eine höhere Gewinnspanne, wenn Sie sich zum Verkauf entschließen.

Das sind die Methoden, dank deren Keynes in den 1930er-Jahren überleben, ein Vermögen hinterlassen und den Wert seiner institutionellen Portfolios steigern konnte. Hebelwirkungen sind immer eine schwierige Angelegenheit. Verschulden Sie sich nur dann, um Investments zu kaufen, wenn Sie etwaige Verluste decken können, und wenn Sie wissen, was Sie tun.

Wenn Sie in langfristiger Absicht in Aktien investieren, nutzen Sie die zweigleisige Strategie, sowohl regelmäßige Dividenden als auch Kurszuwächse solider Unternehmen anzustreben. Es gibt viele Investmentfonds und börsennotierte Fonds, die das für Sie erledigen, sodass Sie sich keine einzelnen Aktien auszusuchen brauchen. Wenn Sie jedoch die Aktien selbst auswählen, beteiligen Sie sich auf jeden Fall an Reinvestmentplänen für Dividenden, damit Sie Ihre Dividenden in neue Aktien investieren können und bei diesen Käufen keine Gebühren zu bezahlen brauchen. Ignorieren Sie die täglichen Kursschwankungen. Behalten Sie Ihr langfristiges Ziel im Auge.

KEYNES' ERBEN

„Verstärkt wurde die Belastung der britischen Reserven noch dadurch, dass Amerika keine Rüstungsindustrie hatte. Keynes behauptete später, vor dem Lend-Lease Act habe Großbritannien rund zwei Milliarden Dollar für den Bau von Anlagen in den Vereinigten Staaten ausgegeben. Eine besonders große Belastung waren die 880 Millionen Dollar, die Großbritannien im Juli 1940 für den Bau von Flugzeugen und Fabriken bezahlte. Diese Aufträge mussten natürlich lange vor der Lieferung der Güter bezahlt werden. Die Fabriken, die sich in britischem Besitz befanden, wurden den Amerikanern später ohne Bezahlung ‚verkauft'. Keynes betrachtete diese Investitionen sicherlich als moralische Schuld Großbritanniens gegenüber den Vereinigten Staaten."

ROBERT SKIDELSKY[1]

Als der Zweite Weltkrieg in Europa zu wüten begann, wurde Keynes vom britischen Finanzministerium vorgeschickt, damit er versuchen sollte, die Brieftaschen der amerikanischen Steuerzahler zu öffnen. Obwohl das Lend-Lease-Programm in vollem Gange war, versenkten nazideutsche U-Boote Schiffe mit Millionen Tonnen an Versorgungsgütern, bevor sie die britische Küste erreichten. Nachdem Keynes in Washington mit der unwilligen US-Regierung anstrengende Verhandlungen über die Finanzierung des Krieges geführt hatte, kehrte er nach London zurück, „behandelte" seine schmerzende Brust regelmäßig mit Eisbeuteln und verbrachte täglich fünf Stunden in seinem Büro im Finanzministerium.[2] Die Vereinigten Staaten hatten damals zwar die größte Kriegsmarine der Welt, aber so gut wie keine Armee. Diese

Situation änderte sich nach der Bombardierung von Pearl Harbor 1941. Auch das Leben von Keynes wurde durch den Blitzkrieg beeinträchtigt. Als er eines Abends in der Kellerküche seines Londoner Hauses Ente aß, explodierte am anderen Ende des Gordon Square eine Landmine und zerstörte Türen und Fenster.[3] Für die Dauer der Reparaturen zogen er und Lydia sich in ihr Landhaus in Tilton zurück. Sie flehte ihn an, nicht in die Stadt zurückzukehren, aber Keynes war der Ansicht, er müsse „seine Pflicht tun", und arbeitete sogar noch mehr.[4]

In der intensiven Zeit, in der sich Keynes hauptsächlich mit der Finanzierung des Krieges beschäftigte, war er unter einigen Verfechtern des New Deal, die in Roosevelts Administration arbeiteten, zu einer Art Berühmtheit geworden. Viele von ihnen traten für die von Keynes vorgeschlagenen Programme zur Ankurbelung der Beschäftigung ein und konnten Roosevelt von der Notwendigkeit dieser Programme überzeugen. Obwohl Keynes in den 1930er-Jahren in den Vereinigten Staaten nur eine Handvoll Vorträge gehalten hatte – einen davon an der University of Chicago über Beschäftigung –, hatte er dank Dozenten in Harvard und anderen Hochschulen, die sich die keynesianische Ökonomie zu eigen gemacht hatten, dort Anhänger gewonnen. In seinem stetigen Streben nach einer friedlichen Weltordnung, die auf stabilen Währungen und reibungslosem internationalem Handel basiert, gelangte er durch seine Rolle bei der Erarbeitung des Bretton-Woods-Systems zusammen mit Harry Dexter White – die in die Gründung der Weltbank und des Internationalen Währungsfonds mündete – zu noch größerem Ruhm. Man kann sich nur schwer vorstellen, wie seine Arbeit in diesem Bereich aussah, denn seine Herzerkrankung hatte seine Energie aufgezehrt und den größten Teil seiner Zeit verwendete er darauf, im Auftrag von Churchill den Krieg zu finanzieren.

Das Vermächtnis an Graham und Buffett

Es ist zwar nicht bekannt, wie viele amerikanische Volkswirte von Keynes' Leistungen in der Vermögensverwaltung wussten, aber auf jeden Fall nahmen sie sich „Allgemeine Theorie der Beschäftigung, des Zinses und des Geldes" mit seiner Betonung der Verhaltensökonomik und der Suche nach Unternehmenswert zu Herzen. Die Erkenntnisse von Keynes inspirierten mehrere Generationen von Vermögensverwaltern, die seine Ideen auf das Portfoliomanagement anwandten. Während des Krieges verwaltete Keynes immer noch aktiv Geld für das King's College und für Provincial. Einige seiner letzten Sendschreiben zu diesem Thema fassen seinen langfristigen Schwerpunkt, der die Sicherheit über alles stellte, zusammen. Als Beispiel hier ein Auszug aus einem Brief an den Provincial-Vorsitzenden F.C. Scott aus dem Jahr 1942:

> „Ich würde sagen, es gibt nur wenige Investoren, die den Versuch, Kapitalerträge frühzeitig einzustreichen, mehr scheuen als ich. Ich habe mich der Kritik ausgesetzt, weil ich grundsätzlich versuche, weit vorauszuschauen, und weil ich bereit bin, die Schwankungen des Augenblicks zu ignorieren. [...] Mein Ziel ist es, Wertpapiere zu kaufen, mit denen ich hinsichtlich ihrer Vermögenswerte und ihrer letztendlichen Ertragskraft zufrieden bin und deren Preis im Verhältnis zu beiden günstig erscheint."[5]

Das Bemühen um die „letztendliche Ertragskraft" und verhältnismäßige Schnäppchen kam in den Arbeiten von Benjamin Graham und seinem berühmten Schüler Warren Buffett voll zum Tragen. Graham lehrte an der Columbia University und hatte ebenso wie Keynes in den 1920er-Jahren spekuliert und den Crash von 1929 nicht kommen sehen. Die neuen Prinzipien, die er ausarbeitete – einschließlich Formeln für die Bewertung von Unternehmen –, lieferten einen Großteil des quantitativen Fundaments, auf dem die Schule des Value-Investing ruht.

In seiner klassischen, populären Anlegerbibel „Intelligent investieren" verkündet Graham: „Das Hauptinteresse des Anlegers liegt im Erwerb und Halten geeigneter Wertpapiere zu geeigneten Preisen."[6] Dabei unterscheidet Graham klar zwischen dem Anleger und dem Spekulanten, dessen „Hauptinteresse darin liegt, Marktschwankungen vorherzusehen und auszunutzen". Bei Graham wurde Keynes' Motto „Sicherheit ist das oberste Gebot" zur „Sicherheitsmarge". Sie ist „eine erwartete Ertragskraft, die erheblich über dem aktuellen Anleihezins liegt".[7] Auf diesem Gedanken aufbauend schuf Graham zusammen mit David Dodd ein dauerhaftes Gebäude für die Bewertung von Unternehmen und definierte die „Ertragskraft".

Jahre später lobte Warren Buffett, der bei Graham in die Lehre gegangen war, das Buch, das in den 1920er-Jahren Keynes' Interesse an Aktien geweckt hatte: „Common Stocks as Long-Term Investments" von Edgar Lawrence Smith aus dem Jahr 1924. Buffett bezeichnete es als „intellektuellen Unterbau der Aktienmanie der 1920er-Jahre".[8] Damit bezog sich Buffett auf Smiths Bemerkung, Aktien brächten wegen der einbehaltenen Gewinne jederzeit mehr Rendite als Anleihen.

> „Aber, wie mein Mentor Ben Graham immer sagte: ‚Mit einer guten Idee kann man sich viel mehr Ärger einhandeln als mit einer schlechten Idee.' Man vergisst nämlich leicht, dass die gute Idee ihre Grenzen hat. Lord Keynes schrieb im Vorwort zu diesem Buch: ‚Es besteht die Gefahr, dass man erwartet, die künftigen Ergebnisse ließen sich aus der Vergangenheit vorhersagen.'"[9]

Wie viel von Keynes' Werk hat Buffett verinnerlicht? Seine vielen Ermahnungen über kurzfristige Spekulationen und impulsive Geldanlage hat er sich offenkundig zu Herzen genommen. Laut Roger Lowenstein, der in „Buffett: Die Geschichte eines amerikanischen Kapitalisten" den einschneidenden Einflüssen auf Buffett nachgeht, „las er [Keynes] wegen seiner beträchtlichen Erkenntnisse über die Märkte".[10]

> „Für Buffett war Keynes in der Go-Go-Ära [den 1960er-Jahren] so relevant, weil er klar erkannte, wie die Massen die Marktpreise beeinflussen können. Der Aktienmarkt *ist* eine

Masse, denn er besteht aus allen Menschen, die in einem bestimmten Moment die Preise verfolgen."[11]

Buffett griff Keynes' Idee von der „Ertragskraft" auf und entwickelte sie weiter. Demnach reicht es nicht aus, ein gutes Unternehmen zum Schnäppchenpreis zu kaufen. Als Buy-and-Hold-Anleger wollte er wissen, ob das Unternehmen einen „langfristigen und dauerhaften Wettbewerbsvorteil" haben würde. Diesen bezeichneten Investmentanalysten später als „Wassergraben" oder als Schutzschicht um die Fähigkeit des Unternehmens, seine Marktanteile langfristig zu sichern oder auszubauen. Anders als Keynes, Graham und Buffetts Partner Charlie Munger hielt sich Buffett vom Markt fern, wenn er erkannte, dass die Preise über ein vernünftiges Niveau stiegen, so geschehen beispielsweise 1969 (Munger blieb investiert und verbrannte sich am Kursrutsch 1973-1974 die Finger).[12] Nach dem Börsencrash kehrte Buffett 1974 auf den Markt zurück und sammelte Schnäppchen ein. Dazu tat er den berühmten Ausspruch: „Ich kam mir vor wie ein sexuell ausgehungerter Mann in einem Harem."[13]

Buffetts Erfolgsbilanz ist natürlich legendär, denn er hat ein höheres Sharpe Ratio (ein Maß für die risikobereinigte Performance) erzielt „als alle Aktien oder Investmentfonds mit einer Historie von mehr als 30 Jahren", so die Forscher Andrea Frazzini, David Kabiller und Lasse Pedersen von AQR Capital Management.[14] Dieses Team erklärte Buffetts außerordentliche Performance mit seinem Unternehmen Berkshire Hathaway „durch den Einsatz von Leverage in Kombination mit der Konzentration auf billige, sichere und hochwertige Aktien".[15]

Niemand würde die Behauptung bestreiten, Buffett gehöre zu einer Elitegruppe von „Super-Anlegern", zu der auch Munger und Keynes zählen. Laut dem Vermögensverwalter Robert Hagstrom, der auch ausführlich über den Anlagestil von Buffett geschrieben hat, ist Buffett und Keynes eine „Fokus-Methode" gemeinsam, die sich auf eine „erlesene Auswahl" beschränkt. Außerdem schreibt er dazu:

„[Keynes] nutzte die Fundamentalanalyse, um den Wert der von ihm gewählten Aktien im Verhältnis zu ihrem Preis zu beurteilen. Er hielt den Portfolio-Umschlag gern sehr niedrig. Er erkannte, wie wichtig es ist, seine Risiken zu diversifizieren. Ich glaube, er begegnete Risiken dadurch, dass seine Strategie den Schwerpunkt auf hochwertige und berechenbare Unternehmen mit vielfältigen wirtschaftlichen Positionen legte."[16]

Buffetts Biografin Alice Schroeder erzählte mir: „Ich glaube, man könnte getrost behaupten, Buffett ist ein Bewunderer von Keynes, der Zeit investiert hat, um seine Arbeiten zu verstehen."[17]

Nachdem ich gesehen hatte, dass sich Buffett in den letzten Jahrzehnten mehrmals auf Keynes bezogen hat, fragte ich mich, wie sehr Keynes Buffett und seinen erfolgreichen Anlagestil tatsächlich beeinflusst hat. Und deshalb habe ich ihm diese Frage gestellt. Ich kam zwar nicht unmittelbar mit dem Investor in Kontakt, aber seine Sprecherin Debbie Bosanek erklärte mir ganz direkt: „Keynes hatte keine Auswirkungen auf den Anlagestil von Herrn Buffett."[18]

Vielleicht hat Keynes Buffetts Money-Management-Stil nicht unmittelbar beeinflusst. Klar ist jedoch, dass Buffett in Berührung mit dem großen Volkswirt und seinen Ideen kam, die nun in den meisten Aussagen von Buffett darüber widerhallen, wie man Werte in Form von Unternehmen mit solider Geschäftstätigkeit findet.

David Swensen, Yale University

David Swensen managt seit 1985 den Stiftungsfonds der Yale University und ist als Pionier des Einsatzes alternativer Investments bekannt (Keynes' „entgegengesetzte Risiken") – und dafür, dass er die Renditen anderer universitärer Stiftungsfonds über die Zeiträume fünf, zehn und 20 Jahre geschlagen hat (bis 2007).[19] Seit dem Debakel 2008 ist die Performance des Fonds zwar nicht gerade astronomisch, aber Swensen ist es gelungen, jährlich mehr als eine Milliarde Dollar zum Etat der Universität beizusteuern – als er anfing, waren es nur 45 Millionen. Zwei Jahrzehnte lang hat Swensens Fonds den S&P 500 um mehr als fünf Prozentpunkte übertroffen, was für einen aktiven Manager eine bemerkenswerte Leistung ist.[20]

In seinem bahnbrechenden Buch „Pioneering Portfolio Management" zitiert Swensen häufig Keynes. (Er hat auch das viel leichter lesbare Buch „Erfolgreich investieren: Strategien für Privatanleger" geschrieben, in dem er auch kostengünstige passive Strategien empfiehlt.) Es folgt ein Überblick über einige der wichtigsten Punkte seiner Philosophie des Portfoliomanagements und über die Einflüsse von Keynes auf seinen Anlagestil:

- **Market Timing kann schädlich sein.** „Eindeutiges Market Timing ist dem disziplinierten Portfoliomanagement diametral entgegengesetzt."[21] In Anspielung auf Keynes' Bemerkung, dass Market-Timer häufig „zu spät kaufen und zu spät verkaufen", gibt Swensen den Rat: „Bewusstes kurzfristiges Abweichen von den langfristigen strategischen Zielen führt beträchtliche Risiken in den Anlageprozess ein."[22] Erstellen Sie eine Grundsatzerklärung über Ihre Anlagestrategie und halten Sie sich möglichst streng daran. Lassen Sie sich nicht beirren und versuchen Sie nicht, zu erraten, in welche Richtung sich der Markt bewegen wird.

- **Echtzeit-Rebalancing.** Sobald man einen Plan hat, der für die Anlageklassen bestimmte Prozentsätze vorgibt, sollte man eine regelmäßige Neugewichtung vornehmen, um diese Anteile beizubehalten. „Die häufige Neugewichtung ermöglicht es den Anlegern, ein konsistentes Risikoprofil aufrechtzuerhalten und Ertragschancen auszunutzen, die durch eine überzogene Volatilität der Wertpapierpreise zustande kommen."[23] Der Markt schwankt auf jeden Fall. Versuchen Sie, sich an Ihren Plan zu halten, indem Sie Positionen verkaufen, deren Preis gestiegen ist, und indem Sie Positionen nachkaufen, deren Preis gesunken ist, um somit Ihre ideale Allokation beizubehalten (zum Beispiel 60 Prozent Aktien und 40 Prozent Anleihen). Dieses Rebalancing ist der Schlüssel zur Beibehaltung der ursprünglichen Allokationen in beliebigen Portfolios. Ein steigender oder fallender Aktienmarkt kann diese Prozentsätze verändern – und so das Risiko erhöhen –, sodass Sie jährliche Anpassungen vornehmen müssen.

- **Value-Investing basiert auf dem Unternehmenswert.** Swensen zitiert Keynes' Behandlung des „Unternehmenswerts" in „Allgemeine Theorie", die später von den Volkswirten James Tobin und William Brainard in einer Formel namens „Tobin's Q" oder „Tobins Quotient" zusammengefasst wurde. Dieser Quotient gibt das Verhältnis des Marktwerts zu den Wiederbeschaffungskosten an. Swensen schreibt: „Value-Anleger gedeihen in Marktlagen, in denen Q unter eins liegt."[24] Man kann sich zwar selbst ausrechnen, ob ein Unternehmen im Verhältnis zu seinem Marktpreis unterbewertet ist, aber wahrscheinlich fährt man besser, wenn man Value-Investmentfonds kauft, die solche Aktien kaufen. Es gibt in der Investmentliteratur einen eigenen Zweig, der sich mit Value-Investing befasst. Fast alle Bücher über Warren Buffett oder über Grahams „Intelligent investieren" sind gute Einführungen.

- **Konträre Geldanlage kann sich lohnen.** Der Baseballspieler Willie Keeler hat über seinen Erfolg auf der Plate einmal gesagt, man müsse „einen klaren Blick bewahren und sie dort treffen, wo sie nicht sind".[25] Keynes sagte im Grunde das Gleiche, nur ein bisschen eleganter, als er Ende der 1930er-Jahre die Kritiker zum Schweigen brachte. Swensen ist eine Spur prosaischer, wenn er schreibt: „Manager, die unter unbeliebten Gelegenheiten suchen, haben größere Erfolgschancen und gleichzeitig fast sichere Chancen auf kritische Tiraden."[26] Versuchen Sie, die Masse zu meiden. Man hätte gut daran getan, Ende der 1990er-Jahre Technologie-Aktien zu meiden. Man hätte Geld machen können, wenn man 2013 gegen Gold oder 2008 gegen Erdöl gewettet hätte. Man sollte zwar nicht gegen die Masse kämpfen, aber sie liegt oft falsch.

- **Unternehmen Sie keine großen Schritte aufgrund von zweifelhaften Annahmen.** Es ist unglaublich schwer, Marktbewegungen in Echtzeit einzuschätzen oder vorwegzunehmen. Swensen empfiehlt „Gradualismus", um gegen die von Keynes so genannten „dunklen Kräfte der Zeit und der Ignoranz" anzukämpfen. Darüber hinaus warnt Swensen: „Die Entscheidung, radikale Änderungen anhand höchst unsicherer Informationen vorzunehmen, legt einem wackeligen Fundament zu viel Gewicht bei."[27] Machen Sie vor der Geldanlage Ihre Hausaufgaben. Nehmen Sie keine riesigen Umschichtungen in Assetklassen hinein oder aus ihnen heraus vor.

- **Passen Sie mit Hebelwirkungen auf.** Zwar haben sowohl Keynes als auch Swensen Hebelwirkungen eingesetzt – und vor ihrem übertriebenem Einsatz gewarnt –, aber Swensen schreibt außerdem: „Hebel beinhalten die Möglichkeit erheblicher zusätzlicher Wertsteigerung, aber auch großen Unheils. Für Anleger, die langfristige Strategien verfolgen, stellen sie eine besondere Gefahr dar."[28] Setzen Sie Hebelwirkungen nur ein, wenn Sie wissen, wie viel Sie verlieren können, wenn sich der Markt gegen Sie wendet (und wie viel Verlust Sie sich leisten können). Es ist ein äußerst scharfes zweischneidiges Schwert.

Daniel Kahneman, Robert Shiller und die Schule der Verhaltensökonomik

Wie in Kapitel 6 erwähnt, hat diese Schule von Volkswirten, Psychologen und Geldverwaltern Keynes und seiner Anerkennung der „animalischen Instinkte" intellektuell enorm viel zu verdanken. Diese Instinkte treiben nicht nur Märkte an, sondern alle Entscheidungsprozesse, die auf Emotionen und Impulsen beruhen. Der Nobelpreisträger Kahneman hat mit „Schnelles Denken, langsames Denken" eine meisterhafte Untersuchung dieses Themas vorgelegt. Auch Shillers [der nach Drucklegung des Originals ebenfalls den Nobelpreis bekam, Anm. d. Ü.] laufende Untersuchungen des Marktverhaltens – es lohnt sich, seine S&P Case-Shiller Indizes zum Immobilienmarkt zu verfolgen – verdienen Beachtung.

Ich werde an dieser Stelle zwar nicht den Versuch unternehmen, einen Überblick über die Fülle von Arbeiten auf diesem Gebiet zu bieten, aber als ich Anfang 2012 ein Interview mit Dr. Kahneman führte, erhielt ich Ratschläge für Anleger. Da wir ständig irrationale Entscheidungen treffen, wenn es um Geld geht, fragte ich ihn, wie man die fest verdrahteten Teile unseres Gehirns, die uns diesbezüglich in die Irre führen, am besten umgehen kann.

- „Halten Sie sich bei Anlageentscheidungen an Statistiken – und zwar an echte Statistiken, nicht an kleine Stichproben. Zehn Jahre [Renditen] sind besser als fünf."[29] Die Anleger neigen dazu, sich auf kurzfristige Ergebnisse zu konzentrieren, die nicht nur keinen Vorhersagewert haben, sondern sogar irreführend sind. Frühere Renditen sind nicht das Gleiche wie langfristige Performance.

- „Treffen Sie Entscheidungen nicht einzeln eine nach der anderen."[30] Allzu oft versuchen wir, ein Portfolio eine Aktie nach der anderen aufzubauen, und dann sind wir von diesen Aktien besessen. Nehmen Sie das Portfolio als Gesamtheit in den Blick und führen Sie eine Anlagestrategie ein. Überlassen Sie die Umsetzung der Strategie jemandem, der Ihre Bedürfnisse versteht.

- „Gehen Sie eher systematisch vor und bremsen Sie sich." Versuchen Sie nicht, Entscheidungen unter Heranziehung des Geschwafels in den Nachrichten oder im Fernsehen zu treffen. Wenn Sie eine Idee haben, tragen Sie sie ein paar Tage mit sich herum. Wenn sie vernünftig ist, dann dürfte sie auch nach einer Woche noch sinnvoll erscheinen – vorausgesetzt, Sie haben Ihre Hausaufgaben gemacht.

Jeremy Grantham und die langfristige Sicht

Jeremy Grantham verschafft sich ebenso wie Keynes einen klaren Überblick über die Angebots-Nachfrage-Kurve von Rohstoffmärkten und empfiehlt seinen Lesern, mindestens 30 Prozent in Aktien anzulegen, die etwas mit Rohstoffen zu tun haben.[31] Grantham ist zwar uneingeschränkt pessimistisch gestimmt, aber die meisten seiner Warnungen basieren auf dem Bevölkerungswachstum und der daraus resultierenden Nachfrage nach allem Möglichen von Trinkwasser bis Getreide. Im Gegensatz zu den Verhaltensökonomen, die den Schwerpunkt auf individuelle Entscheidungen legen, zitiert Jeremy Grantham von Grantham Mayo Van Otterloo häufig Keynes, wenn er das Gesamtbild interpretiert. In der Anlegerszene ist er als „Perma Bear", also als ewiger Bär bekannt, und als solcher erfreut und *deprimiert* er sein weltweites Publikum durch Myriaden düsterer Szenarien über die Knappheit von Ressourcen und Nahrungsmitteln, über politische Instabilität und Energieproduktion. Seine Quartals-Newsletter sind breit angelegte Weißbücher über bevorstehende Nahrungsmittelkrisen, knapp werdende Metalle und den daraus resultierenden Anstieg der Rohstoffpreise.

In Granthams monatlichen Sendschreiben über Ressourcenerschöpfung und globale Makro-Trends hallt das wider, womit sich Keynes nach dem Ersten Weltkrieg beschäftigte: Würde das Angebot an Gütern des täglichen Bedarfs mit der Nachfrage Schritt halten? Grantham stellt die gleichen Fragen, denen Keynes als Anleger nachging, nur eben dass er sich auf Themen wie die wachsende Bevölkerung, die globale Erwärmung und zunehmend auch die Nachfrage nach Nahrungsmitteln, Düngemitteln und Brennstoff konzentriert.

Er ist nicht gerade zuversichtlich, was die Fähigkeit der Zivilisation angeht, mit den Milliarden neuer Seelen Schritt zu halten, die auf die Welt kommen, und er lässt den Geist von Keynes nicht in der Theorie, sondern in der Praxis widerhallen:

„Wir sind für die Bewältigung dieses Problems schlecht konstruiert: Bedauerlicherweise sind wir nicht die effiziente Spezies der Investmenttheorie, sondern schlecht informiert, manipuliert, träge und korrumpierbar. Ganz selten – zum Beispiel im Zweiten Weltkrieg – erreichen wir Leistungen, die auch nur annähernd an unsere theoretischen Fähigkeiten heranreichen, und diesmal ist der Feind gestaltlos und führt seinen Angriff sehr, sehr langsam. Dabei steht global gesehen wirklich sehr viel auf dem Spiel. Wir müssen uns mehr anstrengen."[32]

Seine Kriegsverpflichtungen führten dazu, dass Keynes als Regierungsberater arbeitete, aber sein allgemeines Interesse galt immer dem Frieden und der wirtschaftlichen Stabilität (zu seiner ultimativen Vision siehe das nächste Kapitel). Aber Granthams Herzensangelegenheit hat sogar noch globalere Auswirkungen: Wenn wir gegen unsere Probleme mit dem Klimawandel und der Erschöpfung der Ressourcen nichts unternehmen, ist es egal, wie wir investieren. Wenn der materielle Reichtum unseres Planeten so weit geschädigt ist, dass er nicht mehr wiederherzustellen ist, sind Aktien und Anleihen nur noch wertlose Papierfetzen.

Jack Bogles Kreuzzug

John C. „Jack" Bogle hat ebenso wie Grantham ein bleibendes Interesse an Keynes und an der globalen Geldanlage, aber ähnlich wie die Verhaltensökonomen hat er einen konzentrierten mikroökonomischen Weg eingeschlagen. Bogle setzt sich nicht nur aktiv für den Anlegerschutz ein, sondern hätte als Pionier des *Indexfonds*, den auch Keynes im Rahmen seines Portfoliomanagements im weitesten Sinne erforschte, eigentlich den Wirtschafts-Nobelpreis verdient. Das Konzept des Indexfonds beruht auf den irritierenden animalischen Instinkten, vor denen uns Keynes warnte. Anstatt am Markt die richtigen Zeitpunkte für den Kauf einzelner Aktien und Anleihen abzupassen, könnte man doch aus Wertpapieren, die weite Teile des Marktes repräsentieren, ein Paket schnüren und es passiv halten, oder? Das kostet viel weniger, als wenn man einzelne Wertpapiere kauft und verkauft, und mit der Zeit erzielt man damit die Marktrendite abzüglich der mageren Verwaltungsgebühren. Diese Idee, die Bogle 1951 in seiner Abschlussarbeit in Princeton formulierte, brachte eine über zwei Billionen Dollar schwere Branche hervor.[33]

Mittlerweile findet man fast alle Anlageklassen, von Immobilienfonds (REITS) bis hin zu Rohstofffonds, in Index-Investmentfonds oder börsennotierten Fonds (ETFs). Im Jahr 1974 gründete Bogle die Vanguard Group, die klein anfing und dann zu einer der größten privaten Vermögensverwaltungen der Welt aufstieg. Der erste Indexfonds von Vanguard wurde 1975 aufgelegt.

Das Geniale an einem Indexfonds ist das, was er nicht tut. Er muss keine kostspieligen Timing-Entscheidungen treffen. Er hält einen Korb von Wertpapieren, Rohstoffen oder Immobilien, die einen Ausschnitt (oder einen großen Teil) der betreffenden Anlageklasse repräsentieren. Das senkt die Transaktionskosten beinahe auf null und begegnet der Tatsache, dass man Trades oft zum falschen Zeitpunkt tätigt. Auch Keynes suchte dies zu vermeiden, als er in den 1930er-Jahren seine langfristige Anlagestrategie einführte.

Bogle äußert sich überschwänglich über die Anregungen, die er Keynes verdankt. Als ich ihn für dieses Buch interviewte, erzählte er: „Keynes trat mit folgender Aussage in mein Denken ein: ‚Achte nicht auf die historischen Renditen, schau dir lieber die Quelle der Renditen an.'"[34]

Nach eigener Aussage hat Bogle Keynes und Paul Samuelson viel zu verdanken. Der Wirtschafts-Nobelpreisträger Samuelson war Keynesianer und der Autor eines der populärsten Lehrbücher aller Zeiten. Bogle sagt: „Ich stand während eines großen Teils meiner Laufbahn auf den Schultern dieser beiden Giganten der Volkswirtschaft [...], aber von allem, was ich auf meinem Spezialgebiet las, übt die 1936 veröffentlichte ‚Allgemeine

Theorie' von Keynes bis zum heutigen Tag den größten Einfluss auf mein Denken aus."[35] (Ausführlicheres dazu finden Sie im Vorwort.)

Bogle hat nach eigener Aussage durch die Lektüre und das Durchdenken von Keynes erkannt, dass Anleger zwei Arten von Erträgen bekommen: *spekulative* Erträge und *Anlage*-Erträge. Ersteres ist das, was „die Anleger je Dollar Gewinn zu zahlen bereit sind", Letzteres entspricht Keynes' Konzept vom *Unternehmertum* – die anfängliche Dividendenrendite von Aktien zuzüglich des späteren jährlichen Gewinnwachstums.[36] Der Gesamtertrag ist die Summe aus diesen beiden (wobei der spekulative Ertrag negativ sein kann). Nach Bogles Formel hätte beispielsweise eine Aktie, die für die kommenden zehn Jahre ein Gewinnwachstum von fünf Prozent verheißt und derzeit eine Dividendenrendite von zwei Prozent hat, eine nominale Anlagerendite von sieben Prozent[37] (für die *reale* Rendite müsste man die Inflation abziehen). Auch hier ändert sich die Rechnung häufig durch die Herkunft der Erträge. Spekulationswahn ist nicht nachhaltig. Dividenden und Gewinnwachstum sind weitaus beständiger.

> „Auf sehr lange Sicht ist der *ökonomische* Aspekt der Geldanlage – das Unternehmerische – fast *vollständig* für die Gesamtrendite von Aktien verantwortlich. Die *flüchtigen* Emotionen [die animalischen Instinkte] – die Spekulation –, die kurzfristig für die Geldanlage so bedeutend sind, erweisen sich letztendlich als so gut wie bedeutungslos."[38]

Eines der größten Geschenke Bogles an die Anleger ist allerdings seine Theorie, dass es „auf die Kosten ankommt". Außerdem ist dies von allen seinen großartigen Beiträgen der am leichtesten zu verstehende. Im Laufe der Zeit zehren die Verwaltungskosten die Erträge auf. Man kann seine Rendite fast immer dadurch steigern, dass man die Kosten durch passives Management und Indexfonds senkt. Er hat ausgerechnet, dass „die Gebührenlast bis zum Jahr 2000 rund 65 Prozent der Rendite des S&P 500 aufgezehrt hat".[39] Es kommt also im großen Stil auf die Kosten an – senken Sie sie deshalb bei allen Aspekten Ihrer Geldanlage.

Keynes' Grundpfeiler

Das Ziel ist die Gesamtrendite

Keynes' Erben haben uns in den letzten 70 Jahren gelehrt, dass jeder Aspekt der Geldanlage eine Herausforderung für unser Verhalten sein kann. Wir möchten etwa den Markt „timen", um „abzuräumen", oder wir klammern uns an einer allseits beliebten Aktie fest, von der wir sicher sind, dass sie die nächste Apple oder Microsoft wird. Die erfolgreichsten Anleger widerstehen solchen Impulsen jedoch. Sie finden Unternehmen von hoher Qualität, mit langfristigem Ertragspotenzial und Dividenden, und bleiben dabei. Sie kaufen diese Unternehmen nicht auf dem Höhepunkt des Marktes. Sie warten Gelegenheiten ab und achten auf das Verhältnis von Buchwert und Marktpreis. Keiner von ihnen hat es eilig, auf den Knopf zu drücken. Die Strategie einer Schildkröte ist hier sinnvoller als die eines Hasen. Diversifizierung ist zwar ebenfalls wichtig, aber hüten Sie sich dabei vor illiquiden Unternehmen und passen Sie auf, dass Sie nicht zu viel traden. Eigentlich sollten die meisten Anleger überhaupt nicht traden, denn das kostet zu viel und schmälert im Laufe der Zeit die Erträge. Benutzen Sie Indexfonds, um sich die Marktrendite zu sichern. Achten Sie auf langfristige Trends und halten Sie an Ihren Ideen fest. Und verwenden Sie vor allen Dingen Ihre Investment-Grundsatzerklärung als Kompass. Vielleicht weist er nicht immer exakt nach Norden, aber er gibt die Richtung an, in die Sie sich aufmachen müssen. Wenn Sie vom Kurs abkommen, müssen Sie den Preis dafür bezahlen.

DIE SCHLÜSSEL ZUM WOHLSTAND NACH KEYNES

„Keynes hat vor vielen Jahren eine Frage gestellt. Seit Tausenden Jahren mussten die meisten Menschen den größten Teil ihrer Zeit mit Arbeit verbringen, damit sie überleben konnten – für Ernährung, Bekleidung und Behausung. Dann führte die beispiellose Steigerung der Produktivität ab der industriellen Revolution dazu, dass immer mehr Menschen von den Ketten der Subsistenzwirtschaft befreit wurden. Ein wachsender Teil der Bevölkerung brauchte nur noch einen kleinen Bruchteil seiner Zeit für das Lebensnotwendige aufzubringen. Die Frage lautete: Wie würden die Menschen diese Produktivitätsdividende ausgeben?"

JOSEPH STIGLITZ[1]

Als der Krieg vorüber war, brachte Keynes sein letztes Quäntchen Lebenskraft für eine Konferenz in Savannah im US-Bundesstaat Georgia auf. Dort wurden im Frühjahr 1946 die Einzelheiten des Internationalen Währungsfonds und der Weltbank ins Reine gebracht und diese beiden Institutionen erblühten, nachdem Keynes von der Weltbühne abgetreten war. Keynes war mit der endgültigen Vereinbarung zwar nicht ganz glücklich, er war erschöpft und schwer krank, aber trotzdem bereitete er während der sechstägigen Heimreise über den Atlantik einen Bericht für das Finanzministerium vor. Zurück in England stürzte er sich in Besprechungen und schrieb einen Artikel für das *Economic Journal* sowie Aufsätze über Isaac Newton und über seinen Freund George Bernard Shaw, der 90 wurde.[2] Er schloss noch die Arbeit an ein paar Projekten ab und fuhr dann mit Lydia nach Tilton. Wie üblich unternahm er ausgedehnte Spaziergänge um den Bauernhof, las im Garten und inspizierte die neuesten seltenen Bücher, die er gekauft hatte.[3] Am 21. April hatte der 62-jährige Keynes einen erneuten Herzinfarkt und starb, mit Lydia an seiner Seite. Er wurde eingeäschert und seine Asche wurde auf den Hügeln über Tilton verstreut, wo er so gerne mit Lydia spazieren gegangen war.[4]

Die Londoner *Times* schrieb in ihrem Nachruf auf Keynes: „Um einen ebenso einflussreichen Volkswirt zu finden, müsste man bis zu Adam Smith zurückgehen."[5] Sein Rivale Friedrich Hayek erwies ihm die Ehre, indem er schrieb: „Er war der einzige wahrhaft große Mann, dem ich je begegnet bin, und ich habe ihn grenzenlos bewundert. Die Welt wird ohne ihn sehr viel ärmer sein."[6] England ehrte Keynes durch eine Trauerfeier in der Westminster Abbey im Beisein des Premierministers, von Spitzenbeamten des Finanzministeriums, seiner Freunde aus der Bloomsbury Group, seiner Verwandten, der Ballerina Margot Fonteyn und von Lydia. Der einzige bedeutende Würdenträger, der fehlte, war Churchill, der sich zu diesem Zeitpunkt in den Vereinigten Staaten aufhielt.[7] Keynes bedachte in seinem Testament Lydia und seine Familie. Als Lydia 35 Jahre später starb, fiel der Löwenanteil seines Besitzes – darunter die Schriften von Isaac Newton, seltene Bücher und Gemälde – an das King's College.[8] Sein Nachlass war zum Zeitpunkt seines Todes rund 22 Millionen Dollar (in US-Dollar des Jahres 2013) wert, aber das Vermächtnis, das er der Kunst, der modernen Volkswirtschaftslehre und in Form eines stabileren globalen Wirtschaftsklimas hinterlassen hat, ist unermesslich.

Keynes hat uns mehr vererbt als ein paar nützliche Gedanken zur Geldanlage, die sowohl die Prüfung der Großen Depression als auch mehrere Rezessionen und zwei Börsencrashs überlebt haben. Während über sein ökonomisches Vermächtnis ständig debattiert wird, war sein Beitrag zur Vermögensverwaltung unbestreitbar revolutionär. Er verlegte sich zu einem Zeitpunkt auf Aktien, als die meisten institutionellen Portfolioverwalter mit Anleihen und Immobilien verheiratet waren. Obwohl er zu den Vätern der Makroökonomie gehört, gab er den Versuch auf, die Entwicklungsrichtung von großen Volkswirtschaften oder Märkten vorherzusagen. Stattdessen führte er eine „Small Ball"-Methode ein, mit der er einzelne Unternehmen analysierte. Noch bedeutsamer ist, dass er die „animalischen Instinkte" und die Rolle erkannt hat, die Psychologie und Massenverhalten bei der Geldanlage und an den Märkten spielen. Damit widmete er sich einem der am schwersten fassbaren – und wirkmächtigsten – Aspekte marktwirtschaftlicher Demokratien.

Der Einfluss, den Keynes als Ökonom und Diplomat hatte, gestaltet bis heute die Weltwirtschaft – und gestaltet sie um. Wir können aber auch aus der einmalig-persönlichen Art, wie er Geld anlegte, einige unentbehrliche Lehren ableiten. Das ist unser Ausgangspunkt.

Die zehn Schlüssel zum Wohlstand nach Keynes[9]

1. **Im Laufe der Zeit sind Aktien besser als Anleihen.** Das stimmt zwar nicht immer (es hängt nämlich vom Betrachtungszeitraum ab), aber es stimmt *im Allgemeinen*. Laut Ibbotson Associates brachten Aktien von Großunternehmen von 1926 bis 2012 durchschnittlich 9,8 Prozent und Nebenwerte fast 12,0 Prozent ein.[10] Dem stehen 6,1 Prozent bei langlaufenden Unternehmensanleihen und 3,5 Prozent bei US-Schatzwechseln gegenüber.[11] Warum bringen Aktien *meistens* mehr ein als Anleihen? Ihre Erträge basieren auf einbehaltenen Gewinnen und Dividenden. In guten Zeiten können sie ihre Dividendenausschüttungen erhöhen und dann treiben die Anleger die Aktienkurse in die Höhe. Bei Anleihen passiert so etwas nicht, sie bieten festgelegte Einkünfte. Wenn man eine Kombination aus Kapitalerträgen und regelmäßigen Einnahmen möchte, sind Aktien für die meisten Anleger langfristig nach wie vor eine gute Wahl. Unterm Strich: Nur mit Anleihen wird man weder reich noch kommt

man damit gegen die Inflation an. Dafür muss man ein gewisses Risiko eingehen und längere Zeit Aktien halten.

2. **Spekulieren ist ein gefährliches Spiel.** Keynes dachte, er könne dank seines „überlegenen Wissens" die Schwankungen der Devisen- und Rohstoffmärkte ausnutzen. Es mag gar nicht so schwer sein, bergeweise Statistiken und Zahlen über frühere und gegenwärtige Marktbedingungen auszuwerten, aber es könnte sein, dass diese Auswertung keinen Vorhersagewert für die Zukunft hat. Es mag sein, dass Sie sich zur Spekulation hingezogen fühlen, aber bedenken Sie dabei, dass Spekulanten nur selten langfristig gute Renditen erzielen. Sie können zwar Glück haben, aber früher oder später wird ihre Performance durchschnittlich oder unterdurchschnittlich, weil sie unmöglich alle wichtigen Fakten über Marktbewegungen kennen können. Es ist ein gefährliches Spiel.

3. **Wahrscheinlichkeit ist nicht gleich Gewissheit.** Mag sein, dass Sie über hervorragende Analystenschätzungen zu Gewinnprognosen und Anleiherenditen oder die neuesten technischen Charts zu diversen Zyklen verfügen. In der Informationsgesellschaft gibt es eine Fülle solcher Informationen. Keynes stellte allerdings fest, dass einen das nicht vor der Unsicherheit des Marktes bezüglich einer Aktie oder bezüglich der Konjunktur bewahrt. Die Ungewissheit ist ein Kobold, der selbst den robustesten Unternehmen und ihren Aktienkursen schadet. Wenn Unsicherheit herrscht, bestehen hinsichtlich der künftigen konjunkturellen Bedingungen Ängste und Zweifel. Nicht quantifizierbare Unsicherheit ist zwar der Erzfeind der Spekulanten, aber gerissene Anleger können sie in Kaufgelegenheiten verwandeln, wenn sie ihre Hausaufgaben gemacht haben. Dass eine Aktie wie Apple oder Exxon Mobil im vergangenen Jahr gestiegen ist, heißt nicht, dass sie auch in diesem Jahr steigen wird. Aktienkurse sind zufällige Punkte im zeitlichen Verlauf und die Zeit schreitet voran. Bringen Sie vergangene Erträge nicht mit der Wahrscheinlichkeit von Beständigkeit in Zusammenhang.

4. **Entgegengesetzte Risiken tragen zu einem ausgewogenen Portfolio bei.** Sie brauchen eine Mischung von Anlagen, die in Abschwüngen des Marktes definitiv nicht miteinander korreliert sind, nur dann ist echte Diversifizierung gewährleistet. Das bedeutet, dass man einen Ausgleich zwischen Aktien, Anleihen, Immobilien, inflationsindexierten Anleihen, Rohstoffen und weiteren Alternativen schaffen muss. Sehen Sie sich die Standardabweichung jeder Assetklasse an. Daran lässt sich ihre Volatilität ablesen. Bei Aktien reicht sie von 20 (Hauptwerte) bis 32 (Nebenwerte).[12] Je niedriger die Standardabweichung, desto geringer das grundsätzliche Verlustrisiko. Mittelfristige amerikanische Staatsanleihen haben eine Standardabweichung von 5,7, Schatzwechsel von 3,0.[13] Diversifizierung ist so wichtig, dass sie ein Eckpfeiler des Überlebens als Anleger ist. Anleihen sind vielleicht todlangweilig, aber im Jahr 2008 waren sie sichere Häfen. Inflationsindexierte Anleihen mögen sehr geringe Renditen bringen, während ich dies schreibe, aber sie werden Sie schützen, wenn die Inflation wieder anzieht. Wenn Sie aufmerksam auf entgegengesetzte Risiken achten, steigen zwar nicht alle Ihre Anlagen gleichzeitig, aber die umgekehrte Korrelation arbeitet am Ende zu Ihren Gunsten, wenn es mit den Märkten bergab geht.

5. **Nutzen Sie den Value-Quotienten.** Als die Märkte in den 1930er-Jahren ins Trudeln gerieten, beschloss Keynes, sich auf den *inneren* Wert *von Unternehmen* zu konzentrieren. Wie viel wäre das Unternehmen wert, wenn es liquidiert würde? Wie hoch ist sein Franchise Value, sein Unternehmenswert oder der Wert seines Wettbewerbsvorteils? Wird es auch in Zukunft Gewinne generieren? Erhöht es seine Dividenden? Benjamin Graham und Warren Buffett würden predigen: Der Wert eines gut geführten Unternehmens kann wachsen und der Markt muss diese Tatsache nicht immer in Form des Marktpreises anerkennen. In einem kostengünstigen Investmentfonds oder ETF vertretene Value-Aktien sollten ein Hauptbestandteil Ihres Portfolios sein. Sehen Sie sich den Buchwert eines Unternehmens an. Sehen Sie sich sein Kurs-Gewinn-Verhältnis an. Wie sehen diese Kennzahlen im

Vergleich zu denen seiner Konkurrenten aus? Welche Aktien halten Value-Anleger? Blicken Sie beim Aufbau eines Value-Portfolios in die Zukunft. Können Sie eine Aktie zehn Jahre lang halten?

6. **Dividenden lügen nicht.** Sie werden jedes Quartal ausgeschüttet und stellen einen Anteil am Gewinn des Unternehmens dar. Als sich Keynes in den 1930er-Jahren mit Versorgungsunternehmen eindeckte, tat er dies, um sein Portfolio abzupuffern und sich regelmäßige Einkünfte zu sichern. Finden Sie Unternehmen, die regelmäßig ihre Dividenden erhöhen. Sie gehören zu den gesündesten Unternehmen des Planeten. Sie sind langlebig und beständig. Ähnlich wie Value-Aktien gibt es sie auch gebündelt in Dividend-Growth-Fonds. Wird Ihnen ein Unternehmen weiterhin durch dick und dünn Dividenden bescheren? Um wie viel erhöht es seine Dividende von Jahr zu Jahr – oder senkt es seine Ausschüttungen? Wie wahrscheinlich ist es, dass die Dividendenzahlungen steigen werden? Bedenken Sie dabei, dass die höchsten Dividendenausschüttungen von Unternehmen stammen, die der Markt als die riskantesten Investments erachtet. Seien Sie eine Schildkröte: Wer langsam und stetig vorankommt, gewinnt das Rennen.

7. **Gehen Sie nicht mit der Menge.** Es lohnt sich, konträr zu sein. Finden Sie gesunde, aber ungeliebte Unternehmen zum Schnäppchenpreis und bleiben Sie dabei. Versuchen Sie nicht, den richtigen Zeitpunkt abzupassen, suchen Sie lieber nach Unternehmen mit einem breiten „Wassergraben", also einem guten Schutz vor den Mitbewerbern. Wenn Sie Underdogs finden und behalten, fahren Sie viel besser, als wenn Sie die heute populären Aktien kaufen und hoffen, dass sie an Wert zulegen. Keynes erkannte, dass letztere Methode Verlust bringt. Und das ist immer noch so. Lassen Sie sich nicht in die Schönheitskonkurrenz hineinziehen. Es gibt Hunderte von Aktien, die momentan keine Gewinner sind, aber im Laufe der Zeit trotzdem siegen werden. Der Markt ist in der Preisbildung von Wertpapieren die meiste Zeit effizient, aber nicht zu allen Zeiten.

Warum sollte man die Fehler des Marktes nicht ausnutzen? Suchen Sie sich Aktien oder Sektoren dann aus, wenn sie unbeliebt sind. Sehen Sie sich am Jahresende die Sektoren des S&P 500 an und picken Sie sich die Nachzügler heraus oder die „Dogs" aus dem Dow Jones Industrial Average, die ein schlechtes Jahr hinter sich haben. Wenn Sie es schaffen, gegen den Strom zu schwimmen, können Sie dadurch Ihre langfristige Gesamtrendite steigern.

8. **Investieren Sie langfristig.** Selbst wenn das aktuelle Umfeld miserabel aussieht: Wenn Sie eine langfristige Anlagestrategie haben und wenn sie funktioniert, weil sie zu Ihrem Risikoappetit passt, dann sollten Sie um jeden Preis daran festhalten. Nehmen Sie einmal jährlich ein Rebalancing vor, damit Sie auf Kurs bleiben und keine Assetklasse überbetonen. Nehmen Sie etwas Geld vom Tisch, indem Sie ein paar Gewinner verkaufen und ein paar unterbewertete Anlagen nachkaufen. Wenn Sie vorhaben, Hebel einzusetzen, tun Sie das sparsam. Damit können Sie sich sehr schnell Ärger (Nachschussforderungen) einhandeln, denn der Markt bewegt sich mit Lichtgeschwindigkeit. Die größte Gefahr für jeden Anleger ist impulsives Handeln. Der Markt kann in Nullkommanichts unzählige falsche Signale aussenden und Paniken verursachen. Aufgrund des Hochfrequenzhandels sind heutige Anleger mit noch größerer Volatilität konfrontiert. Halten Sie sich an Ihre Anlagestrategie.

9. **Investieren Sie passiv.** Da Sie den Status der lang- oder kurzfristigen Erwartungen nicht vorhersagen können, weil die animalischen Instinkte ihr Unwesen treiben, sollten Sie den größten Teil Ihres Geldes in preisgünstige Indexfonds stecken. Schon mit wenigen bekommen Sie ein diversifiziertes Portfolio. Warum ist ein Indexfonds Ihr bester Freund? Ein Index *ist* der Markt. Was Ausschläge des Marktes angeht, sind die meisten Anleger schlecht im Raten, warum sollte man also nicht einfach nehmen, was der größte Teil des Marktes bekommt? Selbst wenn aktive Manager einmal ein gutes Jahr haben, kann das Glücksache sein und sie können es nicht wiederholen. Sogar Keynes

verbrannte sich Ende der 1920er- und Ende der 1930er-Jahre die Finger. Von 2009 bis 2012 schlug der S&P 500 Index 64 Prozent der aktiv gemanagten Fonds. 75 Prozent der Mid-Cap-Fonds wurden vom S&P MidCap 400 Index geschlagen und 63 Prozent der Small-Cap-Fonds wurden vom S&P SmallCap 600 übertroffen.[14] Die von Indexfonds gebotene Kostendifferenz arbeitet immer zu Ihren Gunsten und ermöglicht es Ihnen, ein größeres Vermögen aufzubauen. Aktiv gemanagte Fonds verlangen im Schnitt jährlich 1,3 Prozent des verwalteten Vermögens.[15] Dazu kommen noch Transaktionskosten für den Kauf und Verkauf von Wertpapieren, Timing-Fehler und Ausgabeaufschläge. Die Gebühren von Indexfonds betragen manchmal nur 0,06 Prozent im Jahr. Diese Ersparnis fließt direkt in Ihre Brieftasche.

10. **Trinken Sie mehr Champagner!** Das soll das einzige Bedauern von Keynes (und seine letzten Worte) gewesen sein – dass er das Leben nicht mehr genossen und dass er nicht mehr Champagner getrunken habe. Das Ziel der Geldanlage ist die Sicherung des *Wohlstands*, nicht die Besessenheit vom Geldverdienen. Wohlstand bedeutet nicht unbedingt, dass man eine Vierer-Garage mit tollen Autos oder den Schrank voller Kleider und Schuhe hat. Er bedeutet die Hoffnung auf eine sichere, bequeme Zukunft. Als Keynes erstmals zu Geld kam, verschenkte er es, er kaufte Bücher oder Gemälde, fuhr in den Urlaub, finanzierte künstlerische Aktivitäten oder spendete es seinem College. Er war ein Genie, das das Leben, die Menschen und die Welt wahrhaft liebte. *Seine* Welt, die ständig in Aufruhr war, die von monströsen Kriegen und von Verzweiflung attackiert und geplagt wurde, konnte ihn nicht unterkriegen. Keynes versuchte immer, die Welt, die er kannte, mit Sinn und Verstand zu verbessern. Das ist sein geistiges Vermächtnis – nicht etwa das Geld, das er verdient hat, oder seine ökonomischen Theorien. Schalten Sie also Ihre Geldanlage, nachdem Sie einen soliden Plan erstellt haben, der Ihren Zielen gerecht wird, auf Autopilot und kontrollieren Sie sie nur einmal im Jahr. Und dann: Ziehen Sie los und leben Sie!

Keynes' letztes Portfolio

Die folgenden Aktien befanden sich in Keynes' Portfolio, als er 1946 starb. Sie werden viele bekannte Namen entdecken. Wie bereits erwähnt, kaufte er eine Aktie, die ihm gefiel, für fast alle seine Portfolios. Dies war Keynes' zukunftsträchtigste Allokation. Wir sehen hier seinen Optimismus nach dem Zweiten Weltkrieg. Als er den Entwurf für die neue wirtschaftliche Weltordnung in Form der Vereinbarungen von Bretton Woods skizzierte, sah er auch Gold, Transportunternehmen, Metalle, Eisenbahnen, das verarbeitende Gewerbe, die Flugzeugindustrie und die Konsumgüterindustrie optimistisch. Trotz der Verheerungen in Europa und Japan sah er für den Welthandel eine bessere Zukunft voraus.

US-Aktien
American Cities Power, American General, Associated Dry Goods, General States Electric, Chicago Corp., Climax Molybdenum, Tri-Continental, United Corp.

Aktien außerhalb der USA
London & Northeast Railway, London Midland & Scottish Rail, Bristol Aeroplane, Hawker Siddeley Aircraft, Lancashire Cotton, Lever Brothers/Unilever, Leyland, Lancashire Steel, Richard Thomas & Baldwins, Gold Exploration/Finance of Australia, Selection Trust, Union, Elder Dempster Lines, Peninsular & Oriental Steam Navigation, Royal Mail Lines, Union Castle Mail Steamship

Quelle: Nachlassbericht von Buckmaster & Moore (Broker von Keynes) vom 6. Mai 1946, King's College Archives.

Keynes' siegreiche Kombination: Grips und Flexibilität

Es ist schwer, an seinem Plan festzuhalten, wenn die Wellen über das Deck schwappen. Und genauso schwer ist es, eine Strategie aufzugeben, die anscheinend nicht mehr funktioniert. Indem Keynes in den 1920er-Jahren auf Aktien umstieg und aus Devisen und Rohstoffen ausstieg, gelang es ihm zwar, ein Vermögen aufzubauen, aber dafür brauchte er auf jeden Fall eine Menge Grips.

Keynes hielt an seinen sorgfältig ausgewählten Aktien – die Elemente aus fast allen größeren Bereichen der Wirtschaft darstellten – während der gesamten 1930er-Jahre und bis in den Zweiten Weltkrieg hinein fest. Hätte er diese Positionen an bestimmten Krisenpunkten verkauft (nach dem Crash 1929 oder nach dem Abschwung 1937), wären seine Renditen fürchterlich gewesen. Dadurch, dass er standhaft blieb, erreichte er Folgendes: Er nahm den Aufschwung und einige große Wiederanstiege mit. Hier sind zwei kaum bekannte Rallyes, die während einer Zeit auftraten, die eine der schlimmsten denkbaren Zeiten zu sein schien, und die für den Löwenanteil von Keynes' Gewinn verantwortlich waren:

1932-1937. Wenigen Menschen ist klar, dass dies nach dem Boom von 1921 bis 1929 die zweitgrößte Rallye des 20. Jahrhunderts war. Allein die US-Aktien stiegen im Zuge des Rebounds in den 1930er-Jahren um fast 280 Prozent. Keynes blieb während des gesamten Jahrzehnts am Markt investiert, obwohl er von 1937 bis zum Zweiten Weltkrieg heftige Verluste erlitt.

1942-1946. Auch dieser Schachzug war überhaupt nicht im Einklang mit der Intuition. Während die Deutschen London zerbombten, britische Schiffe zu Hunderten versenkt wurden und die Lage für Europa bis zum D-Day 1944 sehr düster aussah, schaffte es Keynes, an seinem Portfolio festzuhalten. Die US-Aktien stiegen in dieser Zeit um 122 Prozent und somit schloss Keynes die Verwaltung seines eigenen Vermögens und des institutionellen Vermögens laut der Leuthold Group stark ab.[16]

Hier geht es darum, dass man hochwertige Aktien auswählen oder ein diversifiziertes Portfolio halten und nach vorne blicken sollte. Wird es sich in besseren Zeiten lohnen, diese Aktien zu haben? Wie wird sich eine konjunkturelle Wiederbelebung auf die Unternehmensgewinne auswirken? Wie sich an Keynes' letztem Portfolio ablesen lässt, sah er die Zukunft in Flugzeugen, Stahlproduktion, Frachtverkehr, Energie und

Metallen. Er kaufte die entsprechenden Unternehmen zu großartigen Preisen, als in beiden Hemisphären der Krieg wütete. Es gelang ihm nicht nur, nach vorne zu blicken, sondern er investierte auch Geld in den Bereichen, für die er optimistisch gestimmt war.

Das Vermächtnis eines besseren Lebens

Als Keynes dem Abkommen von Bretton Woods den letzten Schliff gab, das Handels- und Währungskriege verhindern sollte (die Komponente der fixen Devisenkurse wurde in den 1970er-Jahren abgeschafft), verfolgte er laut Andre Malabre jr. (in „Lost Prophets") das Ziel, dass „der gesellschaftliche Fortschritt und der wirtschaftliche Wohlstand die vorrangige Mission der Nachkriegszeit sein sollten".[17] Wir versuchen heute noch, dieses Ziel zu erreichen – trotz einer quälenden Rezession und einer Mittelschicht, die wegen der Einkommensungleichheit weltweit an Boden verliert. Wir alle kämpfen darum, unser eigenes Bretton Woods für die Zukunft zu schaffen.

Keynes ließ sich bei all seinen Überlegungen zu Ökonomie und Geldanlage von dem leiten, was er für die Welt wollte: „Ein anständiges Maß an Konsum für alle und [...] dass wir unsere Energien auf die nicht-wirtschaftlichen Interessen unseres Lebens verwenden."[18] Es mag utopisch geschienen haben, als er das 1937 schrieb, aber „die Aufrechterhaltung des Wohlstands" stand auf seiner sozialen Agenda ganz oben. An der Umverteilung des Wohlstands, wie sie sein fabianistisch-sozialistischer Freund George Bernard Shaw vertrat, war er nicht besonders interessiert. Ebenso wenig war er bereit, den Kapitalismus angesichts sozialer Unruhen zu verwerfen. Außerdem stießen ihn – wie Hayek – der Faschismus und der totalitäre Kommunismus genauso ab.

Keynes riet uns, dass wir uns selbst in der Agonie des wirtschaftlichen Chaos auf die langfristige Perspektive rückbesinnen müssen und dass wir versuchen sollten, ein Leben zu verwirklichen, in dem wir weniger arbeiten und mehr Zeit für Freizeitaktivitäten aufwenden. Obwohl Keynes einer der gefragtesten Workaholics seiner Zeit war, schaffte er.es, Zeit für das Theater, für das Ballett und für seinen Bauernhof zu finden sowie gesellschaftlichen Umgang in einem der interessantesten Kreise jener Zeit zu pflegen. Da er im Verhältnis zur etablierten, orthodoxen Schule der Ökonomie gewissermaßen ein Emporkömmling war, verlachte er die Auffassung, die Ökonomie sei eine Religion, obwohl er meinte, diese Wissenschaft besitze eine ethische Grundlage. In einer Rede mit dem Titel „The End of Laissez-Faire" entlarvte er 1924 die Auffassung, wonach „die Einzelnen bei ihren wirtschaftlichen Aktivitäten eine präskriptive ‚naturgegebene Freiheit' besitzen. Es gibt keinen ‚Vertrag', der den Besitzenden oder den Erwerbenden ewige Rechte zusprechen würde."[19] Keynes hätte Vorstandsvorsitzende, die sich auf Kosten der Aktionäre bereichern, oder Hedgefonds-Manager, denen unnötige Steuererleichterungen gewährt werden und die Märkte ausplündern, kritisiert. Er wies auf die „großen Vermögensungleichheiten" hin, die dadurch zustande kommen, dass bestimmte Einzelpersonen die „Unsicherheit und die Unwissenheit ausnutzen" können.[20]

Sogar als Keynes mit Devisen und Rohstoffen spekulierte, trat er trotzdem für eine „bedachtsame Kontrolle der Währung und des Kredits durch eine zentrale Institution" ein.[21] Für Keynes war nicht das „Anything goes" der Wirtschaftsliberalen der Weg zum allgemeinen Wohlstand, sondern Regulierung und Aufsicht. Vor dem New Deal waren die Finanzmärkte und die börsennotierten Gesellschaften kaum reguliert. Im Zuge der Recherchen für mein Buch „The Merchant of Power" sah ich mir Jahresberichte aus den 1920er-Jahren an: Sie umfassten jeweils nur wenige Seiten, die sehr wenig über die Unternehmen aussagten. Es gab fast keine Transparenz oder Rechenschaft.

Wenn niemand hinschaut, laufen diejenigen, die Macht, Vorteile und Kapital haben, Amok und das führt häufig zu Crashs, wenn die Exzesse der Gier nicht eingedämmt werden können. Solchen Zeiten der laschen Finanzaufsicht gehen oft große Vermögensungleichheiten voraus und darauf wies Keynes 1924 indirekt sowie in den 1930er-Jahren deutlicher hin. Als John Kenneth Galbraith die Gründe für den 1929er-Crash herausarbeitete, stand die „schlechte Einkommensverteilung" ganz oben auf seiner Liste. Er gab an, dass in den Jahren nach dem Zweiten Weltkrieg die fünf Prozent reichsten Amerikaner ein doppelt so hohes Einkommen hatten wie die restliche Bevölkerung.[22] Selbst die Wohlhabendsten können nur eine gewisse Menge ausgeben und einer Wirtschaft nicht Auftrieb geben. Wenn eine Finanzmisere kommt, schrauben alle ihre Ausgaben zurück und das tut allen weh. Dies ist das menschliche Gesicht der keynesianischen Ökonomie, das den Wohlstand ständig gefährdet.

Als die Welt von einem Krieg in den nächsten taumelte – mit der Großen Depression dazwischen –, hätte Keynes mit Leichtigkeit das kapitalistische System verwerfen können. Offenbar gelang es der „unsichtbaren Hand" in den 1930er-Jahren nicht, die Kräfte der Ignoranz und der Verzweiflung zu besiegen. Ironischerweise nahmen die größten Volkswirtschaften erst mit Beginn des Zweiten Weltkriegs wieder Fahrt auf. Und dies hat das Machtgleichgewicht in der Welt für immer verändert.

Trotzdem hat Keynes nie aufgehört, über das „Problem der Ökonomie" im Zusammenhang mit den großen Fragen der Menschheit nachzudenken. Wie kann man angesichts der Unsicherheit und der Misere der Marktwirtschaft den Wohlstand sichern? War mehr staatliche Kontrolle die Lösung? Die Technologie? Geburtenkontrolle? Da Keynes die malthusianische Ökonomie studiert hatte, war er immer davon überzeugt, dass die Geburtenkontrolle etwas bewirken würde. Auch sah er, dass sich die Technik und der Produktivitätszuwachs durchsetzen und uns mehr Zeit für uns selbst schenken würden, sodass wir weniger Zeit am Arbeitsplatz verbringen würden.

Gerade als die Weltwirtschaft aus den Fugen geriet und dem katastrophalsten Krieg der Geschichte Tür und Tor öffnete, sagte Keynes voraus, dass es uns „wirtschaftlich gesehen in 100 Jahren achtmal so gut gehen" würde.[23] In seinem hoffnungsvollen Essay „Economic Possibilities for Our

Grandchildren" befasste er sich 1930 elegant mit dem ökonomischen Problem:

> „Es mag sein, dass uns die eifrigen, zielstrebigen Geldmacher alle zusammen in den Schoß des wirtschaftlichen Überflusses tragen werden. Aber nur diejenigen Völker, die am Leben bleiben und die *Kunst des Lebens an sich* [Hervorhebung von mir] zu größerer Vollkommenheit kultivieren können – und die sich nicht für die lebensnotwendigen Mittel verkaufen –, werden den Überfluss genießen können, wenn er denn kommt."[24]

Was das Wirtschaftswachstum betrifft, trifft die Berechnung von Keynes ziemlich genau zu, wenn man sie bis zum Jahr 2013 fortschreibt. Seine Berechnung der drastisch reduzierten Wochenarbeitszeit ist jedoch nicht korrekt.[25] Robert und Edward Skidelsky haben die Vorhersage von Keynes beim Wort genommen und festgestellt, dass wir nicht nur die 20 Stunden arbeiten, die der Ökonom für unsere Gegenwart vorhergesagt hatte. Wenn sich überhaupt etwas geändert hat, dann dass die erwerbstätige Mittelschicht länger arbeitet als vor 30 Jahren – und dass beide Ehepartner berufstätig sind. Einer der Gründe dafür ist die Inflation, ein anderer die Kosten für Häuser, Studium und medizinische Versorgung. Zwar gibt es von Pittsburgh bis Peking mehr Wohlstand als jemals zuvor in der Geschichte, aber er ist ungleich verteilt. Die Mittelschicht-Haushalte verlieren an Boden, weil die Löhne seit über zehn Jahren stagnieren. Tatsächlich befasst sich ein eigener Zweig der Wirtschaftsliteratur und der Forschung seit einigen Jahren mit diesem Rückschritt.

Die Skidelskys gehen davon aus, dass der schlechte Einsatz von Humankapital schuld ist: „Die größte Verschwendung, mit der wir derzeit konfrontiert sind, bezieht sich nicht auf Geld, sondern auf die menschlichen Möglichkeiten." Wir müssten unsere Humanressourcen, unsere Talente, unsere Erfahrung und unser Wissen besser einsetzen und uns so ein gedeihlicheres Leben sichern, das mehr Wert auf das Wohlbefinden als auf den Erwerb materieller Güter und puren Reichtum legt. Keynes formulierte das 1933 sogar noch schöner: „Sobald wir es uns erlauben, der Prüfung eines buchhalterischen Gewinns nicht zu gehorchen, haben wir begonnen, unsere Kultur zu verändern."[26]

Sparen und Investieren können uns zwar eine wohlhabendere Zukunft bescheren, aber sie müssen auf einen Zweck gerichtet sein, der beiden Seiten zugute kommt. Gewinn und Wachstum sind zwar wichtig, aber sie sind nicht das, was das Leben ausmacht – nur Mittel zu seiner Finanzierung. Jedes Portfolio sollte auf einem ethischen Plan beruhen, der für uns funktioniert, aber in einem Vakuum kann es nicht überleben. Es sollte unsere Werte und Ideale widerspiegeln. Es kann unser Wohlergehen verbessern, aber nicht sichern. Dafür müssen wir tief in unsere animalischen Instinkte hineinblicken und herausfinden, worauf es wirklich ankommt.

EPILOG

KEYNES DAMALS UND MORGEN

„Wir brauchen nicht den neuen Keynes, sondern den alten Keynes in angemessen aktualisierter Form. Er wird nicht unsere einzige Leitlinie für die wirtschaftliche Zukunft sein, aber nach wie vor eine unentbehrliche."

ROBERT SKIDELSKY[1]

Bei einem Vortrag in Chicago Ende Januar 2013 sprach ich Paul Krugman an und fragte ihn, ob er von Keynes' großen Leistungen als Anleger gewusst habe. „Nein", erwiderte er, „aber haben Sie meine Einführung in [eine neue Auflage von] ‚Allgemeine Theorie der Beschäftigung, des Zinses und des Geldes' gelesen?"[2] Das hatte ich und ziemlich enttäuscht zog ich weiter, weil eine Horde Gratulanten darauf wartete, dass er seine Bücher signieren würde. Was Krugman wusste, war, dass die Theorie von Keynes *nicht* verwendet wurde, um Europa vor den wirtschaftlichen Turbulenzen zu retten oder in den Vereinigten Staaten Arbeitsplätze zu schaffen. Sogar als Präsident Obama mehr keynesianische Anreize in Form von Investitionen in Infrastruktur und Bildung forderte, war die Hälfte der Bevölkerung anderer Meinung. Keynes war also nicht nur quicklebendig, sondern seine Ideen reizten, unterwiesen und quälten uns immer noch.

Krugman geißelte die aktuelle Situation, indem er auf die Antithese der keynesianischen Theorie hinwies, nämlich auf die *Austeritäts*-Wirtschaft,

EPILOG

die sich im größten Teil der Eurozone verheerend auswirkte, drakonische Ausgabenkürzungen erzwang und massive Arbeitslosigkeit erzeugte. Das, was Krugman als „keynesianischen Vertrag" bezeichnete – das Hochfahren der Investitionen und der Ausgaben in Konjunkturflauten –, war größtenteils bereits im Ansatz gescheitert, als Obamas Anreizplan aus dem Jahr 2009 abgelaufen war (ihn habe ich in meinem vorigen Buch „The Audacity of Help" ausführlich beschrieben). Krugman sagte in seiner Rede in Chicago: „Keynes hat vor einem Dreivierteljahrhundert geschrieben: ‚Der Aufschwung, nicht die Flaute, ist die rechte Zeit zum Sparen.'"[3]

Austerität mag sich nach einer rationalen Therapie für notleidende, überschuldete Volkswirtschaften *anhören*, die eine Schuldenblase hinter sich haben, aber es hat sich gezeigt, dass dies so ist, als würde man Quecksilber als Antibiotikum verabreichen. Es mag die Krankheit durchaus vertreiben, aber der Preis dafür ist die Vergiftung des Patienten. Zudem bewirkt die Sparpolitik keine Wiederbelebung des Wirtschaftswachstums. Krugman stellte fest, dass laut einer Studie des Internationalen Währungsfonds – eines der geistigen Kinder von Keynes – 173 fiskalische Sparprogramme in den Jahren 1978 bis 2009 zu *niedrigerem* Wirtschaftswachstum und höherer Arbeitslosigkeit geführt haben.[4]

Die anschwellenden Reihen der Arbeitslosen und der Abstieg der Mittelschicht führen ebenfalls zu mehr Ungleichheit. Wenn die Wirtschaft wächst, fließt das Wachstum aufgrund dieser Schieflage unverhältnismäßig stark den oberen fünf Prozent der Bevölkerung zu. Joseph Stiglitz hält in „Der Preis der Ungleichheit" fest, dass die Superreichen einen größeren Teil ihres Einkommens behalten können, weil sie Unternehmensstrukturen, Steuerparadiese und die geringeren Steuersätze auf Dividenden und Kapitalerträge nutzen können. Und all das wird noch dadurch verschärft, dass „der Lebensstandard der Amerikaner seit 30 Jahren stagniert und in letzter Zeit sogar sinkt".[5]

Aus der keynesianischen Perspektive bilden Ungleichheit, Austerität und ein sinkender Lebensstandard ein für Anleger negatives Szenario. Sie schnüren dem Wirtschaftswachstum, der Aufwärtsmobilität und schließlich auch den Aktienkursen von Unternehmen, die ihre langfristigen Gewinne aus der nun schrumpfenden Konsumkonjunktur beziehen, die Luft ab. Ohne umfassende Nachfrage klingeln die Kassen nicht und die Gewinne ziehen nicht an. Als die Regierungen Geld ausgaben, um die Beschäftigung in der Privatwirtschaft zu stärken – was laut Skidelskys Feststellung in der Bretton-Woods-Zeit vor Mitte der 1970er-Jahre geschah –, bewegte sich das (weltweite) Wirtschaftswachstum zwischen vier und sieben Prozent, im Durchschnitt betrug es 4,8 Prozent. In der anti-keynesianischen Zeit des „Konsenses von Washington" nach 1980 ging das Wachstum auf 3,2 Prozent zurück.[6] 2013 wird es am Ende vielleicht halb so viel werden. Heißt das, dass in der Bretton-Woods-Zeit ein sichtbarer keynesianischer Zyklus am Werk war? Skidelsky ist dieser Meinung und stellt fest, dass er von massiven Ausgaben für den Wettlauf zum Weltraum, durch den Ausbau der Infrastruktur und des Bildungswesens und sogar durch die Aufrüstung im Kalten Krieg gestützt wurde. Die hohe Inflation und der Vietnamkrieg machten dem zwar ein Ende, aber das heißt nicht, dass keynesianische Anreize im großen Stil nicht wieder funktionieren würden. Inzwischen wird die Austeritätsdebatte allerdings so verbittert geführt, dass bereits das Wort „Keynes" für einen großen Teil der politischen Klasse Amerikas Gift ist. Es lässt sich jedoch nicht leugnen, dass die Flut von Sparmaßnahmen, die ab 2008 südeuropäischen Ländern aufgezwungen wurden, Aktien aus diesen Ländern zu miserablen Anlagen machte und zudem das Elend der Menschen noch durch Nachfragemangel und wachsende Arbeitslosigkeit verschärfte (als das vorliegende Buch in Druck ging, besserte sich die wirtschaftliche Lage in der Eurozone). Und die Vorstellung, dass die Vergrößerung der Staatsverschuldung während eines Abschwungs die Erholungschancen eines Landes beeinträchtigt, könnte ein Fehlschluss sein.

Ironischerweise verzeichnet China als zweitgrößte Volkswirtschaft der Welt annähernd zweistellige Wachstumsraten und setzt den Keynesianismus in großem Maßstab ein, um die größte Wanderbewegung der Geschichte vom Land in die Städte aufzufangen. Das Land baut in halsbrecherischem

Tempo U-Bahnen, Flughäfen, Hochgeschwindigkeitsstrecken und ganze Städte. Im Rahmen dieses Prozesses beschäftigt es Hunderte Millionen Menschen und hebt ihren Lebensstandard. China ist zwar nach wie vor eine repressive und höchst ungleiche Gesellschaft, aber es macht Fortschritte – allerdings nicht durch die Verordnung von Sparmaßnahmen.

Was getan werden muss: Künftige Investitionen sind notwendig

Wenn Sie Anleger wären, würden Sie dann in ein Land oder in ein Unternehmen investieren, das Wachstum, Kreativität, Bildung und den Ausbau der Infrastruktur erstickt? Oder würden Sie Ihr Geld auf ein Umfeld setzen, das großen Wert auf öffentliche Einrichtungen, hochwertige Bildung und Steigerung des Humankapitals legt? Investitionen sind der Dreh- und Angelpunkt der Ausgabetätigkeit, aber dafür sind Anreize nötig. Es folgen nun einige Punkte für die Betrachtung des globalen Investmentklimas:

- **Welche Länder bieten ihrer Oberschicht Anreize für Investitionen in gesellschaftlich produktive Projekte und Unternehmen?** Der Autor und Arbeitsrechtler Thomas Gheoghegan schreibt: „Wir müssen die *Reichen* dazu bringen, dass sie investieren ... nicht sparen, nicht mit Finanzinstrumenten spekulieren, sondern in Dinge investieren, die wir verpacken, verschicken und im Ausland verkaufen können."[7]

- **Wie fördert ein Land Investitionen und nachhaltiges Wachstum?** „Keynes hatte recht mit seinem Argument, dass der Staat bei der Förderung von Investitionen eine entscheidende Rolle spielen muss", notiert Vince Cable, der britische Minister für Unternehmen, Innovation und Qualifikationen.[8] Wie viel Geld wird für medizinische Forschung, Technologie, Bildung und allgemein für Innovationen ausgegeben? Wo kommen die neuen Patente her? Welche Unternehmen unterstützen die Fantasie und schaffen Produkte und Dienstleistungen, die die Lebensqualität verbessern? Dass sich Unternehmen wie Apple und Google so hohe Aktienkurse und Marktbewertungen bewahrt haben, hat seinen Grund. Wie kann das Wirtschaftsklima in Zukunft solche Unternehmen unterstützen?

- **Wie kann ein Land vor Schulden abschrecken und zu Investitionen ermutigen?** Laut Robert Kuttner war einer der Gründe für den Kollaps des Jahres 2008 „die privatisierte keynesianische nichtöffentliche Verschuldung".[9] Von der Wall Street bis zur Main Street wurden unhaltbarere Lebensstile und Spekulationen durch massive Schulden finanziert. In seiner „Allgemeinen Theorie" empfahl Keynes, die Liquidität von Investitionen zu begrenzen, um die kurzfristige Spekulation einzudämmen. Das Vereinigte Königreich fasst eine „Robin-Hood-Steuer" auf die Gewinne von Banken ins Auge. Eine geringe Steuer auf Finanztransaktionen ist ein anderer möglicher Weg.

- **Wie können Länder (und Unternehmen) ein besseres Modell des nachhaltigen sozialen Kapitalismus schaffen?** Wir müssen mehr denn je auf die schwindenden Ressourcen und die globale Erwärmung achten. Sie haben verheerende Auswirkungen. Die Spekulation auf Rohstoffpreise treibt die Nahrungsmittelpreise in die Höhe und sorgt in der industrialisierten Welt für Verzweiflung und Unruhe. Während die Amerikaner in den Jahren 2007 und 2008 mit der Implosion des Immobilien- und des Kreditmarkts zu kämpfen hatten, fielen 115 Millionen hungrige Menschen mehr einem Anstieg der Lebensmittelpreise um 42 Prozent zum Opfer.[10] Die Rohstoffmärkte brauchen eindeutig Grenzen gegen ungezügelten Handel. Der übermäßige Ressourcenverbrauch darf nicht mehr ignoriert werden. Unser Planet ist kein unbegrenzter Brotkorb.

Wenn die Ökonomie die Lehre von der Ressourcenknappheit ist, dann erscheint es vernünftig, dass eine neue Form der Ökonomie gebraucht wird, die den Spagat zwischen dem verschuldungs- und staatsfeindlichen Modell von Hayek und den staatlichen Anreizen von Keynes schafft. Ein dritter Weg ist der nachhaltige „spirituelle" Kapitalismus, der über das hinausblickt, was Al Gore als „Kurzfristigkeit" der Spekulation und der

EPILOG

schnellen Gewinne bezeichnet. „Wollen wir Ressourcen für die Kurzfristigkeit abstellen?", fragt Gore.[11] Anders gefragt: Wie können wir uns besser auf unsere wirtschaftliche Macht konzentrieren, Wohlergehen für die Mehrheit der Bevölkerung zu schaffen?

Man kann die Märkte genauso für die Schaffung von Anreizen einsetzen, wie Steuern negative Anreize für Kohlendioxid, Laster und ungezügelte Spekulation darstellen können. Letztlich kann man Märke benutzen, um unsere Zukunft auf diesem Planeten zu sichern. „Eine Gesellschaft hat noch ein höheres Ziel, als ihre Ziele zu erwägen", schrieb John Kenneth Galbraith in „Gesellschaft im Überfluss", und zwar „ihr Streben nach Glück und Harmonie sowie ihren Erfolg in der Abwehr von Schmerzen, Spannungen, Sorgen und der allgegenwärtigen Krankheit der Unwissenheit zu reflektieren. Sie muss, soweit dies möglich ist, ihr eigenes Überleben sichern."[12]

Als Anleger und Weltbürger können wir aber viel mehr schaffen als nur zu überleben. Wir können uns den gemeinsamen Wohlstand zu eigen machen, von dem Keynes hoffte, dass er aus der Lösung des ökonomischen Problems resultieren würde. Alles, was dafür nötig ist, sind unsere konzertierten, gemeinsamen Investitionen – unseres Kapitals, unserer Zeit und unserer Seele.

EIN BESUCH IM KEYNES-LAND UND BEI ANDEREN QUELLEN SEINES WOHLSTANDS

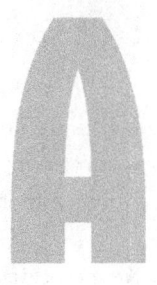

In Cambridge, der alten Universitätsstadt, in der Keynes geboren wurde und aufgewachsen ist, muss man nicht weit gehen, um den Fingerabdruck des Ökonomen zu sehen. Das Keynes House sitzt rittlings auf der unkonventionellen neoviktorianischen Judge Business School. Das Haus seiner Familie stand in der Harvey Road, direkt südlich des Universitätsgeländes. Sein Name steht am Arts Theatre, das er gegründet und finanziert hat. Und dann ist da noch das Fitzwilliam Museum der Universität, das die meisten Gemälde und Manuskripte erhalten hat, die er im Laufe der Jahre gekauft und gesammelt hatte.

Wie Sie aus den ausgiebigen Finanzaktivitäten von Keynes zweifellos herausgelesen haben, war er ein kluger Anleger. Er kaufte hochwertige Aktien zu Schnäppchenpreisen und hielt während der schlechtesten Marktlagen des Jahrhunderts an ihnen fest. Die gleiche Strategie wandte er beim Kauf von Kunstwerken und seltenen Manuskripten an, auch wenn er diese zunächst wegen der reinen Freude des Anschauens oder des Besitzens kaufte (die Ästhetik um ihrer selbst willen war ein Hauptpunkt seiner ethischen Ausbildung bei G.E. Moore). Das, was er kaufte, lässt sich zwar so gut wie unmöglich bewerten, weil der größte

Teil seiner Kunstwerke nie unter den Hammer kam, aber man kann sich gut vorstellen, dass dieser Teil seines Portfolios weitaus mehr wert war als seine Finanzanlagen. Vielleicht hätten sie zig Millionen eingebracht, wenn sie in einem Auktionshaus versteigert worden wären. Ich bin kein Kunstgutachter, deshalb ist es nur eine Schätzung ins Blaue hinein.

Keynes begann mit dem Kauf von Werken großer Künstler gegen Ende des Ersten Weltkriegs, sobald er etwas Einkommen übrig hatte. Seinen Bloomsbury-Freunden gegenüber war er immer großzügig, er kaufte Gemälde von Vanessa Bell und Duncan Grant. Eines der Bloomsbury-Werke – ein gefälliges Gemälde (wahrscheinlich von Grant) von Keynes, wie er hinter dem Vorhang hervorlinst, um Lydia nach einem Ballettauftritt Blumen zu schenken – ziert den Lesesaal der King's College Archives. Als ich dort recherchierte, rührte es mich, wie sehr die Archivarin Patricia McGuire den Raum in einen kleinen Schrein der Bloomsbury Group verwandelt hatte. Sie hatte nicht nur die Papiere von Keynes, sondern im Regal standen unter anderem auch Bücher von E.M. Forster und T.S. Eliot. Ich sah (in einem Fach hinter meinem Arbeitstisch) ein paar Originalskizzen zu Eliots „Old Possums Katzenbuch", einer launigen Gedichtsammlung, aus der Andrew Lloyd Webber ein überaus erfolgreiches Musical machte.

Cambridge selbst ist ein Potpourri: eine mittelalterliche Universitätsstadt, in der es vor Studenten und Dozenten auf Fahrrädern wimmelt (es schien mehr zweirädriger als vierrädriger Verkehr zu herrschen), dazu eine funktionierende Gemeinde voller Restaurants, ein Markt, Kapellen mit abendlichen Chorkonzerten sowie moderne Wissenschaftler, die emsig an allem Möglichen forschen, vom Ursprung des Universums (Stephen Hawking) bis hin zur Entwicklung von Medikamenten. Wenn man jedoch den Lärm der Stadt hinter sich lässt und die Innenhöfe der altehrwürdigen Colleges betritt, löst sich die Modernität in der stillen Einsamkeit von Colleges auf, deren Traditionen sich im Laufe der Jahrhunderte kaum verändert haben. Die Studenten tragen immer noch Roben (zu gewissen Zeiten). Die Glocken der Kapellen läuten immer noch. In den

King's College Archives mit ihrer prächtigen Aussicht auf die herrliche von Heinrich VI. erbaute Kapelle war es so still, dass ich das Tropfen eines Wasserhahns in einer Toilette hören konnte – *einen Stock tiefer*. Der gedankenvolle Rückzug aus den hektischen Straßen Londons war ein Teil von Keynes' Welt, auch wenn sein Haus am Gordon Square in Bloomsbury im Vergleich zum restlichen London eher verschlafen war. Ich war zu Tränen gerührt, als ich eine Aufführung des King's College Chapel Choir in diesen heiligen Hallen hörte; ich höre mir dieses Ensemble von Weltformat jede Weihnachten im Radio an.

Keynes hatte ein großartiges Auge für Kunst und Manuskripte und für manche großartigen Werke bezahlte er, was man heute als einen Klacks bezeichnen würde. Hier nur ein paar Kostproben aus seinem Besitz:

- Mehrere Werke der Kubisten Georges Braque und Pablo Picasso (Picasso gehörte zu seinem erweiterten Freundeskreis).

- Impressionistische Werke, unter anderem eine Studie zu *Ein Sonntagnachmittag auf der Insel La Grande Jatte* von Georges Seurat, Zeichnungen von Degas und Ingres [Klassizist, Anm. d. Ü.], vier Gemälde von Cézanne und eines von Matisse.

- Zeitgenössische Werke von William Roberts, Walter Sickert und Matthew Smith.

- Das Originalmanuskript der „Principia Mathematica" und andere Dokumente von Newton.

- Seltene klassische Ausgaben von Büchern von Aristoteles, Augustinus, Bacon, Kopernikus, Dryden, Galileo, Hobbes, Erasmus, Kepler, Milton, More und Vergil.

- Erstausgaben von Miltons „Paradise Lost", Spensers „The Faerie Queen" und Ben Jonsons „Plays".

Keynes' Vermächtnis geht weit über seinen Nachlass an die Universität und die Künstlergemeinde seiner Zeit hinaus. Das Theater, das er mitten in Cambridge gegründet hat, spielt bis heute Stücke (als ich in der Stadt war, wurde ein Krimi gespielt). Nicht nur Keynes' Beitrag zur weltweiten wirtschaftlichen Stabilität und zur Geldanlage wirkt bis heute fort, auch sein kulturelles Vermächtnis überdauert. Er war wahrhaft ein Mann für alle Fälle.

DAS PORTFOLIO DER INDEPENDENT INVESTMENT COMPANY

Keynes und Oswald Falk verwalteten das Portfolio der Independent Investment Company (IIC) ab 1924 gemeinsam, bis Anfang der 1930er-Jahre eine Meinungsverschiedenheit über die Managementphilosophie eine Kluft zwischen den beiden Freunden entstehen ließ. Anfänglich war die Firma erfolgreich und mehrte das Anfangskapital von 350.000 Pfund im Jahr 1924 bis zum Jahr 1926 auf 500.000 Pfund.

Im März 1929 belief sich der Wertzuwachs auf 63 Pfund je Anteil von 100 Pfund.[1] Und dann bewegten sich Keynes und Falk bezüglich der anzuwendenden Strategie in entgegengesetzte Richtungen. Im Sommer 1929 hatte sich Falk die Ansicht zu eigen gemacht, die Zukunft der Geldanlage liege in amerikanischen Aktien, und er hatte für sich selbst und seine Kunden dementsprechend investiert, oft ohne Keynes davon zu informieren. Laut Moggridge hielt Keynes standhaft an seiner Überzeugung fest, dass nach dem Crash im Herbst jenes Jahres „eine größere Flaute bevorsteht".[2] Die beiden legten ihre Differenzen nie wirklich bei und drifteten im Laufe der 1930er-Jahre auseinander – auch wenn Keynes im Laufe dieses dunklen Jahrzehnts immer mehr in US-amerikanische Aktien investierte.

Trotzdem repräsentiert das nun folgende Portfolio-Profil vom 30. Juni 1925 die einvernehmliche Arbeit von Keynes und Falk. Es waren die Goldenen Zwanziger und die Vereinigten Staaten wurden vom Aktienfieber gepackt. Der Katalog-Einzelhändler Sears, Roebuck eröffnete auf dem Höhepunkt einer neuen, verbraucherorientierten Ära der Absatzförderung und des Einzelhandels sein erstes Kaufhaus. Die Chrysler Corporation wurde gegründet. Der wirtschaftsfreundliche Präsident Calvin „Silent Cal" Coolidge trat sein Amt an. F. Scott Fitzgerald hatte soeben seinen Romanklassiker „Der große Gatsby" über die plötzlichen Reichtümer und die inneren Konflikte jener Zeit veröffentlicht, während Adolf Hitler „Mein Kampf" veröffentlicht hatte.[3]

Keynes war bereits einer der berühmtesten Volkswirte der Welt, aber er war noch ein Jahrzehnt vom Verfassen seines Meisterwerks „Allgemeine Theorie der Beschäftigung, des Zinses und des Geldes" entfernt. Sein Portfolio stellte sein unerschütterliches Vertrauen in Rohstoffe, Mineralien, Frachtgesellschaften, Maschinenbau und Transport zur Schau. Wenn dieses Portfolio ein Thema hätte, dann wäre es „Aufbau und Wachstum im modernen Zeitalter". Erneut fuhren Rohstoffe um die Welt, für den Bau von Städten, Fabriken, Geschäften und wachsender Vorstädte. Kaum ein Jahrzehnt nach dem Ersten Weltkrieg befand sich der internationale Handel zwischen Nord- und Südamerika, Asien und Westeuropa im Aufschwung. Die Londoner U-Bahn wurde erweitert (eine der größten Positionen von IIC waren Anleihen von Underground Electric).

Es gab nur wenige Rohstoffe, die der Aufmerksamkeit von Keynes und Falk entgingen. In diesem Portfolio war von Portland-Zement bis Zink alles enthalten. Keynes' ausgiebiges Wissen über die Rohstoffmärkte floss in den Kauf von Unternehmen ein, die mit Kaffee, Kohle, Kupfer, Öl, Nickel und Zinn Geld verdienten. Auch eine Handvoll Technologie-Unternehmen wie General Electric und Eastman Kodak waren vertreten. Es war ein aktives Portfolio, das auf große Trends setzte, während die Welt zunehmend ihre Städte, ihre Verkehrsnetze und ihre Infrastruktur wieder aufbaute.

Neben dem Schwerpunktthema des Wachstums Mitte der 1920er-Jahre zeigt das Portfolio Keynes' Vorliebe für führende Unternehmen mit dauerhaften Wettbewerbsvorteilen, solidem Cashflow und regelmäßigen Dividenden. Natürlich funktionierte diese Methode Anfang der 1930er-Jahre nicht, aber wenn sich eine Volkswirtschaft im Aufschwung befindet, ist sie eine gute Strategie. Da Keynes Wirtschaftstrends aus einem langfristigen Blickwinkel betrachtete, war er glühend davon überzeugt, dass nach den verheerenden 1930er-Jahren – und später nach dem Zweiten Weltkrieg – die Wende kommen würde. Moggridge schreibt, dass zum Zeitpunkt seines Todes 1946 das IIC-"Vermögen in Form von Stammaktien fast wieder zu deren Ausgabepreis zurückgekehrt" war.[4] Keynes' Glaube an sein ursprüngliches Modell hatte sich ausgezahlt. Er hatte den Pessimismus der animalischen Instinkte in einem der für Anleger schlimmsten Jahrzehnte weitgehend abgeschüttelt und die Oberhand behalten.

Die Anlagebewertung von Independent Investment Company Limited zum 30. Juni 1925

in Brititsche Pfund		Bewertung zu den Anschaffungskosten oder darunter (Britische Pfund)	Mittlere Preise am 30.06.1925 (Britische Pfund)	Zeitwert (Britische Pfund)
9.900	Staatlicher brasilianischer Kaffee-Sicherheitskredit zu 7,5%	11.103	110 10 0	10.959
3.050	London Midland & Scottish Railway 4,5% Vz. 1925	3.049	–	3.050
1.000	London Midland & Scottish Railway 5% Vz. 1926	999	99 0 0	990
3.000	Metropolitan Railway Consolidated Aktien	2.132	70 10 0	2.115
500	Southern Rly. 5% Vz. 1926	501	99 0 0	495

ANHANG B

in Brititsche Pfund		Bewertung zu den Anschaffungskosten oder darunter (Britische Pfund)	Mittlere Preise am 30.06.1925 (Britische Pfund)	Zeitwert (Britische Pfund)
5.000	Associated Portland Cement Mfrs. Stammaktien	4.708	14 3	3.563
4.000	Borax Consolidated Co. Nachzugsaktien	8.551	1 17 6	7.600
1.500	British Insulated & Helsby Cables Stammaktien	3.877	3 2 6	4.688
4.000	British Ropes Ltd Stammaktien	5.831	1 17 9	5.662
3.000	Brunner Mond & Co. Ltd. Stammaktien	5.831	1 17 9	5.662
1.000	Callenders Cable Construction Co. Ltd. Stammaktien	338	6 7 5	331
2.000	Cellulose Holdings & Investment Co 7% Beteiligungs-Anleihen und erstrangige Hypotheken	2.335	115 0 0	2.300
3.000	Courtaulds Ltd. Stammaktien	5.305	5 5 0	15.750
2.000	Debenhams Ltd. 10% kumulative Vorzugsaktien	2.566	1 7 0	2.700
4.000	Dunlop Rubber Co. 10% kumulative Vorzugsaktien	4.509	1 2 6	4.500
6.000	Dunlop Rubber Co. 8% erstrangige Hypothekenanleihen	6.508	104 xd	6.240
2.000	James Finlay & Co. Ltd. Stammaktien	4.943	3 11 3 xd	7.125
5.000	General Electric Co. Ltd. Stammaktien	5.224	1 5 0	6.250

in Brititsche Pfund		Bewertung zu den Anschaffungskosten oder darunter (Britische Pfund)	Mittlere Preise am 30.06.1925 (Britische Pfund)	Zeitwert (Britische Pfund)
1.500	Imperial Tobacco Co. (of G.B. and Ireland) Stammaktien	5.527	5 1 6	7.613
5.000	Jute Industries 9% kumulative Vorzugsaktien	4.953	18 0	4.500
250	Liebigs Extract of Meat Co. Inhaber-Stammaktien	3.197	15 7 6	3.844
200	Manbre Sugar & Malt Co. Nachzugsaktien	2.018	11 10 0	2.300
2.500	Mather & Platt Ltd. Stammaktien	6.912	2 6 3	5.781
2.500	Mond Nickel Co. Ltd. Stammaktien	4.743	2 0 0	5.000
8.000	Nobel Industries Stammaktien	9.403	1 3 6 xd	9.400
1.100	Swedish Match Co. Neue B-Stammaktien zu 100 Kronen je Stück	8.595	10 8 9	11.481
10.000	Underground Electric 6% Gewinnobligationen	10.216	98 0 0	9.800
600	Wall Paper Manufacturers Stammaktien	712	1 6 10 5 xd	806
4.000	Wall Paper Manufacturers Nachzugsaktien	2.675	1 7 0	5.400
1.350	Whiteaway Laidlaw & Co. Ltd. Stammaktien	2.789	0,1 12 6	2.194
3.800	Australian Estates & Mortgage Co. Stammaktien	5.186	0,1 0,1 3 xd	4.781
4.500	Forestal Land Timber & Railways Co. Stammaktien	5.186	1 1 3 xd	4.781

ANHANG B

in Brititsche Pfund		Bewertung zu den Anschaffungskosten oder darunter (Britische Pfund)	Mittlere Preise am 30.06.1925 (Britische Pfund)	Zeitwert (Britische Pfund)
3.000	Lake View Investment Trust Ltd.	3.009	18 9	2.813
1.000	New Zealand & Australian Land Co. Stammaktien	1.675	200 0 0	2.000
5.000	Amalgamated Anthracite Collieries Ltd.	5.727	17 0	4.250
5.000	Sir W.G. Armstrong Whitworth Co. 5,5% 3-jährige Wechsel	4.938	99 7 6	4.969
2.000	Babcock & Wilcox Ltd. Stammaktien	4.840	2 8 9	4.837
600	Bolckow Vaughan & Co. Ltd. 8% erstrangige Schuldverschreibungen 1925	608	85 0 0	510
4.400	Bolckow Vaughan & Co. Ltd. 8% erstrangige Schuldverschreibungen 1930	4.556	95 0 0	4.180
3.000	Denaby & Cadeby Main Collieries Ltd. Stammaktien	2.858	15 7 5	2.344
2.000	Dorman Long & Co. Ltd. 8% kumulative Vorzugsaktien	2.141	16 3	1.625
2.500	Horden Collieries Ltd. Stammaktien	5.629	1 6 10,5	3.359
3.000	Pease & Partners Ltd. Stammaktien	3.715	13 1 5	1.969
4.000	Platt Bros. & Co. Ltd. Stammaktien	6.848	1 5 7,5	5.125
1.500	Stewarts & Lloyds Ltd. Nachzugsaktien	3.252	1 14 4,5	2.578

in Brititsche Pfund		Bewertung zu den Anschaffungskosten oder darunter (Britische Pfund)	Mittlere Preise am 30.06.1925 (Britische Pfund)	Zeitwert (Britische Pfund)
25.000	Burma Corp. Stammaktien zu 10 Rs. je Stück	14.514	14 9	18.438
2.000	Gopeng Consolidated Ltd. Stammaktien	4.377	2 6 10	4.683
2.000	Kamunting Tin Dredging Ltd. Stammaktien	5.485	2 17 2	5.717
5.000	National Smelting Co. 7% erstrangige Hypothekenanleihen	5.297	98 10 0 xd	4.925
10.000	Pahang Consolidated Co. Ltd. Aktien	5.569	10 9	5.375
2.000	Southern Perak Dredging Co. Ltd.	4.659	2 9,8	4.967
2.000	Tekka Ltd. Aktien	1.794	18 1	1.808
2.000	Tekka Taiping Ltd. Stammaktien	2.411	1 2 3	2.225
3.000	Zinc Corporation 20% kumulative Vorzugsaktien	8.042	3 1 3,75	9.197
10.000	Anglo Persian oil Co. Ltd. 6,5% 5-jährige Wechsel	10.103	102 5 0	10.225
1.000	Burmah Oil Co. Ltd.	5.466	4 18 9 xd	4.937
5.000	Shell Transport & Trading Co. Ltd. Inhaber-Stammaktien	21.815	4 7 6	21.875
5.000	Eagle Oil Transport Co. Ltd., 12-jährige 7%ige Wechsel (Reg.)	5.095	100 0 0 xd	5.000
3.000	Eagle Oil Transport Co. Ltd., 12-jährige 7%ige Wechsel (Inhaber)	3.104	101 0 0 xd	3.030

ANHANG B

in Brititsche Pfund		Bewertung zu den Anschaffungskosten oder darunter (Britische Pfund)	Mittlere Preise am 30.06.1925 (Britische Pfund)	Zeitwert (Britische Pfund)
3.000	Royal Mail Steam Packet Co. Ltd. Stammaktien	2.832	92 10 0	2.775
2.000	Anglo-Ceylon & General Estates Co. Ltd.	5.391	2 10 0	5.000
1.500	Sendayan (F.M.S.) Rubber Co. Ltd. New	2.981	1 18 10,5	2.916
1.000	United Sua Betong Rubber Estates Ltd.	2.840	2 17 9,75	2.890
4.000	India Rubber Gutta Percha & Telegraph Works Co. Ltd. Stammaktien	3.105	1 0 0	4.000
300	Allied Chemical & Dye Corp. Aktien	5.244,90	5/8 = 27.187,50	5.592
600	American Smelting & Refining Co. Aktien	11.879,103	5/8 = 62.175,00	12.790
200	Eastman Kodak Co. Stammaktien	4.642,106	3/4 = 21.350,00	4.392
1.000	Shell Union oil Corp. Stammaktien	5.122,24	1/8 = 24.125,00	4.963
1.000	Kenneccott Copper Co. Stammaktien	11.398,50	5/8 = 50.625,00	10.414
		350.149,00		
	Abzüglich Abschlagsdividenden 1924/1925	-1.000,00		
		349.149,00	185.462,50	363.514,00

Anmerkung: In dieser Anlagebewertung sind die Aktienkurse gemäß dem alten System in Pfund, Shilling und Pence angegeben. Großbritannien hat für seine Währung erst 1971 das Dezimalsystem eingeführt. Bedenken Sie, dass dieses Portfolio nur eine Momentaufnahme ist. Keynes stockte seine Positionen ständig auf und im Jahr 1930, nach dem Crash, hätte es ganz anders ausgesehen. Die Tabelle bietet nur einen kleinen Einblick in seine Positionen. Es sind noch viel mehr Forschungen nötig, um die Halteperioden der einzelnen Wertpapiere, die Kauf-/Verkaufspreise und die Gesamttrenditen einschließlich Dividenden festzustellen.

ENDNOTEN

Vorwort
1. John Maynard Keynes: *Review of Common Stocks as Long Term Investments* (Edgar Lawrence Smith, 1925).

Einführung
1. Bertrand Russell: *The Autobiography of Bertrand Russell* (Boston: Little, Brown, 1967).
2. Robert Skidelsky: *Keynes: A Very Short Introduction* (Oxford, U.K.: Oxford University Press, 2010).
3. John Maynard Keynes: *Two Memoirs: Dr. Melchior, a Defeated Enemy, and My Early Beliefs* (New York: A.M. Kelley, 1949).
4. Ebenda, S. 99.
5. Paul Krugman: Einführung zu *The General Theory of Employment, Interest and Money* von John Maynard Keynes (1936; repr. New York: Palgrave Macmillan, 2007).
6. Barton Biggs: *Hedgehogging* (Hoboken, NJ: Wiley, 2006).

Kapitel 1
1. Robert Skidelsky: *John Maynard Keynes, 1883-1946: Economist, Philosopher, Statesman* (New York: Penguin, 2005), S. 105-111.

2. Robert Skidelsky: E-Mail-Antwort, 9. Januar 2013.
3. J. M. Keynes: *A Treatise on Probability* (1921; repr. Hong Kong: Forgotten Books, 2012), S. 52.
4. John Kay: „The Other Multiplier Effect", in: *Financial Times*, 4. August 2012.
5. J. M. Keynes: „1910 Lenten Term lecture notes", King's College Archives.
6. Ebenda.
7. Roy Harrod: *The Life of John Maynard Keynes* (New York: Harcourt Brace, 1951), S. 163.
8. Skidelsky: *John Maynard Keynes*, S. 180-185.
9. Ebenda, S. 249.
10. J. M. Keynes: *The Economic Consequences of the Peace* (London: Macmillan, 1919), S. 257.
11. Ebenda, S. 297.

Kapitel 2

1. Adam Smith: *The Theory of Moral Sentiments* (Kapaau, Hawaii: 1790; repr. Guttenberg, 2011).
2. Roy Harrod: *The Life of John Maynard Keynes* (New York: Harcourt Brace, 1951), S. 286.
3. http://virus.stanford.edu/uda/.
4. Robert Skidelsky: E-Mail-Antwort, 9. Januar 2013.
5. Liaquat Ahamed: *The Lords of Finance: The Bankers Who Broke the World* (New York: Penguin, 2009), S. 165.
6. Ebenda.
7. Donald Moggridge: *Maynard Keynes: An Economist's Biography* (London: Routledge, 1992), S. 351.
8. *Collected Writings of John Maynard Keynes*, hg. von Donald Moggridge, Bd. 12, (London: Macmillan, 1971–1989), S. 4-11.
9. John Maynard Keynes: *A Tract on Monetary Reform* (1924; repr. Amherst, NY: Prometheus, 2000).
10. Ebenda, S. 3.
11. Ebenda, S. 2.
12. Ebenda, S. 30-31.

13. Investopedia, http://www.investopedia.com/terms/q/quantity_theory_of_money.asp#axzz2KPwxKW1r.
14. Keynes: *Tract*, S. 80.
15. National Bureau of Economic Research, http://www.nber.org/cycles/recessions_faq.html.
16. Keynes: *Tract*, S. 175-176.
17. Milton Friedman: „John Maynard Keynes", in: *Economic Quarterly*, Federal Reserve Bank of Richmond, 1997, http://www.richmondfed.org/publications/research/economic_quarterly/1997/spring/pdf/friedman.pdf.
18. Keynes: *Collected Writings*, Bd. 12, S. 255.
19. Investopedia, http://www.investopedia.com/terms/c/calloption.asp#axzz2KPwxKW1r.
20. Keynes: *Collected Writings*, Bd. 12, S. 260-261.
21. Ebenda, S. 265.
22. Ebenda, S. 32.
23. Maria Cristina Marcuzzo (Hg.): *Speculation and Regulation in Commodity Markets: The Keynesian Approach in Theory and Practice*, 2012, S. VI-IX. Dipartimento di Scienze Statistiche–Sapienza Università di Roma, November 2012.
24. Ebenda, S. XI.
25. Ebenda, S. 8.
26. Ebenda, S. 15.
27. Ebenda, S. 43.
28. Ebenda, S. 111.
29. Robert Skidelsky: *Keynes: The Return of the Master* (New York: Public Affairs, 2009).
30. Keynes: *Collected Writings*, Bd. 12, S. 647.
31. Morningstar.com, http://performance.morningstar.com/funds/etf/total-returns.action?t=DBC&region=USA&culture=en-us.

Kapitel 3

1. John Kenneth Galbraith: *The Great Crash: 1929* (Boston: Houghton Mifflin, 1954, 1979), S. 137.

2. Polly Hill und Richard Keynes (Hg.): *Lydia and Maynard: The Letters of John Maynard Keynes and Lydia Lopokova* (New York: Scribner's, 1989), S. 17.
3. Robert Skidelsky: *John Maynard Keynes: Economist, Philosopher, Statesman* (New York: Penguin, 2003), S. 416.
4. Ebenda, S. 418.
5. Donald Moggridge: *Maynard Keynes: An Economist's Biography* (London: Routledge, 1992), S. 409.
6. Ebenda, S. 410.
7. *Collected Writings of John Maynard Keynes*, hg. von Donald Moggridge, Bd. 12 (London: Macmillan, 1971–1989), S. 31; King's College Archives.
8. John Maynard Keynes: *A Treatise on Money*, Bd. 1 (1930; repr. London: Martino, 2011), S. 53.
9. Ebenda, S. 172.
10. Ebenda, S. 293.
11. Ebenda, Bd. 2, S. 149.
12. Ebenda, S. 197.
13. Charles Kindleberger: *Manias, Panics and Crashes: A History of Financial Crises* (New York: Basic Books, 1989), S. 25-26.
14. Ebenda, S. 151.
15. Keynes: *Collected Writings*, Bd. 12, S. 31.
16. Verlautbarung von P.R. Finance Co., 1935, King's College Archives, JMK/PR/2.
17. Ebenda, 1935.
18. Ebenda, 1934 (Rede auf der Jahreshauptversammlung).
19. Ebenda, 1933.
20. Ebenda, 1933.
21. Ebenda, 1932.
22. Ebenda, 1931.
23. Ebenda, 1930.
24. Ebenda, 1929.
25. Gavyn Davies: „Keynes the Hedge Fund Pioneer", in: *Financial Times*, 22. August 2012, www.ft.com.

26. Keynes: „1931 memo to National Mutual Life Insurance Company", in: *Collected Writings*, Bd. 12, zitiert nach Barton Biggs: *Hedgehogging* (Hoboken, NJ: Wiley, 2006).
27. Ebenda.

Kapitel 4

1. William Silber: *Volcker: The Triumph of Persistence* (New York: Bloomsbury, 2012), S. 35.
2. Sylvia Nasar: *Grand Pursuit: The Story of Economic Genius* (New York: Simon & Schuster, 2011), S. 307.
3. Ebenda, S. 310.
4. Ebenda, S. 311.
5. William Bernstein: *Skating Where the Puck Was: The Correlation Game in a Flat World* (Investing for Adults, eBook II) (Bernstein, 2012), S. 5.
6. Ebenda.
7. Jess Chua und Richard Woodward: „J. M. Keynes's Investment Performance: A Note", in: *Journal of Finance*, März 1983, S. 233.
8. *Ibbotson SBBI 2012 Classic Yearbook* (Chicago: Morningstar, 2012), S. 33.
9. David Chambers, Elroy Dimson und J. Foo: „Keynes the Stock Market Investor: The Inception of Institutional Equity Investing", in: *Journal of Financial and Quantitative Analysis*, 2013 (im Druck) und Chambers, D. und Dimson, E.: „John Maynard Keynes the Investment Innovator", in: *Journal of Economic Perspectives*, Bd. 27, Nummer 3, Sommer, 2013, S. 1-18.
10. Ebenda, S. 3.
11. Ebenda.
12. Ebenda, S. 8.
13. *Journal of Financial and Quantitative Analysis*, 2013.
14. Chambers, Dimson und Foo: „Keynes the Stock Market Investor: The Inception of Institutional Equity Investing", S. 1-18.
15. „John Maynard Keynes the Investment Innovator".
16. „Keynes the Stock Market Innovator."
17. Ebenda, S. 13.

18. Ebenda.
19. Chambers, Dimson und Foo: „Keynes the Stock Market Investor: The Inception of Institutional Equity Investing", S. 2-3.
20. Ebenda.
21. Brief an Richard Kahn, Mai 1938, in: *Collected Writings of John Maynard Keynes*, hg. von Donald Moggridge, Bd. 12 (London: Macmillan, 1971–1989), S. 100.
22. Chambers und Dimson: *Keynes*, S. 29.
23. Siehe Daniel Kahneman: *Thinking, Fast and Slow* (New York: Farrar, Straus and Giroux, 2011), eine ausführliche Erläuterung der Verhaltensökonomik und der Prospekttheorie.

Kapitel 5

1. Peter Clarke: *Keynes: The Rise, Fall and Return of the 20th Century's Most Influential Economist* (New York: Bloomsbury Press, 2009), S. 51.
2. IMDb, http://www.imdb.com/title/tt0034240/?ref_=fn_al_tt_1.
3. John F. Wasik: *The Merchant of Power: Sam Insull, Thomas Edison, and the Creation of the Modern Metropolis* (New York: Palgrave Macmillan, 2006).
4. Clarke: *Keynes*, S. 76.
5. John Maynard Keynes: *The General Theory of Employment, Interest and Money* (1936; repr. Cambridge, UK: Macmillan/BN Publishing, 2008), S. 7.
6. Benjamin Graham: *The Intelligent Investor* (1950; repr. New York: Harper & Row, 1973).
7. George Akerlof und Robert Shiller: *Animal Spirits: How Human Psychology Drives the Economy, and Why It Matters for Global Capitalism* (Princeton, NJ: Princeton University Press, 2009), S. 14.
8. Ebenda.
9. John Kenneth Galbraith: *Economics in Perspective* (Boston: Houghton Mifflin, 1987), S. 233.
10. Paul Krugman, Einführung in *The General Theory of Employment, Interest and Money* von John Maynard Keynes (New York: Palgrave Macmillan, 2007), S. 8.

11. Ebenda, S. 7.
12. Ebenda, S. 1.
13. http://usgovinfo.about.com/od/thepresidentandcabinet/a/did-bush-say-go-shopping-after-911.htm.
14. Keynes: *General Theory*, S. 98.
15. Investopedia, http://www.investopedia.com/terms/b/bookvalue.asp#axzz2LHsGutnX.
16. Keynes: *General Theory*, S. 99.
17. Ebenda, S. 101.
18. Ebenda.
19. Ebenda.
20. Ebenda, S. 102.
21. Ebenda, S. 101.
22. Ebenda, S. 103.
23. Ebenda, S. 104.
24. Ebenda.
25. Ebenda.
26. Ebenda, S. 106.
27. Ebenda, S. 247.
28. Donald Moggridge (Hg.): *Keynes on the Wireless* (New York: Palgrave Macmillan, 2010), S. 57, aus einer Radiosendung vom 14. Januar 1931.
29. Peter Clarke: *The Keynesian Revolution in the Making, 1924–1936* (Oxford, UK: Clarendon, 1988), S. 288.
30. Roger Backhouse und Bradley Bateman: *Capitalist Revolutionary: John Maynard Keynes* (Cambridge, MA: Harvard University Press, 2011), S. 93.
31. Hyman Minsky: *John Maynard Keynes: Hyman P. Minsky's Influential Re-intepretation of the Keynesian Revolution* (New York: McGraw-Hill, 2008), S. 9.

Kapitel 6

1. David Swensen: *Unconventional Success: A Fundamental Approach to Personal Investment* (New York: Free Press, 2005).

2. Robert Skidelsky: *John Maynard Keynes, 1883-1946: Economist, Philosopher, Statesman* (New York: Penguin, 2005), S. 565.
3. Ebenda.
4. Martin Conrad: „The Money Paradox", in: Barrons.com, 31. Dezember 2011.
5. John Maynard Keynes: „The Originating Causes of World Unemployment," Vorlesung an der University of Chicago/Harris Foundation, in: Quincy Wright, John Maynard Keynes, Karl Přibram, E.J. Phelan und Norman Wait: *Unemployment as a World-Problem* (Chicago: University of Chicago Press, 1931), S. 35.
6. Ebenda, S. 36.
7. Marcello De Cecco: „Keynes and Modern International Finance Theory", in: *Alfred Marshall e John M. Keynes, rottura o continuità*, hg. von Mauro Ridolfi (Maggioli Editore, 1980).
8. Ebenda, S. 239.
9. Ebenda.
10. Akerlofs Website, University of California-Berkeley, https://www.econ.berkeley.edu/faculty/803.
11. „Book Review: *Animal Spirits* by Akerlof and Shiller", in: *Financial Times*, 17. Februar 2009.
12. George Akerlof und Robert Shiller: *Animal Spirits: How Human Psychology Drives the Economy, and Why It Matters for Global Capitalism* (Princeton, NJ: Princeton University Press, 2009), S. 4.
13. Ebenda.
14. Ebenda, S. 5.
15. Ebenda, S. 17.
16. Ebenda, S. 29.
17. Ebenda, S. 42.
18. Ebenda, S. 131.
19. Ebenda, S. 136.
20. Telefoninterview mit Robert Shiller in Yale, 17. Januar 2013.
21. Akerlof und Shiller: *Animal Spirits*, S. 146.
22. Hersh Shefrin und Meir Statman: „Behavioral Finance in the Financial Crisis: Market Efficiency, Minsky, and Keynes", Santa Clara (CA) University, November 2011, S. 3.

23. Ebenda.
24. Lee Munson: *Rigged Money: Beating Wall Street at Its Own Game* (Hoboken, NJ: Wiley, 2012), S. 161.
25. Brad Barber und Terrence Odean: „The Courage of Misguided Convictions: The Trading Behavior of Individual Investors", SSRN, 12. April 2000.
26. Daniel Kahneman: *Thinking, Fast and Slow* (New York: Farrar, Straus and Giroux, 2011).
27. Daniel Kahneman, persönliches Gespräch, 10. Januar 2012.
28. John Maynard Keynes: „How to Avoid a Slump", in: *Times London Independent Conservative Daily* (London)/The Living Age, März 1937, S. 13.

Kapitel 7

1. John Maynard Keynes, Radiosendung Home Service, 23. September 1940, in Donald Moggridge (Hg.): *Keynes on the Wireless* (New York: Palgrave Macmillan, 2010), S. 204-205; wiederveröffentlicht in: *The Listener*, 436;455, XXII, 240-5.
2. Robert Skidelsky: *John Maynard Keynes, 1883-1946: Economist, Philosopher, Statesman* (New York: Penguin, 2005), S. 580–582.
3. Ebenda, S. 583.
4. E-Mail von Robert Skidelsky, 9. Januar 2013.
5. Barton Biggs: *Hedgehogging* (Hoboken, NJ: Wiley, 2006), S. 301.
6. Ebenda, Inflationsbereinigung von mir, anhand des Inflationsrechners vom Bureau of Labor Statistics.
7. Das ist eine sehr, sehr vorsichtige Schätzung. Keynes hat viele seiner Gemälde und Bücher an Museen gestiftet. Auf dem freien Markt wären sie sehr viel mehr wert gewesen.
8. Biggs: *Hedgehogging*, S. 301.
9. *Collected Writings of John Maynard Keynes*, hg. von Donald Moggridge, Bd. 12 (London: Macmillan, 1971–1989), zitiert nach Charles Ellis und James Vertin: *Classics: An Investor's Anthology* (Homewood, IL: Dow Jones-Irwin, 1989), S. 77.
10. Ebenda, S. 77-78.
11. Ebenda, S. 78.

12. Ebenda, S. 79.
13. Ebenda, S. 80.
14. Ebenda.
15. Ebenda.
16. Ebenda, S. 84.
17. Ebenda.
18. Ebenda.
19. Ebenda, S. 85.
20. Gavyn Davies: „Keynes the Hedge Fund Pioneer", in: *Financial Times*, 22. August 2012.
21. Oliver Westall: *The Provincial Insurance Company 1903–38: Family, Markets and Competitive Growth* (Manchester, U.K.: Manchester University Press, 1992), S. 369.
22. John Maynard Keynes, Brief an F. C. Scott, in: Westall: *Provincial*, S. 369.
23. Westall: *Provincial*, S. 380.
24. Ebenda, S. 365.
25. Keynes: *Collected Writings*, Bd. 12, S. 11.
26. Ebenda.
27. Ebenda, S. 81.
28. Ebenda, S. 83.

Kapitel 8

1. Robert Skidelsky: *J. M. Keynes 1883–1946: Economist, Philosopher, Statesman* (New York: Penguin, 2005), S. 617.
2. Donald Moggridge: *Maynard Keynes: An Economist's Biography* (London: Routledge, 1992), S. 641.
3. Ebenda.
4. Ebenda.
5. Charles Ellis: *Classics: An Investor's Anthology* (Homewood, IL: Dow Jones-Irwin, 1989), S. 85.
6. Benjamin Graham: *The Intelligent Investor*, 4th ed. (New York: Harper & Row, 1973), S. 109.
7. Ebenda, S. 279.

8. Zitiert nach: Alice Schroeder: *The Snowball: Warren Buffett and the Business of Life* (New York: Bantam Dell, 2008), S. 21.
9. Ebenda, S. 20.
10. Roger Lowenstein: *Buffett: The Making of an American Capitalist* (New York: Random House, 1995), S. 103.
11. Ebenda.
12. Mary Buffett und David Clark: *The Warren Buffett Stock Portfolio: Warren Buffett's Stock Picks: Why and When He Is Investing in Them* (New York: Scribner, 2011).
13. Ebenda.
14. Andrea Frazzini, David Kabiller und Lasse Pedersen: „Buffett's Alpha", Yale University Department of Economics, 29. August 2012, http://www.econ.yale.edu/~af227/pdf/Buffett%27s%20Alpha%20-%20Frazzini,%20Kabiller%20and%20Pedersen.pdf, S. 1.
15. E-Mail-Antwort auf eine Anfrage des Autors an Warren Buffett (von Frau Bosanek), 11.10.2012.
16. Robert Hagstrom: *The Warren Buffett Portfolio: Mastering the Power of the Focus Investment Strategy* (New York: Wiley, 1989), S. 41.
17. E-Mail-Antwort von Alice Schroeder, Autorin von *Snowball*, 10. Januar 2013.
18. E-Mail-Antwort von Debbie Bosanek, Assistentin von Warren Buffett, 11. Oktober 2012. Meine Bitte um ein Interview mit Buffett wurde abschlägig beschieden.
19. David Swensen: *Pioneering Portfolio Management* (New York: Free Press, 2009), S. 2.
20. Ebenda.
21. Ebenda, S. 64.
22. Ebenda.
23. Ebenda, S. 69.
24. Ebenda, S. 89.
25. *Baseball Almanac*, http://www.baseball-almanac.com/players/player.php?p=keelewi01.
26. Swensen, *Pioneering*, S. 92.
27. Ebenda, S. 107.

28. Ebenda.
29. Persönliches Interview mit Daniel Kahneman, 10. Januar 2012.
30. Ebenda.
31. Jeremy Grantham: „Welcome to Dystopia! Entering a Long-Term and Politically Dangerous Food Crisis", in: *GMO Quarterly Letter*, Juli 2012, https://www.gmo.com/America/_AdminPages/_Search.htm.
32. Ebenda, S. 4.
33. Daniel Kadlec: „Index Funds Win Again, This Time by a Landslide", in: *Time*, 24. Februar 2012.
34. John Bogle, Interview, 20. November 2012.
35. „The (Non) Lesson of History – and the (Real) Lessons of Return Sources and Investment Costs", Vortrag von John Bogle vor der American Philosophical Society, Philadelphia, 10. November 2012.
36. Ebenda, S. 3.
37. Ebenda, S. 4.
38. Ebenda, S. 5.
39. Ebenda.

Kapitel 9

1. Joseph Stiglitz: *The Price of Inequality* (New York: Norton, 2012), S. 105.
2. Donald Moggridge: *Maynard Keynes: An Economist's Biography* (London: Routledge, 1992), S. 834-835.
3. Ebenda, S. 835.
4. Ebenda, S. 836.
5. „Lord Keynes Dies of Heart Attack", in: *Times* (London), zitiert nach Robert Skidelsky: *John Maynard Keynes, 1883–1946: Economist, Philosopher, Statesman* (New York: Penguin, 2005), S. 833.
6. Ebenda.
7. Ebenda, S. 834.
8. Ebenda, S. 836.
9. The Leuthold Group, *Inside the Stock Market*, monatlicher Newsletter, März 2013, S. 5-6.

10. *Ibbotson SBBI Classic Yearbook* (Chicago: Morningstar, 2012), S. 32.
11. Ebenda.
12. Ebenda.
13. Ebenda.
14. Dan Kadlec: „Index Funds Win Again – This Time by a Landslide", in: *Time*, 24. Februar 2012, http://business.time.com/2012/02/24/index-funds-win-again-this-time-by-a-landslide/.
15. Ebenda.
16. Ibbotson SBBI 2013 Classic Yearbook: „Market Results for Stocks, Bonds, Bills and Inflation 1926–2012" (Morningstar, 2013), S. 37-43.
17. Andre Malabre Jr.: *Lost Prophets: An Insider's History of the Modern Economists* (Boston: Harvard Business Review Press, 1994), S. 27.
18. John Maynard Keynes: „How to Avoid a Slump", in: *Times* (London), März 1937.
19. John Maynard Keynes: *The End of Laissez-Faire* (London: BN Publishing, 1924).
20. Ebenda, S. 41.
21. Ebenda.
22. John Kenneth Galbraith: *The Great Crash, 1929* (Boston: Houghton Mifflin, 1979), S. 177.
23. John Maynard Keynes: „Economic Possibilities for Our Grandchildren", in: *Essays in Persuasion* (1930; repr. New York: Norton, 1963), S. 368.
24. Ebenda.
25. Robert Skidelsky und Edward Skidelsky: *How Much Is Enough? Money and the Good Life* (New York: Other Press, 2012), S. 20.
26. Ebenda, S. 218.

Epilog

1. Robert Skidelsky: *Keynes: A Very Short Introduction* (Oxford, U.K.: Oxford University Press, 2010), S. 169.
2. Kurzes Treffen mit Paul Krugman nach einer Vorlesung im Chicago Council of Global Affairs, 28. Januar 2013.

3. Paul Krugman: „Hawks and Hypocrites", in: *New York Times*, 12. November 2012.
4. Paul Krugman: *End This Depression Now!* (New York: Norton, 2012), S. 237.
5. Joseph Stiglitz: *The Price of Inequality: How Today's Divided Society Endangers Our Future* (New York: Norton, 2012), S. 267.
6. Robert Skidelsky: *Keynes: The Return of the Master* (New York: Public Affairs, 2009), S. 116.
7. Thomas Geoghegan: „What Would Keynes Do?", in: *Nation*, 17. Oktober 2011, S. 15.
8. Vince Cable: „Keynes Would Be on Our Side", in: *New Statesman*, 17. Januar 2011, S. 33.
9. Robert Kuttner: „Economic Recovery and Social Investment: A Strategy to Create Good Jobs in the Service Sector", New America Foundation, 2012.
10. Alan Bjerga: *Endless Appetites: How the Commodities Casino Creates Hunger and Unrest* (Hoboken, NJ: Bloomberg Press, 2011), S. 58.
11. Al Gore, Vortrag, Chicago Council on Global Affairs, Chicago, 8. Februar 2013.
12. John Kenneth Galbraith: *The Affluent Society* (Boston: Houghton Mifflin, 1976), S. 270.

Anhang B

1. *Collected Writings of John Maynard Keynes*, hg. von Donald Moggridge, Bd. 12 (London: Macmillan, 1971–1989), S. 34.
2. Ebenda.
3. „The People History, 1925", http://www.thepeoplehistory.com/1925.html.
4. Keynes: *Collected Writings*, Bd. 12, S. 36.

BIBLIOGRAFISCHE HINWEISE

Backhouse, Roger und Bradley Bateman: *The Cambridge Companion to Keynes*. Cambridge, U.K.: Cambridge University Press, 2006. Kenntnisreiche Aufsatzsammlung über viele Aspekte von Keynes' Karriere.
— *Capitalist Revolutionary: John Maynard Keynes*. Cambridge, MA: Harvard University Press, 2011. Die Autoren untersuchen die Auswirkungen der keynesianischen Revolution.

Bell, Quentin: *Bloomsbury Recalled*. New York: Columbia University Press,1995. Bell lässt die Bloomsbury Group in dieser kleinen Serie von Profilen lebendig werden, darunter ein Porträt von Keynes.

Bogle, John C.: *The Battle for the Soul of Capitalism*. New Haven, CT: Yale University Press, 2005. Pflichtlektüre von einem Giganten der Investmentfonds-Szene.

Clarke, Peter: *Keynes: The Rise, Fall, and Return of the 20th Century's Most Influential Economist*, New York: Bloomsbury Press, 2009. Der Historiker Clarke rückt Keynes in eine moderne Perspektive.

— *The Keynesian Revolution in the Making: 1924–1936* (Oxford, U.K.: Clarendon Press, 1988). Clarke beschreibt ausführlich die Entwicklung von Keynes' ökonomischem Denken.

Galbraith, John Kenneth. Der große Volkswirt, Berater von Präsident Johnson und ehemalige Botschafter bietet in seinen vielen Werken einen aufschlussreichen Blick auf Keynes, vor allem in:
— *The Great Crash, 1929*. Boston: Houghton Mifflin, 1954/1979.
— *Money: Whence It Came, Where It Went*. Boston: Houghton Mifflin, 1975.
— *The Affluent Society*, 3rd ed. Boston: Houghton Mifflin, 1976.

Harrod, Roy: *The Life of John Maynard Keynes*. New York: Easton Press/ Harcourt, Brace, 1951/1990. Als Keynes-Schüler war Harrod Keynes in seinen späteren Jahren eng verbunden. Als erste Lektüre über Keynes ist dieses Buch zwar gut geeignet, aber Harrod steht seinem Gegenstand viel zu nahe, als dass er das Werk von Keynes objektiv beurteilen könnte.

Hill, Polly und Richard Keynes (Hg.): *Lydia and Maynard: The Letters of John Maynard Keynes and Lydia Lopokova*. New York: Scribners, 1989. Diese bezaubernde Sammlung von Briefen zwischen Keynes und seiner späteren Frau beleuchtet eher die private Seite des Volkswirts.

Collected Writings of John Maynard Keynes. London: Macmillan, 1971-1989. Bearbeitet von Donald Moggridge, dem Herausgeber der Reihe. Die vollständige Sammlung wurde von Macmillan im Auftrag der Royal Economic Society herausgegeben. Ich habe vor allem Band 12, *Economic Articles and Correspondence: Investment and Editorial*, benutzt. Er enthält einen Überblick über die meisten Investmentaktivitäten von Keynes und Briefe über seine Methoden der Portfolioverwaltung.

Keynes, John Maynard. Um die Tiefe seines intellektuellen Ozeans zu ermessen, muss man die von Keynes selbst formulierten Texte lesen. *Allgemeine Theorie* und *Über Wahrscheinlichkeit* gehören zu seinen schwierigsten Werken und sind am besten für Leser mit ökonomischen und statistischen Vorkenntnissen geeignet. Seine Essays und *Krieg und Frieden* decken die Palette von lehrreich bis utopisch ab.

— *The Economic Consequences of the Peace.* London: Macmillan, 1919. Diese kraftvolle Klageschrift gegen den Versailler Vertrag ist Pflichtlektüre für alle Geschichtsstudenten und Politiker. Sie legt dar, wie Nationen nach einem Krieg überleben können. Sie hat den Marshall-Plan und den größten Teil der Nachkriegsgedanken darüber beeinflusst, wie die Sieger künftige Kriege verhindern können. Diese Ausgabe enthält auch *The End of Laissez-Faire* von 1924, worin er die freie Marktwirtschaft kritisiert.

— *Essays in Biography,* New York: Harcourt, Brace, 1933. Kurzporträts von Menschen, die Keynes bewunderte, unter anderem von Churchill, Malthus und seinem Mentor Alfred Marshall.

— *Essays in Persuasion.* New York: Norton, 1963. Diese höchst lesenswerte Sammlung enthält den bahnbrechenden, optimistischen, 1930 verfassten Artikel „Economic Possibilities for Our Grandchildren".

— *The General Theory of Employment, Interest and Money.* 1936. Neudruck mit einer Einführung von Paul Krugman. New York: Palgrave Macmillan, 2007. Keynes' Meisterwerk, in dem er die „animalischen Instinkte" und die „Schönheitskonkurrenz" in den Investmentjargon einführte. Vom Nobelpreisträger Paul Krugman in eine neuzeitliche Perspektive gerückt.

— *A Tract on Monetary Reform.* 1924. Reprint Amherst, NY: Prometheus, 2000. Dieses kurze Frühwerk enthält entscheidende Erkenntnisse über Inflation und Sparen.

— *A Treatise on Money.* 1930. Reprint London: Martino, 2011. Dieses am Beginn der Großen Depression verfasste zweibändige Kompendium ist eine häufig fesselnde Lektüre über die Geschichte des Geldes, über Geldpolitik, Sparen, Geldanlage und die Preisbildung von Rohstoffen.

BIBLIOGRAFISCHE HINWEISE

— *A Treatise on Probability.* 1921. Reprint Hongkong: Forgotten Books, 2012. Dieses Buch gilt als erstes bedeutendes wissenschaftliches Werk von Keynes und legt das Fundament für einige seiner Ansichten über Geldverwaltung.

King's College Archives, University of Cambridge, Cambridge, U.K. Fast sämtliche Papiere von Keynes sind hier in einer gut katalogisierten Sammlung zusammengefasst. Die Archivarin Patricia McGuire hat die Unterlagen von Keynes hervorragend sortiert. Ich habe sie mit freundlicher Genehmigung durchforscht.

Krugman, Paul: *End This Depression Now!* New York: Norton, 2012. Krugman legt zwar den Schwerpunkt auf die Wirtschaftsmisere (2013), aber er vertritt auch keynesianische Ansätze.
— *The Return of Depression Economics and the Crisis of 2008.* New York: Norton, 2009. Krugmans neokeynesianische Analyse der großen Kernschmelze.

Moggridge, Donald: *Maynard Keynes: An Economist's Biography.* London: Routledge, 1992. Als Herausgeber der Gesammelten Werke von Keynes (siehe oben) bringt Moggridge in seiner Biografie viele wichtige Erkenntnisse über die Investmentaktivitäten von Keynes, sie ist aber nicht so umfassend wie die von Skidelsky.
— (Hg.): *Keynes on the Wireless.* New York: Palgrave Macmillan, 2010. Diese Sammlung von Transkriptionen von Radiosendungen von Keynes zeigt den Volkswirt als Multimedia-Persönlichkeit.

Minsky, Hyman: *John Maynard Keynes: Hyman Minsky's Influential Re-Interpretation of the Keynesian Revolution.* New York: McGraw-Hill, 2008. Ein führender Exeget von Keynes' Theorien bietet Erkenntnisse aus heutiger Sicht.

Nasar, Sylvia: *Grand Pursuit: The Story of Economic Genius.* New York: Simon & Schuster, 2011. Die Autorin des hochgelobten *A Beautiful*

Mind liefert hier eine flüssige Erzählung der Entwicklung der modernen Ökonomie und stellt dabei in mehreren Abschnitten Keynes und seine Zeitgenossen vor.

Scrase, David und Peter Croft: *Maynard Keynes: Collector of Pictures, Books and Manuscripts.* Cambridge, U.K.: King's College, 1983. Dieser bearbeitete Katalog der Kunst- und Manuskriptsammlung von Keynes beschreibt einige der großartigen Kunstwerke und Manuskripte, die er besaß.

Skidelsky, Robert: Was Skidelsky zu unserem Verständnis von Keynes beigetragen hat, ist unschätzbar wertvoll. Er ist für Keynes das, was Manchester für Churchill war und was Caro für Lyndon Baines Johnson ist. Vor allem seine dreibändige Biografie ist Pflichtlektüre für ein vollständiges Bild des Mannes und seines Werkes. Ich habe Skidelskys zusammenfassende Biografie *John Maynard Keynes, 1883–1946: Economist, Philosopher, Statesman* intensiv genutzt. Außerdem hat sich Skidelsky nach dem Crash 2008 noch einmal neu mit Keynes befasst *(The Return of the Master)* und in *How Much Is Enough?* seine Ansichten zum Wohlstand untersucht.

— *John Maynard Keynes, 1883–1946: Economist, Philosopher, Statesman.* New York: Penguin, 2005.
— *John Maynard Keynes: A Biography. Bd. 1, Hopes Betrayed 1883–1920.* New York: Penguin, 1994.
— *John Maynard Keynes. Bd. 2, The Economist as Savior 1920–1937.* New York: Penguin, 1995.
— *John Maynard Keynes. Bd. 3, Fighting for Britain 1937–1946.* London: Penguin, 2001.
— *Keynes: A Very Short Introduction.* Oxford, U.K.: Oxford University Press, 2010.
— *Keynes: The Return of the Master.* New York: Public Affairs, 2009.
— mit Edward Skidelsky: *How Much Is Enough? Money and the Good Life.* New York: Other Press, 2012.

Stiglitz, Joseph: *The Price of Inequality: How Today's Divided Society Endangers Our Future.* New York: Norton, 2012. Der neokeynesianische Wirtschafts-Nobelpreisträger befasst sich zwar nicht ausschließlich mit Keynes, untersucht aber viele wirtschaftliche Disparitäten, vor denen Keynes warnte.

Wapshott, Nicholas: *Keynes Hayek: The Clash That Defined Modern Economics.* New York: Norton, 2011. Ein über weite Strecken unterhaltsamer Bericht über die Rivalität zwischen den beiden Volkswirten und was sie für die heutige wirtschaftspolitische Debatte bedeutet.

Westall, Oliver: *The Provincial Insurance Company 1903–38: Family, Markets and Competitive Growth,* Manchester, U.K.: Manchester University Press, 1992. Eine kurze Geschichte der britischen Versicherungsgesellschaft, mit dem Schwerpunkt auf Keynes' Rolle als Anlageverwalter.

ÜBER DEN AUTOR

John F. Wasik ist preisgekrönter Wirtschaftsjournalist, Redner und Verfasser von 14 Büchern, unter anderem von „The Merchant of Power" und „The Cul-de-Sac Syndrome". Außerdem schreibt er für Reuters, die New York Times, Forbes und andere landesweite Publikationen. Er lebt mit seiner Frau und seinen zwei Töchtern in Grayslake im US-Bundesstaat Illinois.